臺灣歷史與文化 研究輯刊

八 編

第 11 冊

檢視清代儒學教育在臺灣
——清代臺灣儒學詩研究（上）

洪 素 香 著

花木蘭文化出版社

國家圖書館出版品預行編目資料

檢視清代儒學教育在臺灣——清代臺灣儒學詩研究（上）／洪
素香 著 -- 初版 -- 新北市：花木蘭文化出版社，2015〔民104〕
目 6+244 面；19×26 公分
（臺灣歷史與文化研究輯刊 八編；第 11 冊）
ISBN 978-986-404-437-5（精裝）
1. 儒學 2. 清代 3. 臺灣
733.08   104015138

ISBN-978-986-404-437-5

臺灣歷史與文化研究輯刊
八 編 第十一冊   ISBN：978-986-404-437-5

檢視清代儒學教育在臺灣——清代臺灣儒學詩研究（上）

作　　者　洪素香
總 編 輯　杜潔祥
副總編輯　楊嘉樂
編　　輯　許郁翎
出　　版　花木蘭文化出版社
社　　長　高小娟
聯絡地址　235 新北市中和區中安街七二號十三樓
　　　　　電話：02-2923-1455／傳真：02-2923-1452
網　　址　http://www.huamulan.tw 信箱 hml 810518@gmail.com
印　　刷　普羅文化出版廣告事業
初　　版　2015 年 9 月
全書字數　350174 字
定　　價　八編 29 冊（精裝）台幣 58,000 元

檢視清代儒學教育在臺灣
——清代臺灣儒學詩研究（上）

洪素香　著

作者簡介

洪素香，1955 年生，大台南市人，定居高雄市 40 餘年，在教育界任教 35 年，現為國立高雄應用科技大學語文中心專任副教授。私立輔仁大學中文系學士、國立中山大學中文系研究所碩士、國立高雄師範大學國文系研究所博士。學術專長為中國唐詩、臺灣古典詩。專書有升等講師論文《王建生平及其詩歌研究》、碩士論文《杜甫荆湘詩初探》、博士論文《清代臺灣儒學詩研究》；研討會、期刊論文有〈唐樂府詩中的征夫思婦「人物書寫」主題探析〉、〈由《周易·蒙卦》談中國古代的品德養成教育〉、〈試由碑記探論陳璸對清代臺灣府縣學與書院之貢獻及影響——以《臺灣教育碑記》、《臺灣南部碑文集成》為研究範圍〉等十餘篇。

提　　要

　　儒學向為中國之主流學術，在戰國時代與墨家並稱顯學；在漢武帝時被獨家尊崇；在宋代時被摻揉佛道而稱為新儒學，重視儒學之行動實踐，儒家教條成為教育人民之利器；明代時被專用為科舉考試科目，儒家教條依然是人民圭臬。清代沿襲之，開國初期的順、康、雍、乾更進一步，視儒學為官方唯一學術，親力親為，提倡儒學不遺餘力，不僅在中央及地方普遍興建文廟、設置儒學以教育學生，也將儒學作為科舉考試科目，並屢次御製聖諭頒布全國，作為教導士子及兵民之用。清廷領臺後，又將用在中國內地之這一套教育方式輸入臺灣，在臺灣也實施儒學教育。

　　本論文即以清代在臺灣實施儒學教育始末作為主軸背景，透過當時被清廷調派來臺負責教育工作之宦臺儒官，以及臺灣本土儒師之詩作，檢視清廷在臺灣實施儒學教育之情況與利弊得失，而因為筆者所採擇之詩作均與儒學教育相關，為方便論述時稱說，因此沿用臺大中文系教授陳昭瑛在《臺灣儒學起源發展與轉化》一書中所使用之名稱，將其稱之為「儒學詩」。

　　本論文共分七章，第一章用來敘述研究動機與研究目的等等；第二章用來追溯清代臺灣儒學教育之源頭；第三章用來敘述清廷在臺灣實施儒學教育之情形；第四章藉由敘述 27 位宦臺儒官之 98 首儒學詩，檢視清廷在臺灣施行儒學教育之情況；第五章藉由敘述 11 位臺灣本土儒師之 98 首儒學詩，檢視臺灣本土士子對儒學教育之接受情形；第六章藉由敘述宦臺儒官與臺灣本土儒師之儒學詩的創作藝術技巧表現，檢視他們兩者間之傳承軌跡；第七章藉由日據時期詩話、詩社、詩集與詩報中之論述，觀察清代臺灣儒學詩對當時臺灣之影響。

目
次

第一章　緒　論

　　清廷在康熙二十二年（1683）領臺後，後來被清廷陸續派任來臺之宦臺儒官，雖然有的因在臺灣橫徵暴斂，而招致人民羣起謀變（譬如康熙末年之臺灣府知府王珍便是）；〔註1〕有的因爲官方色彩太重，致使被人民利用民間

〔註1〕　關於臺灣府知府王珍之資料，在劉良璧：《重修福建臺灣府志‧卷十三‧職官（文）‧臺灣府知府》中有如下記載：「王珍，山西長治人，辛酉副榜。康熙五十五年任。六十年臺變，被議。」見臺灣文獻叢刊第七四種，臺北：臺銀經研室，1961年（民50），頁354。以下本論文各章所引用此書皆爲同一版本，不再贅敍出版地、出版社與出版年。
　　　　而在李汝和主修之《臺灣省通志》中，也有四條與王珍相關之敍述，試列之如下：
（一）康熙五十五年（1716）：「是年，長治人副榜王珍任臺灣知府」（見頁43）。
（二）康熙六十年（1721）：「時，承平日久，守土恬熙，絕不以吏治民生爲意；防範疎闊，一貴心易之。是年春，值鳳山縣令缺，臺郡太守王珍攝縣篆，委政次子，頗踰閑，徵收糧稅苛刻。以風聞，捕治盟歃者數十人，違禁入內山砍竹木者百餘人，眾心惶惶。有黃殿者，亦居羅漢門，與一貴善，時謀起事，往來密洽。先是於三月，有李勇、吳外、鄭定瑞等相率之羅漢門，見一貴曰：『今地方官但知沉湎樗蒲耳，種種不堪，兵民瓦解，欲舉大事，此其時乎』！一貴曰：『然！我姓朱，若以明朝後，歸之必眾。』皆曰：『可』！」（見頁44）。
（三）康熙六十年（1721）五月一日：「清師既潰，臺廈道梁文煊、知府王珍、同知王禮、臺灣知縣吳觀域、諸羅知縣朱夔等，一時相率登舟，盡驅商漁艇艦赴澎湖」（見頁45）。
（四）康熙六十年（1721）十二月：「總督覺羅滿保親審臺灣逃廈諸文員，將原任臺廈道梁文煊，海防同知王禮、臺灣知縣吳觀域、諸羅知縣朱夔，與知府王珍屍柩，俱令押送之臺。十八日，悉斬於市」（見頁47）。由以上四條，吾人可知朱一貴所以會揭竿起義，與王珍有密切關係。見李汝和主修：《臺灣省通志‧卷首下‧大事記（第一冊）》，臺北：臺灣省文獻委員會，1668年（民57）。以下本論文各章所引用此書皆爲同一版本，不再贅敍出版地、出版社與出版年。

傳說，將他們虛構成破壞臺灣地理風水之惡劣份子（譬如乾隆二十九年（1764）宦臺之提督學政蔣允焄，以及嘉慶十五年（1810）宦臺之彰化縣知縣楊桂森等便是）。〔註2〕但難能可貴的是，當時除了某些不肖者外，其實大部分宦臺儒官，他們不但善盡職守，甚至傾其全力，在臺灣施行儒學教育，並用詩作記錄他們的工作內容，以供清廷參考之用。而至於臺灣本土士子，他們在長期接受儒學教育，並透過科舉考試取得科名後，有的也成為儒師，從事儒學教育工作，一代又一代，與宦臺儒官共同用儒學肩負起教育臺灣人民之使命。直到清廷在光緒二十年（1894）甲午戰爭失敗，隔年，也就是光緒二十一年乙未（1895），簽下馬關條約，將臺灣割讓給日本，才結束臺灣長達二百多年之儒學教育。而如今這些儒學教育內容與思想，雖然歷經統治政權數度更迭，卻仍然深植臺灣人內心，被臺灣人民視為生活準則，維繫著臺灣社會之倫常秩序。

第一節　研究動機與研究目的

一、研究動機

　　中國儒學人物與中國古典詩向為筆者之研究領域，近幾年來對臺灣儒學與臺灣古典詩也開始嘗試摸索，知道清領時期之臺灣，儒學教育曾經盛極一時，並且其影響力直到目前仍在持續當中。但當筆者閱讀了一些清代臺灣儒學教育相關資料後，發現這些資料所呈現的，大約都著重在制度層面的學校建置、教育宗旨、教育指導方針、教育政策、教育條規等等之敘述。而對於在背後推動這些制度之當事人之敘述則幾乎付之闕如，也因此資料雖然為數

〔註2〕　筆者這裡所說之官方色彩太重，乃指他們在任期內，頂著清廷命官身分，在臺灣大興土木，不顧臺灣人對地理風水之深信不疑，而積極進行整治河道及築城防禦工程。臺灣人在害怕地理風水被破壞，卻又無力阻擋之情況下，遂編造出一些「臺灣無法出能人，京官來臺敗地理」傳說，一則抗議清廷在臺灣的威權統治，二則自我安慰臺灣所以不能出真主，又不斷有苦難打擊，並非臺灣這塊寶地不好，而是因為地理風水遭到破壞所致。這些民間傳說故事，甚至到目前還在地方上流傳，並保存於胡萬川等人總編輯的臺灣各地民間故事集中。以上筆者即參考胡萬川等人總編輯之一系列臺灣各地民間故事集，以及胡萬川的〈土地‧命運‧認同‧——京官來臺灣敗地理傳說之探討〉一文，見《臺灣文學研究學報》第 1 期，國家臺灣文學館，2005 年 10 月。

不少，但卻無法讓吾人得知這些制度在當時的臺灣之施行情形如何？以及施行後對臺灣之利弊得失又如何？

　　爲此，筆者加以思考，是否可以藉由當時負責臺灣儒學教育工作之當事人的詩作，來尋找這方面訊息，以還原當時景況。可是當筆者遍尋清領時期之臺灣各方志文獻後，發現各方志文獻所收錄之詩作大多零散不齊全，其中訛誤亦多，因此爲節省這當中比對校正時間，筆者在幾經考慮篩選下，決定採用成大教授施懿琳所主持，由《全臺詩》編輯小組所編撰之十二冊《全臺詩》，作爲本論文主要詩作來源，進行資料之蒐集整理，以及分析歸納工作。

二、研究目的

　　筆者希望藉由此清代臺灣儒學詩之研究，知道清代儒學在輸入臺灣後之施行與被接受情形。究竟當時參與推動工作之宦臺儒官，包括提督學政、地方行政首長、學官三者，以及後來也加入儒學教育工作行列之臺灣本土儒師，他們是如何推動臺灣儒學教育工作，而且對推動工作之心得與感懷又是如何；另外，臺灣在經過長達 212 年的儒學教育之後，它對臺灣人民的影響又是如何。並且由此以檢視清廷在臺灣實施儒學教育之利弊得失。

第二節　文獻探討與研究主題

一、文獻探討

　　目前臺灣地區關於清代臺灣儒學教育之期刊論文大約有以下數篇：1.葉憲峻：〈清代臺灣儒學與孔廟之建置〉（民 97.12 社會科教育研究）；2.劉振雄：〈論臺北艋舺學海書院的儒學精神〉（民 96.12 朝陽人文社會學刊）；3.許惠玟：〈清代臺灣詩中儒學傳承與文昌信仰的關係〉（民 94.7 東海大學文學院學報）；4.葉憲峻：〈清代臺灣儒學教育設施〉（民 88.6 臺中師院學報）；5.吳榮富：〈台灣儒學教育與古典詩的發展〉，國立成功大學中國文學系：《第一屆臺灣儒學研究國際研討會論文集》（民 86.6）；6.莊萬壽：〈臺灣平埔族的儒化〉，國立成功大學中國文學系：《第一屆臺灣儒學研究國際研討會論文集》（民 86.6）7.林耀潾：〈由《臺灣教育碑記》看臺灣儒學〉，國立成功大學中國文學系：《第一屆臺灣儒學研究國際研討會論文集》（民 86.6）；8.湯熙勇：

〈清代臺灣教育研究之 1──巡臺御史清代臺灣的科舉教育的貢獻〉（民 79.9
史聯雜誌）等等。

在博碩士論文方面則大約有：1.潘豐慶：《清代臺灣書院的儒學教育及其
影響之研究》（高雄師範大學國文學系，民 98，碩士論文）。2.廖堂智：《清
代臺灣書院文化場域研究》（中興大學中國文學系，民 94，碩士論文）。3.葉
憲峻：《清代臺灣教育之建置與發展》（中國文化大學史學研究所，民 92，博
士論文）。4.林孟輝：《清代臺灣學校教育與儒學教化研究》（國立成功大學中
國文學研究所，民 88，碩士論文）。5.許世穎：《清代臺灣書院之研究》（臺
北市立師範學院，民 84，碩士論文）。6.王惠琛：《清代台灣科舉制度的研究》
（國立成功大學歷史語言研究所，民 79，碩士論文）等等。

以上這些期刊論文以及博碩士論文，與筆者主題接近者只有許惠玟：
〈清代臺灣詩中儒學傳承與文昌信仰的關係〉，和吳榮富：〈台灣儒學教育
與古典詩的發展〉，但是這兩篇因爲篇幅關係，無法全面觀照清代臺灣之教
育問題。

而在專書方面，以探討清代臺灣教育爲內容的，大約只有莊金德的《清
代臺灣教育史料彙編》（民 62，臺中：臺灣省文獻委員會）。不過這本書屬於
參考書類，書中以條列方式，將臺灣各方志文獻中之原典加以分門別類，彙
編整合，是一本很好的工具書，但並未作主題探討。

至於筆者在摘要中所提到之臺大中文系教授陳昭瑛《臺灣儒學起源發展
與轉化》一書，它雖然不是整本書都專門探討清代臺灣儒學教育，但是在第
29～33 頁中，首度揭舉「儒學詩」之名，並從詩作中發現許多儒學教育制度
下，人爲力量之可貴性，而給予筆者本論文很大啓發作用。

二、研究主題

（一）儒學釋義

筆者本論文所謂儒學有兩種意涵，第一種意涵指以孔子爲中心，上及堯、
舜、禹、湯、文、武、周公，下逮宋之程、朱，並由明、清接續之中國儒學
道統。這個中國儒學道統以六經爲經典，至宋代又加入四書，合稱四書五經；
並以達成儒學教化爲目標，重視君臣、父子、兄弟、夫婦、朋友五倫關係之
實踐。

這個儒學，若以孔子之《論語》爲代表來說，它的中心思想便是「仁」，

此「仁」存藏在人的內心，其內涵爲「克己復禮」〔註3〕、「愛人」〔註4〕、「己所不欲，勿施於人」〔註5〕、「恭、寬、信、敏、惠」〔註6〕等等。而「忠」與「恕」則是將「仁」化成行動後的極致表現。在孔子之後，因爲有曾子闡揚孝道，子思發揮中庸之道，孟子說性善，又有後學者論「內聖外王」、「大同世界」，而使儒學內涵更加豐富起來。

到了宋代，宋理學家在以上之外，又加入天理與人欲之探討，二程的「存天理，滅人欲」，朱熹的「理一分殊」、「格物致知」等等，都讓儒學又比以前有更多可觀之處。中研院院士陳榮捷說朱熹：「他綜合了孔子仁的觀念，孟子於仁義的學說，以及《大學》中的格物和《中庸》的誠的思想，還有漢代（紀元前 206～220）關於陰陽和五行的學說，實際上包括了我們在後面要指出宋初新儒家所有重要的思想。」〔註7〕

明朝之後，滿清代興，清廷開國四君——順治、康熙、雍正、乾隆承接宋理學思想，獨尊儒學，推崇程朱，尤其認爲朱熹是孟子之後，接續孔子道統思想之繼承人，在全國各府州縣廣建文廟以示尊崇，並升朱子爲孔廟配享中的十二哲之一，爲唯一非孔子及門弟子。

本論文所謂儒學的第二種意涵指清代中國內地，以及臺灣之府、州、縣、廳官學。這些地方官學，因爲皆純以儒學爲教育內容，並用四書五經作爲科舉考試內容，故亦直稱爲儒學。

（二）儒學詩釋義

中國自《詩經》開始，詩歌在中國文學史中，便佔著一個極重要地位，而每個朝代之詩歌，姑不論其或興盛、或衰微，卻從來沒有斷絕過。兩千多年來，有不計其數之文人加入書寫詩歌之行列，共同創作出無以數計的詩歌作品，因此它們的類別也多不勝數。不過大而言之，其內容大約不外乎寫景、詠物、記事、敘人，而形成社會詩、寫實詩、邊塞詩、自然詩、山水詩、詠物詩、宮體詩、遊仙詩、玄言詩，甚至禪詩、理學詩等等幾個大類別，但可

〔註3〕 《論語・顏淵篇》：「顏淵問仁，子曰：『克己復禮爲仁。一日克己復禮，天下歸仁焉。』」

〔註4〕 《論語・顏淵篇》：「樊遲問仁，子曰：『愛人』。」

〔註5〕 《論語・顏淵篇》：「仲弓問仁，子曰：『出門如見大賓，使民如承大祭，己所不欲，勿施於人。在邦無怨，在家無怨。』」

〔註6〕 《論語・陽貨篇》：「子張問仁於孔子，孔子曰：『能行五者於天下，爲仁矣』。『請問之』，曰：『恭、寬、信、敏、惠。』」

〔註7〕 見陳榮捷：《新儒學論集》，臺北：中研院文哲所，1995 年（民 84），頁 93。

惜卻始終唯獨沒有儒學詩這個分類。雖然如此，不過其實早在春秋戰國時代，甚至後來，中國人就已有將儒學思想，或儒學教育等事情述諸詩歌者，譬如《詩經·小雅·南有嘉魚之什·菁菁者莪》：

> 菁菁者莪，在彼中阿，既見君子，樂且有儀。
>
> 菁菁者莪，在彼中沚，既見君子，我心則喜。
>
> 菁菁者莪，在彼中陵，既見君子，錫我百朋。
>
> 汎汎楊舟，載沉載浮，既見君子，我心則休。

姚際恆說：「小序謂樂有材，不切；集傳謂亦燕飲賓客之詩，篇中無燕飲，字面尤不切。大抵是人君喜得見賢之詩，其餘則不可以臆斷也。」〔註8〕在詩中，詩人敘述國君因見到君子而歡喜，樂於用禮儀接見之；又因可得君子相助，使國君有如獲百朋重貨之欣慰情狀。此詩所表現者即是君臣關係之優良典範，是儒家思想之完美實踐。

又譬如盛唐杜甫，他在晚年居荊湘期間，雖然京城距離荊湘有千里之遙，但他卻一日未嘗忘君，時時以百姓為念，又關心地方儒學教育之發展，他在〈題衡山縣文宣王廟新學堂呈陸宰〉〔註9〕中說：

> 旄頭慧紫微，無復俎豆事。金甲相排盪，青衿一憔悴。
>
> 嗚呼已十年，儒服弊於地。征夫不遑息，學者淪素志。
>
> 我行洞庭野，欻得文翁肆。侁侁胄子行，若舞風雩至。
>
> 周室宜中興，孔門未應棄。是以資雅才，渙然立新意。
>
> 衡山雖小邑，首唱恢大義。因見縣尹心，根源舊宮閟。
>
> 講堂非曩構，大屋加塗墍。下可容萬人，牆隅亦深邃。
>
> 何必三千徒，始壓戎馬氣。林木在庭戶，密幹疊蒼翠。
>
> 有井朱夏時，轆轤凍階陛。耳聞讀書聲，殺伐災彭彘。
>
> 故國延歸望，衰顏減愁思。南紀改波瀾，西河共風味。
>
> 采詩倦跋涉，載筆尚可記。高歌激宇宙，凡百慎失墜。

此首為五言四十句古詩，此詩之緣由，乃起自衡山縣知縣陸氏在兵荒馬亂中，猶毅然決然在縣邑興建文宣王廟，在廟內設置新學堂教育縣內學子，並邀請杜甫為新學堂題字。在詩中，杜甫敘述安史之亂所帶來之災禍，使得地方儒學教育毀於一旦，在十年間，儒服弊地，學者淪志。並敘述幸而有陸宰仿效

〔註8〕 見姚際恆：《詩經通論》，《續修四庫全書62，詩經62》，續修四庫全書編輯委員會編，上海市：古籍出版社，1995年（民84），頁130。

〔註9〕 見楊倫：《杜詩鏡銓》，臺北：華正書局，1993年（民82），頁1026～1027。

文翁治蜀，在蜀地立講堂作育學子之美行，才讓衡山縣之地方儒學教育得以恢復進行。杜甫在此詩中表現出對儒學之仰慕，並對儒學教育寄予厚望地說「周室宜中興，孔門未應棄」；又說「何必三千徒，始壓戎馬氣」；又說「耳聞讀書聲，殺伐災髯鬚」。最後還勉勵莘莘學子，凡百之事要「高歌激宇宙，凡百慎失墜」，謹言慎行而勿失墜。黃徹將杜甫比擬爲孟子，認爲杜甫之心志在庇護天下寒士，其心廣大，他說：「《孟子》七篇，論君與民者居半，其餘欲得君，蓋以安民也。……而志在大庇天下寒士，其心廣大，異夫求穴螻蟻輩，眞得孟子所存矣。……愚謂老杜似孟子，蓋原其心也。」〔註10〕

　　由以上二詩，吾人可以證明中國儒學詩自古即有，可是因爲零星散布在很多詩人中的眾多作品裡不易被察覺，故而被古代詩評家所忽略，沒有賦予它一個適合之名稱。

（三）儒學詩與理學詩之差異

　　至於臺灣。臺灣因爲直到明鄭時期的沈光文，在永曆五年（順治八年，西元 1651），才將詩學帶入臺灣，起步本來就比中國內地晚，因此後來即使到了清代，陸續出現許多詩人，包括被清廷調派來臺的宦臺儒官，以及臺灣本土士子，他們的詩作中出現許多談到儒學思想，或是與儒學教育相關議題者，但還是沒有詩評家，爲這些詩作訂出一個與它們屬性相合之名稱。直到當代，臺灣大學中文系教授陳昭瑛，在 2000 年（民 89）初版之《臺灣儒學起源、發展與轉化》中，才開始將這些屬性特殊〔註11〕之詩作，以「儒學詩」稱呼之。並在文章中說明爲何不以「理學詩」，而以「儒學詩」稱呼之原因，陳昭瑛說：「清代臺灣學校師生的詩歌中涉及儒學的部分，也是不可忽略的

〔註10〕見華文軒：《古典文學研究資料彙編・唐宋之部・杜甫卷》，北京：中華書局，1982 年（民 71），頁 472。又見筆者：《杜甫出變後行旅與詩歌研究》，臺南：復文興業公司，2003 年（民 92），頁 323。

〔註11〕筆者所謂屬性特殊，乃指詩作之內容皆與儒學有關而言。1997 年（民 86）成大中文系吳榮富在〈台灣儒學教育與古典詩的發展〉一文中說到清代臺灣的儒學著作時，說：「……然不見於刊行者多，且偏於《易》。其學術價值至今尚隱晦未明。若就詩觀之，眞是昭昭其著。」吳氏在文中並例舉黃佺《草盧詩草》等 12 位詩人之詩集，以及丁寶濂〈賀吳上花表弟舉子〉：「摩頂便知非俗器，試聲當可並儒珍。」等四位臺灣詩人之詩作，又說：「以是言之，『儒學』與『臺灣古典詩』之間關係深矣，而這層關係的歷史流變便是本文的切入點。」以上見國立成功大學中國文學系《第一屆臺灣儒學研究國際研討會論文集》（上冊），頁 335～347。然而吳榮富在此篇論文中，只以「臺灣古典詩」稱呼這些詩，並沒有給予它一個專有名稱。

臺灣儒學研究的材料。此處不用『理學詩』，而用『儒學詩』，是爲了擴大研究範圍，把雖不含理學旨趣，但涉及儒學教育的詩也包括進來。」〔註12〕

　　然而據筆者之認知，「儒學詩」本來就與「理學詩」，不僅在詩作內容上不同，而且在詩作形式上也不一樣。陳昭瑛不用「理學詩」，而用「儒學詩」稱呼清代臺灣儒學教育下所產生出來之此部分詩作，乃是正確的判斷。不過在理由上，筆者將在本論文之第六章中有進一步說明，在此只總而言之，「理學詩」所重在理趣之自得其樂，而此理趣，涵有來自佛教之禪悟成分，因此理學詩之作者不重詩歌形式，只講求自然。

　　至於「儒學詩」，因爲有清一代原本就以儒學作爲唯一官方學術，並以儒學道統中之四書五經作爲科舉考試之科目（請詳見本論文第二章）；又在乾隆二十二年丁丑（1757），議准以後在貢士時，加考一首「五言八韻唐律」，嚴格要求「諧聲比律」，只要一字不叶，即前功盡棄（請詳見本論文第六章）。因此當這些儒學內容與詩歌格律要求，被宦臺儒官以比照內地方式辦理，平行輸入臺灣之後，臺灣儒學詩的內容與詩歌格律，當然就不可能與只注重自得其樂、講求理趣之理學詩相同；相反地，儒學詩非常重視詩作之形式格律。

（四）清代臺灣儒學詩產生緣由

　　清代臺灣儒學詩產生由來，與臺灣被清廷統治有絕對關聯性。雖然早在明鄭時期，鄭經就聽從陳永華建議，建立文廟振興儒學，可惜因時間太短，徧及之地不大，因此尚無法產生很大影響力。直到清廷統治臺灣，在康熙二十三年（1684）開始在臺灣府、臺灣縣、鳳山縣三處同時設立府縣儒學後，後來陸續又在臺灣各府縣廳也設立儒學、書院，並在各處設立基礎教育之義學、社學，於是儒學教育開始在臺灣全面展開；而且並不僅止於學校士子而已，也如在中國內地一樣，在社會方面也開始普遍用儒學思想教化庶民。

　　而當時肩負這些儒學教育工作的，便是被清廷調派來臺之宦臺儒官，包括提督學政、地方行政首長與學官。他們因爲所從事工作之關係，平時偶而會以詩作記錄儒學教育情形，或是抒發他們在此項工作上之感懷，因而產生了筆者本論文第四章所謂清代宦臺儒官之儒學詩這部分內容。

　　至於清代臺灣本土士子，他們在宦臺儒官長期灌輸儒學教育之後，不僅內在思想、外在行事舉止都明顯儒化，而且在詩作之形式格律上，也與宦臺

〔註12〕見陳昭瑛：《臺灣儒學起源、發展與轉化》，臺北：正中書局，2000年（民89），頁29。

儒官一樣講求。尤其是足以代表臺灣本土士子之臺灣本土儒師，他們將所接受到之儒學教育內容，或到中國內地擔任府州縣儒學教師，或留在臺灣自己謀一份教職工作。在教學過程中，又繼續將儒學傳承給自己學生，而他們也因為所從事工作的關係，平時偶而也會以詩作記錄儒學教育情形，或是抒發他們在此項工作上之感懷，因而產生了筆者本論文第五章所謂清代臺灣本土儒師之儒學詩這部分內容。

　　大致上說來，這些宦臺儒官與臺灣本土士子，尤其是儒師，他們彼此間之互動關係是良好的；他們就這樣，一起在臺灣這塊土地上，共同肩負起用儒學教育教導臺灣人民之責任，直到清廷因甲午戰爭失敗，簽下馬關條約，將臺灣割讓給日本為止。

（五）清代臺灣儒學詩內容

　　在本論文中，筆者之所謂清代臺灣儒學詩，其包括之內容乃以廣義來說，凡是詩作中有言及儒家思想，或是敘述儒學教育事實、反映儒學教育現象，或抒發儒學教育工作感懷者，筆者都認定之而加以採擇。在此種採擇原則下，筆者在本論文總共選取宦臺儒官中，提督學政陳璸等9人之儒學詩45首、地方行政首長季麒光等7人之儒學詩27首、學官林紹裕等11人之儒學詩26首，總共27人之98首儒學詩。至於臺灣本土儒師之儒學詩，則不分調派中國內地者，或留在臺灣本地者，總共有章甫等11位之98首儒學詩。而若將此二大類儒學詩合起來，則總共有38位詩人的196首詩。

　　至於他們之詩作內容，因著四者所擔任工作之職別差異，使得它們在大同之外，也有小異之處，今在此先簡述之。在宦臺儒官方面，提督學政其內容大約可分為論儒學或儒家精神、興建學校、督察學政、巡視全臺與個人感懷等五種類型；地方行政首長其內容大約可分為興建學校、教導士子、勗勉教師、巡視轄域與個人感懷等五種類型；學官其內容大約可分為談臺灣教育環境、在學宮課生員、巡社課番童、談儒學教育成效與個人感懷等五種類型。而在臺灣本土儒師方面，其內容則大約可分為世代以習舉業傳家、論儒學或儒家精神、教學相關情形與個人感懷等四種類型。

　　本論文除了以上之第四章、第五章內容外，本章（第一章緒論）：用來介紹本論文之研究動機與研究目的、文獻探討與研究主題、研究範圍與研究方法。

　　第二章清代臺灣儒學教育溯源：用來論述清代臺灣儒學教育制度之起

源，以及儒學教育之內容。臺灣儒學教育制度起源於清代朝廷對儒學之重視，而在各府州縣建立儒學，又在各處廣設書院、義學；至於儒學教育之內容，則可追溯至清代開國四君──順、康、雍、乾所御定之儒學典籍，以及他們所頒布之聖諭。

　　第三章清代臺灣儒學教育之實施：用來論述清廷在領臺後，將用在中國內地之儒學教育方式輸入臺灣，亦在臺灣各府縣廳設置儒學，在各地廣設書院、義學與社學；並且透過宦臺儒官，將儒學內容灌輸給臺灣本土士子，以及社會大眾。

　　第六章清代臺灣儒家文學觀與儒學詩藝術表現：用來論述清代之儒家文學觀、清代宦臺儒官之儒家文學觀、清代臺灣儒家文學觀之發展，並且析論宦臺儒官以及臺灣本土儒師，他們的詩文理論與儒學詩之藝術表現。

　　第七章結論：則用來總結清代臺灣儒學詩，並從日據時期臺灣人在詩話、詩社、詩集與詩報中的詩學論述，觀察清代臺灣儒家文學觀對日據時期臺灣人詩作，以及臺灣人精神之影響。

第三節　研究範圍與研究方法

一、研究範圍

　　本論文所指之清代臺灣儒學詩，筆者在採擇資料時，一方面有設定時間與空間上之限制範圍，二方面有設定詩作內容上之限制範圍，三方面有設定作者身分上之限制範圍。先說第一方面，因爲本論文之題目訂爲清代臺灣（此處臺灣可指地方，也可指人），因此凡不是在康熙二十二年（1863）以後，到光緒二十一年（1895）之前在臺灣（指地方）所作之詩作便不採入，因爲臺灣在光緒二十一年（1895）以後便屬於日據時期；但是如果臺灣本土儒師到中國內地，只要是在宣統三年（1911）清代結束前所作之詩作，筆者認爲當時中國還是清代，如果是由臺灣人所作之詩歌，也可算是清代臺灣（指人）。

　　次說第二方面，筆者所謂之儒學詩，其意涵與內容已如前述，因此凡不屬於前述者，即使在時間、空間上符合，也不採擇。

　　再說第三方面，就作者身分來說，即使符合上述兩方面條件，但如果他不是提督學政、地方行政首長、學官，或是臺灣本土儒師身分，那麼他們之詩作筆者亦不採擇，譬如林占梅便是。而臺灣本土儒師之教職工作，不論他

們是在府州縣儒學，或是在書院（如鄭用錫、施瓊芳）、或是自設學舍招收學生（如黃敬、許南英）、或是到村塾（如陳維英、陳肇興）任教者，筆者認為他們皆屬儒師身分，而加以採擇之。

在以上之限制範圍下，筆者在採擇資料時，碰到的最大困難便是資料不足，其不足之原因很多，在宦臺儒官方面，其中最明顯的一點便是清代宦臺儒官之在任時間太短。依康熙三十年（1691）規定，宦臺各官自道員以下，教職以上，皆是三年一任，俸滿調回。而這三年，宦臺各官若去掉前後交接時間，真正工作時間根本不到三年，而且中間可能又會因丁憂、或因案等因素而提前離職，所以宦臺儒官在臺期間沒有辦法寫出很多詩作乃屬正常之事；而即使有很多詩作，也不一定都與儒學教育主題相關，譬如居魯六十七便是；又有的雖然留下很多文章，但卻沒有與儒學教育主題相關之詩作，譬如丁曰健、劉銘傳便是。

至於臺灣本土儒師方面，雖然他們就定居在臺灣，但因為當時臺灣地方情勢並不安定，所謂「三年一小亂，五年一大亂」；再加上後來接踵而至之日本異族統治、第二次世界大戰，致使臺灣本土儒師之儒學詩，所能保存下來者亦是不多。

不過儘管如此，這些零散資料雖然嚴重不足，卻皆反映了當時臺灣儒學教育狀況。它們除了具有文學價值，也具有歷史意義，是值得身為臺灣後輩一份子的我們，投注心力去挖掘研究的。

二、研究方法

本論文將歷史研究與文學研究作結合，將文學放置在歷史的時間與空間中，讓文學為歷史說話。在歷史研究這一部分，重視清代臺灣儒學源流之追溯，為讓歷史資料一目了然，筆者馭繁以簡，利用許多簡表呈現歷史資料。而在文學研究這一部分，筆者則鉅細靡遺，盡可能搜羅他們的生平事蹟、在臺文教事功，並用其他詩文作輔助，期能因此呈現每位儒官或儒師，他們在儒學教育貢獻上之完整樣貌。

因此本論文中雖然有的儒官或儒師，在其詩作中只有一首儒學詩，但因為它能反映當時之儒學教育現狀，筆者也不輕易將之棄置而加以選入之，譬如宦臺學官謝金鑾、鄭兼才、林紹裕、黃對揚等人便是。

第二章　清代臺灣儒學教育溯源

　　清人以滿族入主中原，對中原漢人而言，是可忍孰不可忍；而對清人而言，此亦正是考驗滿族文化之開始。要如何才能繼續保存滿族文化不被漢族同化，而又能以最快速度深入了解漢族文化，鞏固統治政權，控制反動勢力，成了當時入關後前四位國君——順治、康熙、雍正、乾隆之最大課題。因此他們一方面自己努力閱讀儒學經典，吸收儒學思想，並將這些儒學思想轉化成實際的儒學教化條規，載之於冊編，以作為治民要典；二方面他們透過重編儒學經典、廣設各府州縣儒學、科舉考試、建置文廟、舉行鄉飲酒禮等方式，以推展儒學思想；三方面他們親自製作各種摻揉儒家思想之聖諭，直接頒布到各直省府州縣，使成為教化士民之最高指導原則。領臺後，清廷也在臺灣建廟興學，並透過宦臺提督學政、地方行政首長以及儒學教官，將上述內容施行在臺灣，以教育臺灣士民。

第一節　順康雍乾之中國儒學思想

　　《四庫全書》將中國古籍分為四部，其中子部又分為十四類：一曰儒家，二曰兵家，三曰法家，四曰農家，五曰醫家，六曰天文算法，七曰術數，八曰藝術，九曰譜錄，十曰雜家，十一曰類書，十二曰小說，十三曰釋家，十四曰道家。

　　而在此十四家當中，從順治、康熙、雍正到乾隆，都唯獨提倡儒家，將儒學視為唯一正統學術，不但積極涉獵儒學經典，吸收中國儒學思想，並將他們的儒學思想轉化為儒學之教，編纂成典冊以教化臣民。

　　今筆者試根據《四庫全書》所收錄之五篇順治、康熙、雍正、乾隆儒學教化要典中之內容要旨，敘述他們的儒學思想。

一、順治十二年《御定資政要覽》〔註1〕

　　順治十二年（1655）御定《資政要覽》，凡三十章，十章都爲一卷，共計三卷，另後序一卷。三十章分別是：一曰君道、二曰臣道、三曰父道、四曰子道、五曰夫道、六曰婦道、七曰友道、八曰體仁、九曰宏（弘）義、十曰敦禮、十一曰察微、十二曰昭信、十三曰知人、十四曰厚生、十五曰教化、十六曰儉德、十七曰遷善、十八曰務學、十九曰重農、二十曰睦親、二十一曰積善、二十二曰愛民、二十三曰慈幼、二十四曰養生、二十五曰懲忿、二十六曰窒欲、二十七曰履謙、二十八曰謹言、二十九曰慎行、三十曰愛物。

　　十二年（1655）正月，順治在〈資政要覽序〉中說：「帝王爲政，賢哲修身莫不本於德，而成於學」。他認爲，德是一個人修身的根本，而要成德便要透過不斷的學習。至於學習的內容是什麼？他又說：「朕孜孜圖治學於古訓，覽四書、五經、通鑑等編，得其梗概；推之十三經、二十一史及諸子之不悖於聖經者，莫不根極理道，成一家言。」〔註2〕

　　由此可知，順治學習的內容是中國的經書、史書、子書；而子書須不悖於聖賢之道者。至於此書之編，乃是要讓觀是書之人，「可以爲篤行之善人，推類而廣之，可以爲博雅之君子，毋徒求之語言文字之間。」〔註3〕

　　而撰寫此編所用之體裁，順治說，乃是刻意模仿周秦諸子而鎔鑄古籍。此外此編中並穿插有許多史事，作爲說理時之例證。今筆者爲明白順治鎔鑄古籍而作《資政要覽》之一斑，以及它與中國儒學之關係，茲將其引用儒家經典學說之文字，擇其要者節錄，以簡表示之如下。

簡表一：順治《御定資政要覽》引用儒家經典學說一覽表

章次	章名	主　　旨	引用之儒學經典文句	頁　碼
1	君道	聖人之養民，非爲用也，性不能已。	書曰：「惟厥攸居，政事惟醇」	717-534
2	臣道	殫其循良，文武協和，士民豫附。	詩曰：「靖共爾位，正直是與」	717-535

〔註1〕 見《景印文淵閣四庫全書・子部二三・儒家類・資政要覽》，臺北：臺灣商務印書館，1983～1986年（民72～75），頁717-531。以下本論文各章所引用此書皆爲同一版本，不再贅敍出版地、出版社與出版年。
〔註2〕 見《景印文淵閣四庫全書・子部二三・儒家類・資政要覽》第七一七冊，頁717-532。
〔註3〕 見同上，頁717-532。

3	父道	教子以德以忠，使可施於民、效於君。	詩曰：「教誨爾子，式穀似之」	717-535
4	子道	小孝思愛忘勞，中孝尊仁安義，大孝博施而備物。	詩曰：「孝子不匱，永錫爾類」	717-537
5	夫道	君子之爲夫，敬身帥婦，則能制義而家道正。	記曰：「外內和順，國家理治，此之謂盛德」	717-538
6	婦道	以仁儉勞則內治修，以敬賢勤則胤嗣昌。	易曰：「恒其德貞婦人吉，言從一而終也」	717-539
7	兄弟	不惑於內，不聞於外，則友悌全。	詩曰：「是寬是圖，亶其然乎」	717-539
8	體仁	人得天地之德而爲仁，而能親親、仁民、愛物。	易曰：「君子體仁足以長人」	717-540
9	弘義	義理彰則功利息，首仁尾義天之道也	詩曰：「豈弟君子，四方爲則」	717-542
10	敦禮	禮有周折之容，樂有歌舞之節，禮樂明備天地官矣。	詩曰：「淑人君子，其儀不忒」	717-543
11	察微	修身者謹細行，圖治者防未然。	子曰：「知幾其神乎」	717-545
12	昭信	君子言有信，則不致有怨。	易曰：「中孚以利貞，乃應乎天也」	717-546
16	儉德	儉者外以節用，內以制心。	子曰：「菲飲食，惡衣服，卑宮室，禹無間然，葢以其致孝而勤民也。」〔註4〕	717-552
17	遷善	君子見善則遷，有過則改。	易曰：「冥豫，成有渝，无咎」	717-553
19	重農	聖人貴五穀賤金玉以敦本。	夏箴曰：「中不容利，民乃外次」	717-556
27	履謙	君子卑以自牧正內惬其心。	易曰：「勞謙君子萬民服也」	717-569
29	慎行	君子遵道而行，待時而動。	詩曰：「小心翼翼，古訓是式」	717-572

簡表說明：1. 本表之主旨文字部分，乃筆者就各章要義濃縮者，非原文，故不以「」括之。2. 除以上所列於簡表者外，順治在《要覽》中，其實尚有許多雖然沒有明白標示出處，但文字卻爲人所耳熟能詳者，譬如第十三章〈知人〉

〔註4〕此句出自《論語・泰伯篇》，子曰：「禹，吾無閒然矣！菲飲食，而致孝乎鬼神；惡衣服，而致美乎黻冕；卑宮室，而盡力乎溝恤。禹，吾無閒然矣！」

的「三人行必有擇焉」，〔註5〕便是脫胎自《論語‧述而》：「三人行必有
我師焉」；又如第十八章〈務學〉的「蓬生麻中，不扶自直」，〔註6〕便是
出自荀子〈勸學解〉；另外又如第二十二章〈愛民〉的「大道之行也，選
賢與能，講信修睦。……是謂大同。」〔註7〕便是出自《禮記‧禮運大同
篇》等等。

　　吾人由《資政要覽》三十章來看，可以知道順治所諭示對象包括士與民，
內容小自個人的修身、齊家，大至君臣的治國、平天下之道，而其遵循之典
範則正是中國傳統的儒學思想，包括《詩經》、《書經》、《易經》、《禮記》、《論
語》、《逸周書》等等。

　　順治對中國傳統儒學經典之重視，直接影響了他的治國政策，也影響了
後來康熙、雍正、乾隆，甚至有清一代之學術思想方向，後來清廷始終視儒
學爲教化士民之唯一正統學說。

二、雍正六年《欽定執中成憲》〔註8〕

　　雍正接受康熙庭訓，於儒學亦長期浸潤其中而有所得。《欽定執中成憲》
一編之由來，據乾隆在元年（1736）丙辰三月望日所作之序文中所說，乃是
「（雍正）簡命儒臣，採錄經、史、子、集所載自古帝王元德顯功、訏謨大
訓，以及名臣奏章、先儒語類，深切治道者，次第進呈，皇考親爲刪定，命
曰《執中成憲》，始於雍正六年仲春，成於十三年中夏。未及刊布，而我皇
考遽遐棄。」

　　由以上序文，可知《欽定執中成憲》一編，乃雍正所敕撰，撰作時間長
達七年。此編採錄範圍包括經、史、子、集，所記載人物有古帝王、名臣、
先儒，所收集內容包括德行、事功、典謨訓告、語錄等等。而若總說之，則
即如序中所言：「是書自二帝、三王之事，古聖賢之言，下逮羣儒、文士之可
節取者，兼收而不遺，用是道也。」

　　此書共分八卷，從卷一到卷四，分敘由唐帝堯、虞帝舜、夏王禹、商王

〔註5〕　見《景印文淵閣四庫全書‧子部二三‧儒家類‧資政要覽》第七一七冊，頁
　　　　717-547。
〔註6〕　見同上，頁 717-555。
〔註7〕　見同上，頁 717-562。
〔註8〕　見《景印文淵閣四庫全書‧子部二三‧儒家類‧資政要覽》第七二二冊，頁
　　　　722-1～3。

湯、商王太甲、商王盤庚、商王武丁、周文王、周武王、周成王、周康王、
周穆王、漢高祖皇帝、漢太宗孝文皇帝、漢孝景皇帝、漢世宗孝武皇帝、漢
中宗孝宣皇帝、漢世祖光武皇帝、漢顯宗孝明皇帝、漢肅宗孝章皇帝、漢孝
和皇帝、晉世祖武皇帝、南齊世祖武皇帝、梁高祖武皇帝、魏太宗明元皇帝、
魏高祖孝文皇帝、魏世宗宣武皇帝、唐高祖皇帝、唐太宗皇帝（一）（二）、
唐德宗皇帝、唐憲宗皇帝、唐文宗皇帝、唐宣宗皇帝、後周世宗皇帝、宋太
祖皇帝、宋太宗皇帝、宋眞宗皇帝、宋仁宗皇帝、宋神宗皇帝、宋高宗皇帝、
宋孝宗皇帝、宋理宗皇帝、金世宗皇帝、金章宗皇帝、元太祖皇帝、元憲宗
皇帝、元世祖皇帝、元仁宗皇帝、明太祖高皇帝、明成祖文皇帝、明仁宗昭
皇帝、明宣宗章皇帝、明憲宗純皇帝、明孝宗敬皇帝等五十四位歷代皇帝之
德行事功；卷五到卷八則分敘唐虞、商、周、漢、三國、晉、南北朝、隋、
唐、宋（上下）、金、元、明等十三代名臣、先儒、文士之言論。

　　以上《欽定執中成憲》所列敘之歷代皇帝，雍正所選出者均包括有開國
皇帝在內，因此其中不乏有各朝代之立國方針與治國政策資料在內。而此部
分資料，雖因篇幅關係，筆者不克在此臚列說明，但是這些根源資料，實有
助於人文社會研究學者，了解中國各朝代的文化在共同性之外，它的個別差
異性之所從來成因。

三、雍正八年《聖祖仁皇帝庭訓格言》〔註9〕

　　《聖祖仁皇帝庭訓格言》一卷爲雍正聆聽康熙口述庭訓的記錄資料。
聖祖仁皇帝即康熙皇帝。根據雍正在八年（1730）四月初一日御製的〈聖
祖仁皇帝庭訓格言序〉中所說，此卷《格言》記錄時間長達四十年，內容
「雖卷帙簡約，而格致、誠正、修齊、治平之道，罔弗兼該；堯、舜、禹、
湯、文、武、周、孔之傳，一以貫之矣。」後來此卷《格言》代代傳鈔，
成爲清廷宮中皇室胄子必讀之課程內容。在庭訓格言中，康熙不但對儒家
的經典述之甚詳，對儒家的代表人物孔子、孟子，以及傳承孔、孟之學的
宋五子，尤其是朱子學說，也都有精到見解。筆者爲明《聖祖仁皇帝庭訓
格言》一卷與儒學之關係，亦嘗試節錄出其中與儒學經典，以及儒家人物
有相關者以見之。

〔註9〕　見王德毅主編：《叢書集成續編六〇‧社會科學類》，臺北：新文豐出版公司，
　　　　1989 年（民 78），頁 551〜588。

（一）儒學經典

康熙在《庭訓格言》中屢次提及儒家經典，依筆者披尋，大約有《詩經》、《書經》、《易經》、《禮記》、《孝經》、《論語》、《大學》、《中庸》；有時則用合稱以稱之，譬如《四書》、《五經》、《性理》等。

1. 詩　經

（1）第 14 則 〔註10〕：「《詩》曰：『明明在下，赫赫在上。維此文王，小心翼翼。昭事上帝，聿懷多福。』其斯之謂與。」（見頁 552）

（2）第 72 則：「《詩》之為教也，所從來遠矣。昔在虞廷，命夔為典樂之官，以教冑子曰：『詩言志』。……夫子雅言之教，稱引誦說，惟詩最多。如《大學》、《中庸》、《孝經》，篇末必引詩以咏歎之。……思夫伯魚過庭之訓，小子何莫學夫詩之教，則凡有志於學者，豈可不以學詩為要乎？」（見頁 560）

（3）第 101 則：「《詩》云：『伯氏吹壎，仲氏吹箎』然而實見壎箎者有幾人。」（見頁 565）

（4）第 213 則：「《詩》曰：『吉日惟戊，吉日庚午』；《禮》曰：『外事用剛日，內事用柔日』；朱子注孟子曰：『天時者，時日支干，孤虛王相之屬也』。」（見頁 583）

2. 書　經

（1）第 13 則：「《書經》者，虞、夏、商、周治天下之大法也。……帝王之家所必當講讀。……即仕宦人家，有志於事君治民之責者，亦必當講讀。（見頁 552）

（2）第 27 則：「《書》云：『學于古訓，乃有獲』」（見頁 554）

（3）第 61 則：「《書》曰：『惟聖罔念作狂，惟狂克念作聖。』」（見頁 558）

（4）第 64 則：「故〈周書〉以酒為誥，而曰：『我民用大亂喪德，亦罔非酒惟行。』」

（5）第 113 則：「《書》曰：『君子所其無』，逸詩曰：『好樂無荒，良士瞿瞿』至哉斯言乎。」（見頁 567）

（6）第 183 則：「聲音之道以和為本，故「《書》曰：『八音克諧，無相奪倫，神人以和。』」（見頁 578）

〔註10〕以下之數字順序別，乃筆者為方便檢索所自加，格言中並沒有，特此說明。

（7）第 212 則：「《書》云：『同律度量衡』，《論語》曰：『謹權量』。」
（見頁 583）

（8）第 220 則：「《書》云：『惠迪吉，從逆凶』」（見頁 584）

（9）第 235 則：「從來有生知、有學知、有困知，及其成功則一。…
…《書》云：『爲山九仞，功虧一簣』。正爲半塗而廢者惜也。」（見
頁 586）

3. 易　經

（1）第 28 則：「《易》云：『日新之謂盛德』」（見頁 554）

（2）第 44 則：「故《易》有云：『天行健，君子以自強不息』。由是觀
之，聖人以勞爲福，以逸爲禍也。」（見頁 556）

（3）第 58 則：「《易·繫辭》曰：『齋戒，以神明其德。』」（見頁 558）

（4）第 100 則：「《易》爲四聖之書，其立象設卦繫辭，廣大悉備。…
…故孔子嘗曰：『加我數年，五十以學《易》』，蓋言凡爲學者不
可以不學，而學又不可易視之也。」（見頁 565）

（5）第 116 則：「《易》云：『天在山中，大畜。君子以多識前言往行，
以畜其德。……天人之蘊奧在「《易》，帝王之政事在《書》，性情
之理在《詩》，節文之詳在《禮》，聖人之褒貶在《春秋》；至於傳、
記、子、史，皆所以羽翼聖經。」（見頁 575）

4. 禮　記

（1）第 5 則：「《禮記》篇首，以『毋不敬』冠之聖人，一言，至理備
焉。」（見頁 551）

（2）第 73 則：「禮之係於人也大矣，誠爲範身之具，而興行起化之
原也。……。禮經傳之者十三家，而戴德、戴聖爲尤著。聖所
傳四十九篇，即今之《禮記》是也，其餘四十七篇，雖雜出於
漢儒之說，亦皆傳述聖門格言，有切於身心之要旨。爾等所習
本經既熟正，當學禮，孔子曰：『不學禮無以立』，其宜勉之。」
（見頁 561）

（3）第 105 則：「我朝舊至多合經書古典，滿洲例帶馬必以右手，牽犬
必以左手，《禮記》即然，如斯類者儘有。」（見頁 575）

（4）第 218 則：「《禮》曰：『男子生桑弧蓬矢，六以射天地四方』。

……故孔子射於矍相之圃，蓋觀者如堵牆。《易》曰：『射隼射雉』。……《書》曰：『若射之有志』……」(見頁 584)

5. 孝　經

第 32 則：「《孝經》一書，曲盡人子事親之道，爲萬世人倫之極。……夫後之儒者身體力行，以助宣教化而敦厚風俗，其旨甚遠，其功甚宏。」

(見頁 554)

6. 論　語

（1）第 92 則：「《論語》曰：『車中不內顧』，《禮》曰：『目容端』。」

(見頁 563)

（2）第 214 則：「《論語》云：『子貢問爲仁』子曰：『工欲善其事，必先利其器』。此言實爲學制事之要也」(見頁 583)

7. 大　學

（1）第 69 則：「是故「〈大學〉云：『忿懥好樂，皆難得其正者，此之謂也』。」(見頁 560)

（2）第 221 則：「〈大學〉有云：『君子有諸己而後求諸人，無諸己而后非諸人』。特爲身先而言也。」(見頁 585)

（3）第 225 則：「故〈大學〉有云：『好而知其惡，惡而知其美者，天下鮮矣。』誠至言也。」(見頁 585)

8. 中　庸

（1）第 53 則：「〈大學〉、〈中庸〉俱以愼獨爲訓，是爲聖賢第一要節。」

(見頁 557) (見頁 559)

（2）第 224 則：「〈中庸〉有云：『有弗學，學之弗能，弗措也。人一能之，己百之，人十能之，己千之。果能此道矣，雖愚必明，雖柔必彊。』實爲學最有益之言也。」(見頁 585)

9. 合　稱

第 12 則：「凡人養生之道，無過於聖人所留之經書。故朕惟訓汝等，熟習《五經》、《四書》、《性理》，誠以其中凡存心養性、立命之道，無所不具故也。看此等書，不勝於習各種雜學乎？」(見頁 552)

其實除此之外，《庭訓格言》中尚有許多將十三經內容融會貫通，而直接鎔鑄於文中者，因數量眾多，筆者無法備載。譬如第 164 則：「蓋生者所

以成其體，而剋者所以宏其用，〈大禹謨〉水、火、金、木、土、穀，惟修以五行相剋為次第，可見相剋是五行作用處。」（見頁 574～575），康熙雖未言出於何書，但吾人知〈大禹謨〉乃出於《書經》；又譬如第 172 則：「即如幼年閒於田獵之時，但以多戮禽獸為能，今漸漸年老，圍中所圈乏力之獸，尚不忍於射殺。觀此則聖人所言：『我欲仁，斯仁至矣』。」（見頁 576），康熙雖也未言出於何書，但吾人亦知其乃出於《論語》。

康熙對儒學經典之閱讀，乃是採理性、有選擇性方式，或去之、或取之。譬如第 7 則：「凡看書不為書所愚始善。如董子所云：『風不鳴條，雨不破塊，謂之昇平世界。』果使風不鳴條，則萬物何以鼓動發生；雨不破塊，則田畝如何耕作布種。以此觀之，俱係粉飾空文而已。似此者，皆不可信以為真也」（見頁 551）；又譬如第 99 則：「《記》云：『昏定晨省』者，言為子之所以竭盡孝心耳。人當究其本意，不可徒泥其辭，必循其迹以行之。」（見頁 565）

至於《格言》之形成背景如何？又究竟開始於何年？完成於何年？《格言》中並沒有寫明，不過吾人若由康熙在第 8 則中之言：「朕八歲登極，即知黽勉學問」（見頁 551）；在 168 則中之言：「故朕理天下事五十餘年，無甚差忒者，亦看書之益也。」（見頁 575）；在第 215 則之言：「朕今年近七十」（見頁 583）；在第 220 則之言：「朕自幼登極，迄今六十餘年」等數則訓言，以及雍正在《格言》序文中所說此編記錄時間長達四十年來判斷，那麼此編《格言》之形成，乃淵源於康熙之黽勉勤學，而《格言》大概開始於康熙二十年以後，完成於康熙六十年以後，當時他已經七十幾歲。此《格言》是康熙平日對雍正及眾子孫訓示之語，逐日逐月累積而成，並非一時之作。此《格言》內容共有 246 則，每則都以「訓曰」作開頭，換言之，全文共有 246 訓。

（二）儒家人物

在眾多儒學經典中，康熙對孔子、孟子尤其重視，非僅屢次用「《論語》曰」、「《孟子》曰」之方式引用二書中之言，而且用「子曰」、「孔子云」；「孟子曰」、「孟子云」等方式，直述二人之言；而另外對程子、朱子亦然。

1. 言及孔子者

(1) 第 3 則：「故孔子云：『不曰如之何！如之何者。吾末如之何也已矣。』誠至言也。」（見頁 551）

(2) 第 14 則：「子曰：『鬼神之為德，其盛矣乎！使天下之人齊明盛服以承祀。洋洋乎！如在其上，如在其左右。』」（見頁 552）

（3）第 19 則：「虞書云：『宥過無大』。孔子云：『過而不改，是謂過矣。』」（見頁 553）

（4）第 23 則：「人多強不知以爲知，乃大非善事。是故孔子云：『知之爲知之，不知爲不知』」（見頁 552）

（5）第 29 則：「子曰：『吾十有五而志於學』聖人一生只在志學一言。」（見頁 554）

（6）第 30 則：「子曰：『志於道』夫志者，心之用也。」（見頁 554）

（7）第 47 則：「孔子云：『少成』。若天性習慣，如自然，其信然乎。」（見頁 557）

（8）第 62 則：「子曰：『夫仁，亦在乎熟之而已矣。』」（見頁 559）

（9）第 70 則：「故孔子曰：『君子畏天命、畏大人、畏聖人之言。』」（見頁 559）

（10）第 75 則：「孔子云：『惟女子與小人爲難養也，近之則不孫，遠之則怨。』此言極是。」（見頁 561）

（11）第 94 則：「孔子云：『先行其言，而後從之』。如宋周、程、張、朱諸儒，皆能勉行道學之實，其議論皆發明先聖先賢之奧旨；又若司馬光，乃宋朝名相，觀其編輯《資治通鑑》，論斷古今，盡得其當，可謂言行相符，然自未嘗博道學之名也。」（見頁 564）

（12）第 117 則：「孟子言良知良能，蓋舉此心本然之善端，以明性之善也。又云：『大人者，不失其赤子之心者也』……即如孔子從心所欲不踰矩，尚言於志學、而立、不惑、知命、耳順之後。……故凡有志於聖人之學者，其擇善固執，克己復禮，循循勉勉，無有一毫忽易於其間，始能日進也。」（見頁 567～568）

（13）第 165 則：「是故命之一字，孔子罕言之也」（見頁 575）

（14）第 193 則：「孔子曰：『素富貴行乎富貴，素貧賤行乎貧賤』；孟子曰：『富貴不能淫，貧賤不能移』。此是聖賢立志之根本，操存之要道也。」（見頁 580）

（15）第 199 則：「孔子云：『君子有三戒：少之時血氣未定，戒之在色；及其壯也，血氣方剛，戒之在鬬；及其老也，血氣既衰，戒之在得。』」（見頁 581）

（16）第 200 則：「孔子云：『民可使由之，不可使知之』，誠爲政之至

要。」（頁581）

（17）第 204 則：「孔子曰：『某未達』」（見頁581）

（18）第 223 則：「是故孔子云：『君子之於天下也，無適也，無莫也，義之與比。』」（見頁585）

（19）第 227 則：「人之一生多由習氣而成。……故孔子曰：『性相近也，習相遠也』，有必然者。」（見頁585）

（20）第 234 則：「凡人進德修業，事事從讀書起。……此夫子所以發憤忘食，學如不及也。」（見頁586）

（21）第 238 則：「為學之功有三等焉。汲汲然者，上也；悠悠然者，次也；懵懵然者，又其次也。……如湯之〈盤銘〉曰：『苟日新，日日新，又日新。』夫豈有瞬息悠悠之意哉？孔子曰：『有能一日用其力於仁矣乎？』……」（見頁587）

（22）第 241 則：「天下未有過不去之事，忍耐一時便覺無事。……孔子曰：『小不忍則亂大謀』。聖人之言至理存焉。」（見頁587）

（23）第 242 則：「孔子進以禮，退以義，所以盡人事也。得之不得曰有命，是聽命也。」（見頁587）

（24）第 243 則：「子曰：『吾非斯人之徒與，而誰與？』」（見頁587）

2. 言及孟子者

（1）第 13 則：「孟子曰：『欲為君盡君道，欲為臣盡臣道。二者皆法堯舜而已矣。』」（見頁552）

（2）第 52 則：「故孟子曰：『耳目之官不思而蔽於物，物交物則引之而已矣。』」（見頁557）

（3）第 62 則：「孟子曰：『夫仁，亦在乎熟之而已矣』」

（4）第 91 則：「孟子云：『存乎人者，莫良於眸子，眸子不能掩其惡，胸中正則眸子瞭焉；胸中不正，則眸子眊焉。』此誠然也。」（見頁563）

（5）第 115 則：「舜好問而好察。……孟子論用人、用刑，則曰：『詢之左右，及諸大夫，及國人。』……箕子亦曰：『汝則有大疑，謀及乃心，謀及卿士，謀及庶人，謀及卜筮。』」（見頁567）

（6）第 175 則：「孟子云：『為政者，每人而悅之曰，亦不足矣。』……孟子此言深切政體，特語爾等知之。」（見頁576～577）

（7）第 189 則：「古之聖人平水土，教稼穡，辨其所宜，導民耕種而五穀成熟，孟子曰：『五穀熟而民人育』。……《禮・月令》曰：『天子以元日祈穀於上帝』。……《詩》曰：『粒我蒸民，莫匪爾極；貽我來牟，帝命率育。』」（見頁 579）

（8）第 209 則：「孟子云：『或勞心，或勞力；勞心者治人，勞力者治於人。』」（見頁 582）

（9）第 221 則：「孟子云：『大人者不失其赤子之心者也』」（見頁 585）

（10）第 226 則：「孟子云：『持其志，無暴其氣』。人欲養身，亦不出此兩言。」（見頁 585）

3. 言及程子者

（1）第 228 則：「程子云：『有實則有名，名實一物也。若夫好名者，則徇名爲虛矣。……』程子此言可謂力行之要道也。」（見頁 585）

（2）第 229 則：「程子云：『所謂利者，不獨財利之利。凡有利心便不可。……人人皆當以此語爲至教而奉行之也。』」（見頁 585）

4. 言及朱子者

（1）第 197 則：「朱子云：『大率古人作詩與今人一般，其間亦自有感物道情，唫詠性情，幾時盡是譏刺。……』朱子此言最公，深得詩人之意。」（見頁 581）

（2）第 210 則：「朱子云：『聖賢立言本自平易，而平易之中其旨無窮』。……至宋時，朱子輩注《四書》、《五經》發出一定不易之理，故便於後人，朱子輩有功於聖人經書者，可謂大矣。」（見頁 582）

（3）第 231 則：「朱子云：『人作不好底事，心卻不安，此是良心。……』欲立身心者，當詳究斯言。」（見頁 586）

（4）第 232 則：「朱子云：『讀書之法，當循序而有常，致一而不懈。……』凡讀書人，皆宜奉此以爲訓也。」（見頁 586）

（5）第 233 則：「朱子云：『讀書須讀到不忍舍處，方是得讀書眞味。……』朱子斯言，凡讀書者皆宜知之。」（見頁 586）

康熙在諸儒家人物中，對孔、孟、程、朱特別尊崇，一再引述他們的論說以訓誡後生，而於存誠、主敬思想，實得自濂、洛、關、閩一脈之眞傳。〈御製庭訓格言跋〉（見頁 588）說：「御製諸書繁頤浩博，惟庭訓格言出自憲廟親錄，都二百四十六則，其於持身、接物、入德、造道之方，罔不言之懇切，行之

易簡；而尤諄諄於存誠、主敬，則實濂、洛、關、閩一脈之眞傳。二百餘年宮廷皇子多本是書以爲教。」

四、乾隆元年《日知薈說》〔註11〕

《日知薈說》共有二百六十則，釐爲四卷。此編是乾隆在元年（1736）踐阼後，將「嚮日日課所爲文，刪擇編次，合而錄之」者。他自言曩日在書齋讀書，留連往復於六經四子之書，求其義蘊精微，旁搜諸史通鑑，考定得失，區明法戒，以至儒先緒論詞苑菁華，莫不遍覽」。而此四卷之內容，乃是他「抽繹舊聞」、「取其精，去其疵，錄其正，棄其偏」而來，包括範圍頗廣，「舉凡道德性命之旨，學問政治之要，經傳之淵源，古今之事蹟，莫不略見梗概。」

乾隆四十一年（1776），紀昀等人在〈御製日知薈說提要〉中說：《薈說》是乾隆「抽繹舊聞，發揮新得」之作；又說：第一卷七十九則，論帝王治化之要；第二卷六十則，論天人性命之旨；第三卷五十七則，論禮樂法度之用；第四卷六十四則，論古今得失之迹。〔註12〕

爲篇幅關係，筆者僅舉第一卷爲例。在第一卷中，乾隆歷言帝王治化要義。他遍取儒家諸人物及諸說以論述治化之道。今爲明白乾隆《日知薈說》論帝王治化之道與中國儒學之關係，筆者以表列方式，試舉數例以見之。

簡表二：乾隆《日知薈說》引用儒家經典學說一覽表，以第一卷為例

則次	所抽繹之經文	所發揮之心得	頁碼
4	程子曰：「有關雎、麟趾之意，然後可行周官之法度。」	君人欲立天下之極，須由親及疏，由近及遠，設施舉措必有其道。	717-667
5	大學：「克明俊德，而黎民於變時雍」	天下欲歸堯舜之仁，亦惟盡己之所當爲而已，必使自己天理渾全，而且能做到老吾老以及人之老，幼吾幼以及人之幼，那麼天下歸仁矣。	717-667
6	董子：「萬民之從利，如水之走下，不以教化隄防之，不能止也。」禮記曰：「以舊防爲無所用而壞之者，必有水敗；以舊禮爲無所用而去之者，必有亂患。」	教化人民首在設禮，禮之設，內則制心，外則制身。而人欲之橫流，甚於水之氾溢，其勢不可底止；更何況水敗僅止於一鄉一邑，而民患則可使天下溺亡。	717-667

〔註11〕見《景印文淵閣四庫全書・子部・儒家類・御製日知薈說》，頁 717-663。
〔註12〕見《景印文淵閣四庫全書・子部・儒家類・御製日知薈說》，頁 717-664。

21	范仲淹:「先天下之憂而憂,後天下之樂而樂。」	清廉並非大臣之極詣。大臣坐而論道之際,啓心沃心,必以國家安危、生民利病爲念。	717-671
25	羅從彥〔註13〕:「立朝以正直忠厚爲本」	人臣立朝正直忠厚,則能逆折奸私而不爲刻;保全善類而不爲黨。	717-671
28	孔子告哀公以取人之法,曰:「無取捷捷,無取鉗鉗,無取啍啍。而繼之曰:「士必愨,而後求智能者焉。」	愨,德也。人難以才德兼備,取人時,若無才德兼備之人才,則寧取德者,因爲這是孔子之教。	717-672
55	孟子曰:「富歲子弟多賴,凶歲子弟多暴。」 國語敬姜:「沃土之民不材,淫也;瘠土之民莫不嚮義,勞也。」 孔子曰:「民可使由之」	治國者不以富歲、凶歲、沃土、瘠土爲理由,惟在牧民而已。	717-677
65	梁惠王以利國問孟子,孟子曰:「王何必曰利,亦有仁義而已。」	仁義與利勢不兩立,徇乎利則至於不奪不饜,遵乎仁義,則人各親其親,各敬其君,而和順之風被乎天壤。	717-680
67	樂記曰:「民有德而五穀昌」 詩曰:「綏萬邦屢豐年」	人君欲求天眷,必盡民之事,而盡民之事,在勸勞之有方,禮樂刑政之不忒。	717-681
73	易云:「謙尊而光」	要有事天之謙,用人之謙,蒞政之謙,然後才能持盈保泰,長此乂安。	717-682

簡表說明:表格中之「所發揮之心得」部分,爲筆者濃縮文中字句,非爲原典,故不以「 」括之。

　　乾隆吸收儒學舊聞,乃以理性判斷方式去取經義而論述之。在此卷第 55 則,他欲發揮治國者重在牧民的觀點,先後舉《孟子》、《國語》之說,此二說都認爲歲之富凶、土之沃瘠,影響人民的性格表現。但乾隆卻認爲,孔子既說「民可使由之」,那麼,人民不論歲之富凶、土之沃瘠,一定可以藉由教化,導之成善。因此他說:「牧民者,能以父母視子弟之心視民,則無論家之貧富,年之豐歉,皆欲導之以善。故歲富而民不至於淫,歲凶而民反習於勞;土沃而多賴以爲善,土瘠而不陷於暴亂。若聽民之轉移而無以化導之,則歲非富則凶,土非沃則瘠,必至無一爲善之民矣。孟子、敬姜之言,謂民之自

────────────

〔註13〕羅從彥之師爲楊時,楊時之師爲程頤;羅從彥之弟子李侗,李侗爲朱熹之師。

爲也，余所論則牧民者也。」〔註14〕

　　不只是第一卷如此，其實其它之第二、三、四卷也是如此，乾隆皆是遍取儒家諸人物及諸說以論其思想要義。

五、乾隆十四年《御覽經史講義》〔註15〕

　　《御覽經史講義》三十一卷，是乾隆十四年（1749）蔣溥等奉敕撰。此編之由來爲乾隆自登基後，因每日忙於政事，無法如以往經常閱讀六經諸史，於是令史臣取經史諸書及古來奏議，日派二人各寫數幅進呈。

　　在此編之序文中，乾隆自序此做法其目的有三：一爲讓自己有所觸發，二爲考驗史臣學識，三爲可觀察史臣之性資心術。他說：「令諸臣日繕經史奏議，理得施行。在朕廣挹羣言，可以因事監觀，隨時觸發；而覽諸臣所進，亦可考驗其學識；或召見講論，則性資心術並因此可覘。」

　　而乾隆對史臣經史內容之擇取，也有其要求標準，他在序文中說到：

一　《詩》、《書》、《易》、《禮記》、《周禮》擇有關於天德王道者；《春秋三傳》擇聖人定是非之難辨，以植綱常者。先標經文，下注先儒義疏。

一　諸史內，擇用人行政實有關於治亂安危者。節略史文，下注先儒史斷。

一　奏議必擇伉直剴切、寓目警心、濟於實用者；或其辭意繁委，亦得芟薙支蔓，獨提其要。

一　經史奏議既經繕錄，必各有所見，應附列所見，用臣謹按云云一段於後。

一　逐日進呈，不拘條數，約以千言爲度；經史奏議隨意敷陳，不必各項俱備，亦不必拘經文次序及時代先後。所錄皆古人成言，可無忌諱。

　　據此標準摘擇進呈，此編《御覽經史講義》總共有三十一卷七百一十六篇，其目次如下：《上諭》一卷十五條、《周易》八卷二百二十五篇、《書經》六卷一百九十五篇、《詩經》五卷一百九篇、《春秋》一卷十四篇、《禮記》四卷五十八篇、《周禮》二卷二十四篇附論孟孝經四篇、史三卷五十五篇、《性理》一卷十七篇。

〔註14〕見《景印文淵閣四庫全書‧子部‧儒家類‧御製日知薈說》，頁717-677。
〔註15〕見《景印文淵閣四庫全書‧子部‧儒家類‧御覽經史講義》，頁722-125～132。

　　由以上，吾人看到乾隆因對中國儒學熱愛，而要求史臣每天分班次進呈經史資料。只遺憾他以外族身分統治漢人，處處對漢人充滿戒心，即使他自己說：「所錄皆古人成言，可無忌諱」；不過他連在與史臣當面論學時，都要用「觀察史臣之性資心術」之心機對待史臣，恐怕史臣在摘擇經史內容時，對於比較具敏感性之資料，即使有價值，也一定會寧願選擇略而不錄。所以此編內容雖然包羅了儒學最重要之經典——五經，以及代表宋明理學最重要之經典——性理書，然而它的可看性並不高。

第二節　順康雍乾對中國儒學之推展

　　順治、康熙、雍正、乾隆不但吸收中國儒學思想，而且對中國儒學之推展也不遺餘力。他們重編儒學經典以統一眾說、廣設學校教以儒學、透過科舉考試獨尊儒學、建置文廟崇奉孔孟程朱，又舉行鄉飲酒禮將儒學之教延伸到民間。臺灣入清版圖後，調派至臺灣之宦臺儒官，也奉命在臺灣廣設學校、進行科舉考試、建置文廟、舉行鄉飲酒禮，將儒學之教推展至各府縣廳，通令全臺士民遵行。

一、重編儒學經典統一眾說

　　順治、康熙與雍正時期，為統一分歧眾說，消弭異議，由官方聚集有眾望之漢臣宿儒，重新編纂儒學經典。今試以《四庫全書》及當時臺灣各方志中有記載者敘述之。

（一）順治十三年《御定孝經衍義》〔註16〕

　　《御定孝經衍義》一百卷，順治十三年（1656）奉敕撰，康熙二十九年（1690）春告成。在康熙二十九年之《衍義》序文中，康熙說到孝對個人及治人之重要性，他說：「夫孝者百行之源，萬善之極」，能夠「以之為己則順而祥；以之教人則樂而易從；以之化民成俗，則德施溥而不匱；帝王奉此以宰世御物，躬行為天下先。」

　　順治敕纂《御定孝經衍義》之原因有二：一為感於孔子教孝之言，雖然散見於六經，卻統會於《孝經》，曾子以純孝親承孔子之訓，詞約指遠，條貫

〔註16〕見《景印文淵閣四庫全書‧子部‧儒家類‧御定孝經衍義》，頁 718-1～15。

終始，綜括羣論，言孝之義全備於此。二為因為「自顏芝藏本出於漢初之後，考註箋釋雖然代有其人，譬如孔安國、鄭康成、皇侃、邢昺等等不下百餘家，然而「大約皆訓詁章句，辨論古今文同異；而求其推擴義蘊，達之於萬事萬物，而皆莫出其範圍者，則尚未之備也。」（以上為序文之言）。至於此編之編輯體例為何？序文中又說：「倣宋儒眞德秀《大學衍義》體例，徵引經史諸書，以旁通其說。」

而此百卷內容，其所言及者，包羅各種品德項目與人倫關係，若據其目錄順序，簡而言之，包括有仁，義，禮，智，父子，君臣，兄弟，夫婦，朋友，禮，樂，政，刑，天子之孝（愛親、早諭教、均慈愛、敦友恭、親九族、體臣工、重守令、愛百姓、課農桑、薄稅歛、備凶荒、省刑罰、恤征戍、敬親、事天地、法祖宗、隆郊配、嚴宗廟、重學校、崇聖學、教宮闈、論官材、優大臣、設諫官、正紀綱、別賢否、制國用、厚風俗），諸侯之孝（愛親、敬親、不驕、不溢），卿大夫之孝（愛親、敬親、法服、法言、德行），士之孝（愛親、敬親、事君忠、事長順），庶人之孝（敬親、用天道分地利謹身節用），大順之徵。

吾人由以上目錄知道，此編《孝經衍義》體製宏大，上自天子，下至庶民的各種盡孝之道無所不包，可說是清代將儒學思想轉化成生活實踐的儒學之教最佳實例。

（二）康熙五十二年《御纂朱子全書》〔註17〕

《御纂朱子全書》六十六卷，康熙五十二年（1713），李光地等奉敕撰。康熙在序文中自述尊崇朱子學說之緣由，他說到自己：在康熙三十五年（1696）統領數萬子弟，親征天山，深入不毛沙磧之地，乏水瀚海，破敵凱旋而回後，覺悟「非先王之法不可用，非先王之道不可為」，於是求之經史，手不釋卷，數十年來，方得宋儒之實據。而宋儒當中，朱子則是集大成者，「緒千百年絕傳之學，開愚蒙而立億萬世一定之規，窮理以致其知，反躬以踐其實。」

因此，康熙極力推崇朱子之書，說：「朕讀其書，察其理，非此不能知天人相與之奧，非此不能治萬邦於袵席，非此不能仁心仁政施於天下，非此不能外內為一家，讀書五十載，只認得朱子一生所作何事。」而也就是如此之故，康熙遂「集各書中凡關朱子之一句一字，命大學士熊賜履、李光地，素

〔註17〕見《景印文淵閣四庫全書‧子部‧儒家類‧御纂朱子全書》，頁 720-1～16。

日留心於理學者，彙而成書，名之《朱子全書》，以備乙夜勤學，庶幾寡過，雖未能，亦自勉君親之責者。」而此百卷內容，因爲是收集各書中朱子之一字一句而來，因此所言及者，包括經史子集，諸子百家之說。

康熙繼在五十一年（1712），以朱子昌明聖學，而在京師孔廟將之升躋十哲，位次卜子後面，在隔年，也就是康熙五十二年，他又御纂《朱子全書》。這些一連串尊崇朱子之實際行動，對有清一代崇朱風氣有帶動作用，清代士子對朱子之學亦莫不奉爲顯學。而臺灣在宦臺提督學政陳璸之輸入並推動下，臺灣本土士子對朱子也尊崇有加。

（三）康熙五十四年《御製周易折中》〔註18〕

此編在臺灣方志文獻中，輯有此書之序文者大約有陳文達《臺灣縣志》、陳文達《鳳山縣志》、劉良璧《重修福建臺灣府志》等。

康熙五十四年（1715）〈御製周易折中序〉說：「《易》學之廣大悉備，秦、漢而後，無復得其精微矣。至有宋以來，周、邵、程、張闡發其奧；惟朱子兼象數、天理違眾而定之，五百餘年無復同異。」

又說：「朕自弱齡留心經義，五十餘年未嘗少輟；但知諸書大全之駁雜，奈非專經之純熟。深知大學士李光地素學有本，《易》理精詳；特命修《周易折中》，上律河洛之本末、下及眾儒之考定與通經之不可易者，折中而取之。越二寒暑，甲夜披覽，片字一畫，斟酌無怠。康熙五十四年春，告成而傳之天下，後世能以正學爲事者，自有所見與！」

康熙以《周易》博大精深，而自己非專經之純熟，因此特命李光地就當時可見之版本，折中而取之，以傳之天下。吾人由此可見康熙對《周易》之肯定。

（四）康熙五十六年《御製性理精義》〔註19〕

在臺灣方志文獻中，輯有此書之序文者大約有劉良璧《重修福建臺灣府志》。

《性理精義》十二卷乃康熙五十六年（1717）李光地等奉敕撰。康熙在五十六年《御製性理精義序》中說：「朕自冲齡至今，六十年來，未嘗少輟經

〔註18〕見劉良璧：《重修福建臺灣府志・卷首・聖謨》（第一冊），臺灣文獻叢刊第七四種，頁10。
〔註19〕同上，頁10～11。

書。唐、虞、三代以來，聖賢相傳授受，言性而已。宋儒始有性理之名，使人知盡性之學，不外循理也。故敦好典籍，於理道之言，尤所加意。……前明纂修《性理大全》一書，頗謂廣備矣；但取者大煩，類者居多。凡性理諸書之行世者不下數百，朕實病其矛盾也。爰命大學士李光地詮擇進覽，授以意指，省其品目、撮其體要，既使諸儒之闡發不雜於支蕪，復使學者之披尋不若於繁重。至於圖象、律曆、性命理氣之源，前人所未暢發者，朕亦時以己意折中其間。名曰《性理精義》，頒布天下。讀是書者，自有所知也已。」

康熙為讓人知道盡性之學不外乎循理，又為了使行世不下數百的性理諸書，其互相間的矛盾可以統一之，乃命李光地詮擇進覽，至於他自己也時以己意折中其間，由此吾人可見康熙對宋儒學說之重視。

（五）康熙六十年《御製春秋傳說彙纂》〔註20〕

在臺灣方志文獻中，輯有此書之序文者大約有劉良璧《重修福建臺灣府志》。

康熙六十年（1721）〈御製春秋傳說彙纂序〉說：「《六經》皆孔聖刪述，而孟子特言孔子作《春秋》。左氏、公羊、穀梁三家各述所聞以為傳，門弟子各衍其師說，末流益紛；以一字為褒貶，以變例為賞罰。微言既絕，大義弗彰。」

又說：「朕於《春秋》，獨服膺朱子之論。朱子曰：『《春秋》明道正誼，據實書事，使人觀之以為鑒戒；書名、書爵，亦無意義。』此言真有得者，而惜乎朱子未有成書也。朕恐世之學者，牽於支離之說而莫能悟，特命詞臣纂輯是書。……名之曰《傳說彙纂》。……是書之輯，亦唯擇其言之當於理者；雖不敢謂深於《春秋》，而辨之詳、取之慎，於屬辭比事之教或有資焉。是為序。」

康熙鑒於春秋三傳之末流紛然，而朱子論《春秋》之言又惜未有成書，為不使後世之學者牽於支離之說而莫能悟，因此特命詞臣擇其言之切當於事理者，纂輯而成《御製春秋傳說彙纂》，由此吾人亦可見康熙對中國經典之肯定。

（六）雍正五年《詩經傳說彙纂》〔註21〕

在臺灣方志文獻中，輯有此書之序文者大約有劉良璧《重修福建臺灣府志》。

雍正五年（1727）〈御製詩經傳說彙纂序〉說：「朕惟《詩》之為教，

〔註20〕見劉良璧：《重修福建臺灣府志‧卷首‧聖謨》（第一冊），臺灣文獻叢刊第七四種，頁11～12。

〔註21〕見劉良璧：《重修福建臺灣府志‧卷首‧聖謨》（第一冊），臺灣文獻叢刊第七四種，頁19。

所以成孝敬、厚人倫、美教化、移風俗，其用遠矣。自說《詩》者，各以其學行世，釋解紛紜，而經旨漸晦。朱子起而正之，《集傳》一書參考眾說，探求古始，獨得精意。而先王之《詩》教，藉之以明。……我皇考聖祖仁皇帝右文稽古，表章聖經。御纂《周易折中》，既一以本義爲止；於《春秋》、《詩經》，復命儒臣次第纂輯，皆以朱子之說爲宗。……名曰《詩經經傳說彙纂》。」

又說：「朕惟《詩》三百篇，先王所以明勸懲而行黜陟，蓋治世之大經。……我皇考指授儒臣，勒爲是編，期以闡先王垂教之意與孔子刪詩之旨。學於是者，有得於興觀群怨之微，而深明於事父、事君之道；從政專對，無所不能。則經學之實用著，而所謂用之鄉人、用之邦國以化天下者，亦於是乎行焉。」

康熙除了御纂《春秋》，對《詩經》也以朱子之說爲宗，敕命纂修，希望能因此闡揚先王垂教之意與孔子刪詩之旨；而雍正爲此書作序，亦明顯可見其對中國儒學經典之肯定。

二、廣設學校教以儒學

成書於光緒十七年（1891）以後之《學政全書》，是清代官修有關學校教育資料最完整者，其中所記錄之內容，包括制度與實施細則兩大方面。制度方面：就學校來說，有各府、州、縣、廳、衛等儒學，以及書院、義學、社學之學校設立狀況；就學生員額來說，有各府、州、縣、廳、衛儒學之學制員額、永廣學額，以及巡幸增廣學額、京旗駐防學額。實施細則方面：則用「現行事例」、「例案」、「附載舊案」、「駁案」等方式，說明實施辦法，今試概述如下〔註22〕：

（一）制度方面

1. 學校設立狀況

（1）府州縣廳衛儒學

以下筆者所製作之簡表，所顯示者乃是清代各府、州、縣、廳、衛等之儒學。

〔註22〕見《學政全書》，史料六編，臺北：廣文書局，1974年（民63）。以下爲避免過於繁瑣，有關錄取人數，筆者姑且不列出。又以下本論文各章所引用此書皆爲同一版本，不再贅敘出版地、出版社與出版年。

簡表三：清廷在內地各府州縣廳衛等所設置之儒學

甲、浙　江〔註23〕

府學（州學）	州、縣、廳、衛、鄉、井學	總數
杭州府府學	仁和縣學、錢塘縣學、海寧州學、富陽縣學、餘杭縣學、臨安縣學、新城縣學、於潛縣學、昌化縣學。	10
嘉興府府學	嘉興縣學、秀水縣學、嘉善縣學、海鹽縣學、平湖縣學、石門縣學、桐鄉縣學。	8
湖州府府學	烏程縣學、歸安縣學、長興縣學、德清縣學、安吉縣學、武康縣學、孝豐縣學。	8
甯波府府學	鄞縣學、慈谿縣學、奉化縣學、鎮海縣學、象山縣學。	6
紹興府府學	山陰縣學、會稽縣學、蕭山縣學、諸暨縣學、餘姚縣學、上虞縣學、新昌縣學、嵊縣學。	9
金華府府學	金華縣學、蘭谿縣學、東陽縣學、義烏縣學、永康縣學、武義縣學、浦江縣學、湯溪縣學。	9
衢州府府學	西安縣學、龍游縣學、常山縣學、江山縣學、開化縣學。	6
嚴州府府學	建德縣學、淳安縣學、遂安縣學、壽昌縣學、桐廬縣學、分水縣學。	7
溫州府學	永嘉縣學、樂清縣學、瑞安縣學、平陽縣學、泰順縣學、玉環廳學。	7
台州府府學	臨海縣學、黃巖縣學、天台縣學、太平縣學、甯海縣學、仙居縣學。	7
處州府府學	麗水縣學、縉雲縣學、青田縣學、松陽縣學、龍泉縣學、遂昌縣學、慶元縣學、雲和縣學、宣平縣學、景甯縣學、定海廳廳學。	12

乙、江　西〔註24〕

府學（州學）	州、縣、廳、衛、鄉、井學	總數
南昌府府學	南昌縣學、新建縣學、豐城縣學、進賢縣學、奉新縣學、義甯州學、武甯縣學、靖安縣學。	9
瑞州府府學	高安縣學、上高縣學、新昌縣學。	4
袁州府府學	宜春縣學、分宜縣學、萍鄉縣學、萬載縣學。	5
臨江府府學	清江縣學、新淦縣學、新喻縣學、峽江縣學。	5

〔註23〕見同上，頁229。
〔註24〕見同上，頁269。

吉安府府學	廬陵縣學、吉水縣學、永豐縣學、萬安縣學、泰和縣學、安福縣學、永新縣學、龍泉縣學、永甯縣學、蓮花廳學。	11
撫州府府學	臨川縣學、金谿縣學、崇仁縣學、樂安縣學、宜黃縣學、東鄉縣學。	7
建昌府府學	南城縣學、新城縣學、南豐縣學、廣昌縣學、瀘溪縣學。	6
廣信府府學	上饒縣學、玉山縣學、廣豐縣學、鉛山縣學、弋陽縣學、貴溪縣學、興安縣學。	8
饒州府府學	鄱陽縣學、餘干縣學、樂平縣學、浮梁縣學、安仁縣學、德興縣學、萬年縣學。	8
南康府府學	星子縣學、都昌縣學、建昌縣學、安義縣學。	5
九江府府學	德化縣學、湖口縣學、德安縣學、瑞昌縣學、彭澤縣學。	6
南安府府學	大庾縣學、南康縣學、上猶縣學、崇義縣學。	5
贛州府府學	贛縣學、雩都縣學、信豐縣學、興國縣學、會昌縣學、安遠縣學、龍南縣學、長甯縣學、定南廳學。	10
甯都州州學	瑞金縣學、石城縣學。	3

丙、河　南〔註25〕

府學（州學）	州、縣、廳、衛、鄉、井學	總數
開封府府學	祥符縣學、杞縣學、通許縣學、鄢陵縣學、中牟縣學、陳留縣學、尉氏縣學、洧川縣學、蘭儀縣學、滎陽縣學、密縣學、新鄭縣學、鄭州學、禹州學、儀封鄉學、河陰鄉學、氾水縣學。	18
歸德府府學	商邱縣學、永城縣學、鹿邑縣學、甯陵縣學、虞城縣學、考城縣學、柘城縣學、夏邑縣學、睢州學。	10
彰德府府學	安陽縣學、林縣學、武安縣學、湯陰縣學、臨漳縣學、內黃縣學、涉縣學。	8
衛輝府府學	汲縣學、新鄉縣學、延津縣學、貢輝縣學、獲嘉縣學、封邱縣學、淇縣學、滑縣學、濬縣學。	10
懷慶府府學	河內縣學、濟源縣學、武陟縣學、孟縣學、溫縣學、修武縣學、原武縣學、陽武縣學。	9
河南府府學	洛陽縣學、偃師縣學、孟津縣學、宜陽縣學、登封縣學、永寧縣學、新安縣學、嵩縣學、鞏縣學、澠池縣學。	11
南陽府府學	南陽縣學、唐縣學、內鄉縣學、新野縣學、舞陽縣學、葉縣學、南召縣學、泌陽縣學、鎮平縣學、鄧州學、裕州學、桐柏縣學、淅川廳學。	14

府學（州學）	州、縣、廳、衛、鄉、井學	總數
汝甯府府學	汝陽縣學、上蔡縣學、新蔡縣學、西平縣學、遂平縣學、羅山縣學、信陽州學、確山縣學、正陽縣學。	10
陳州府府學	淮甯縣學、西華縣學、商水縣學、項城縣學、沈邱縣學、扶溝縣學、太康縣學。	8
許州州學	臨潁縣學、長葛縣學、襄城縣學、鄢城縣學。	5
汝州州學	魯山縣學、郟縣學、寶豐縣學、伊陽縣學。	5
陝州州學	靈寶縣學、閡鄉縣學、盧氏縣學。	4
光州州學	固始縣學、光山縣學、商城縣學、息縣學。	5

丁、陝　西〔註26〕

府學（州學）	州、縣、廳、衛、鄉、井學	總數
西安府府學	咸甯縣學、長安縣學、涇陽縣學、富平縣學、臨潼縣學、咸陽縣學、鄠縣學、醴泉縣學、興平縣學、渭南縣學、原縣學、盩厔縣學、高陵縣學、耀州學、藍田縣學、同官縣學、孝義廳學、甯陝廳學。	19
同州府府學	大荔縣學、朝邑縣學、韓城縣學、郃陽縣學、蒲城縣學、華州學、澄城縣學、華陰縣學、潼關廳學、白水縣學。	11
鳳翔府府學	鳳翔縣學、寶雞縣學、岐山縣學、扶風縣學、郿縣學、汧陽縣學、隴州學、麟遊縣學。	9
漢中府府學	南鄭縣學、城固縣學、洋縣學、褒城縣學、沔縣學、西鄉縣學、甯羌州學、畧陽縣學、鳳縣學、留壩廳學、定遠廳學、佛坪廳學。	13
興安府府學	安康縣學、漢陰廳學、平利縣學、洵陽縣學、紫陽縣學、白河縣學、石泉縣學。	8
延安府府學	膚施縣學、宜川縣學、安定縣學、延長縣學、延川縣學、安塞縣學、保安縣學、靖邊縣學、定邊縣學、甘泉縣學。	11
榆林府府學	榆林縣學、懷遠縣學、神木縣學、府谷縣學、葭州學。	6
商州州學	雒南縣學、山陽縣學、商南縣學、鎮安縣學。	5
乾州州學	武功縣學、永壽縣學。	3
邠州州學	三水縣學、淳化縣學、長武縣學。	4
綏德州州學	清澗縣學、米脂縣學、吳堡縣學。	4
鄜州州學	洛川縣學、中部縣學、宜君縣學。	4

〔註26〕見同上，頁355。

戊、甘　肅〔註27〕

府學（州學）	州、縣、廳、衛、鄉、井學	總數
蘭州府府學	皋蘭縣學、狄道州學、渭源縣學、靖遠縣學、金縣學、河州學。	7
平涼府府學	平涼縣學、靜甯州學、華亭縣學、隆德縣學、莊浪鄉學、化平廳學。	7
鞏昌府府學	隴西縣學、安定縣學、會甯縣學、通渭縣學、伏羌縣學、甯遠縣學、隴西鄉學、西和縣學、洮州廳學、岷州學。	11
慶陽府府學	安化縣學、甯州學、合水縣學、環縣學、正甯縣學、董志鄉學。	7
甯夏府府學	甯夏縣學、甯朔縣學、靈州學、中衛縣學、平羅縣學、甯靈廳學。	7
西甯府府學	西甯縣學、碾伯縣學、大通縣學、貴德廳學、循化廳學。	6
涼州府府學	武威縣學、鎮番縣學、永昌縣學、平番縣學、古浪縣學。	6
甘州府府學	張掖縣學、山丹縣學。	3
固原州州學	平遠縣學、海城縣學。	3
涇州州學	鎮原縣學、靈臺縣學、崇信縣學、	4
秦州州學	秦安縣學、清水縣學、禮縣學、徽縣學、兩當縣學。	6
階州州學	文縣學、成縣學。	3
肅州州學	高臺縣學。	2
安西州州學	敦煌縣學、玉門縣學。	3
迪化府府學	迪化縣學、昌吉縣學、阜康縣學、綏來縣學、奇臺縣學、鎮西廳廳學。	7

己、福　建〔註28〕

府學（州學）	州、縣、廳、衛、鄉、井學	總數
福建府府學	閩縣學、侯官縣學、長樂縣學、福清縣學、連江縣學、羅源縣學、閩清縣學、永福縣學、古田縣學、屏南縣學。	11
興化府府學	莆田縣學、仙遊縣學。	3
泉州府府學	晉江縣學、南安縣學、惠安縣學、同安縣學、安溪縣學。	6
漳州府府學	龍溪縣學、漳浦縣學、海澄縣學、南靖縣學、平和縣學、常泰縣學、詔安縣學。	8
延平府府學	南平縣學、順昌縣學、將樂縣學、沙縣學、永安縣學、尤溪縣學。	7

〔註27〕見同上，頁397。
〔註28〕見同上，頁447。

府學（州學）	州、縣、廳、衛、鄉、井學	總數
建甯府府學	建安縣學、甌甯縣學、建陽縣學、崇安縣學、浦城縣學、松溪縣學、政和縣學。	8
邵武府府學	邵武府學、建甯縣學、光澤縣學、泰甯縣學。	5
汀州府府學	長汀縣學、上杭縣學、永定縣學、甯化縣學、清流縣學、歸化縣學、連城縣學、武平縣學。	9
福甯府府學	霞浦縣學、福鼎縣學、福安縣學、甯德縣學、壽甯縣學。	6
永春州州學	德化縣學、大田縣學。	3
龍巖州州學	漳平縣學、甯洋縣學。	3

庚、山　東〔註29〕

府學（州學）	州、縣、廳、衛、鄉、井學	總數
濟南府府學	歷城縣學、章邱縣學、鄒平縣學、淄川縣學、長山縣學、新城縣學、長清縣學、齊東縣學、濟陽縣學、平原縣學、齊河縣學、禹城縣學、臨邑縣學、陵縣學、德平縣學、德州學、德左二衛學（算兩個學校）。	19
泰安府府學	泰安縣學、萊蕪縣學、新泰縣學、肥城縣學、東平州學、東阿縣學、平陰縣學。	8
武定府府學	惠民縣學、陽信縣學、海豐縣學、樂陵縣學、商河縣學、利津縣學、霑化縣學、濱州學、青城縣學、蒲臺縣學。	11
兗州府府學	滋陽縣學、滕縣學、曲阜縣學。	4
濟甯州州學	魚臺縣學、金鄉縣學、嘉祥縣學。	4
沂州府府學	蘭山縣學、郯城縣學、費縣學、蒙陰縣學、沂水縣學、莒州學、日照縣學、安東衛（歸併）。	9
曹州府府學	荷澤縣學、單縣學、曹縣學、城武縣學、定陶縣學、鉅野縣學、鄆城縣學、濮州學、范縣學、觀城縣學、朝城縣學。	12
東昌府府學	聊城縣學、堂邑縣學、荏平縣學、館陶縣學、恩縣學、高唐州學、博平縣學、清平縣學、莘縣學、冠縣學。	11
臨清州州學	邱縣學、夏津縣學、武城縣學。	4
青州府府學	益都縣學、臨淄縣學、昌樂縣學、博山縣學、博興縣學、高苑縣學、樂安縣學、臨朐縣學、壽光縣學、安邱縣學、諸城縣學。	12
萊州府府學	掖縣學、平度州學、濰縣學、高密縣學、膠州學、靈山衛（歸併）、昌邑縣學、即墨縣學、鼇山衛（歸併）。	10
登州府府學	蓬萊縣學、萊陽縣學、黃縣學、福山縣學、招遠縣學、棲霞縣學、文登縣學、甯海州學、榮成縣學、海陽縣學。	11

〔註29〕　見同上，頁487。

辛、山　西〔註30〕

府學（州學）	州、縣、廳、衛、鄉、井學	總數
？〔註31〕	？	？
潞安府府學	長治縣學、長子縣學、屯留縣學、襄垣縣學、黎城縣學、壺關縣學、潞城縣學、平順鄉學。	9
汾州府府學	汾陽縣學、介休縣學、平遙縣學、臨縣學、孝義縣學、永甯州學、石樓縣學、甯鄉縣學。	9
大同府府學	大同縣學、應州學、渾源州學、懷仁縣學、山陰縣學、靈邱縣學、廣靈縣學、陽高鄉學、天鎮縣學。	10
朔平府府學	右玉縣學、朔州學、馬邑縣學、左雲縣學、平魯縣學。	6
甯武府府學	甯武縣學、神池縣學、五寨縣學、偏關縣學。	5
澤州府府學	鳳臺縣學、高平縣學、學揚縣學、陵川縣學、沁水縣學。	6
蒲州府府學	永濟縣學、猗氏縣學、臨晉縣學、虞相縣學、榮河縣學、萬泉縣學。	7
遼州州學	榆社縣學、和順縣學。	3
沁州州學	沁源縣學、武鄉縣學。	3
平定州州學	樂平縣學、壽陽縣學、盂縣學。	4
忻州州學	定襄縣學、靜樂縣學。	3
代州州學	五臺縣學、崞縣學、繁峙縣學。	4
保德州州學	河曲縣學。	2
解州州學	安邑縣學、夏縣學、平陸縣學、芮城縣學。	5
絳州州學	稷山縣學、絳縣學、聞喜縣學、河津縣學、橫垣縣學。	6
隰州州學	大甯縣學、學蒲縣學、永和縣學。	4
霍州州學	趙城縣學、靈石縣學。	3
	大同府屬之豐鎮廳，朔平府屬之甯遠廳合爲一學。	1
	歸化廳、薩拉齊廳，和林格爾廳、托克托廳、清水河廳合爲一學。	1

〔註30〕 見同上，頁532。
〔註31〕 《學政全書》山西學制員額之第1頁（即全書第532頁），此頁原典註明：「原本缺頁」，筆者因無法知道此頁包括有多少儒學在內，故姑且以不計算處理之。

壬、廣　東〔註32〕

府學（州學）	州、縣、廳、衛、鄉、井學	總數
廣州府府學	南海縣學、東莞縣學、順德縣學、香山縣學、番禺縣學、新會縣學、增城縣學、三水縣學、新甯縣學、龍門縣學、從化縣學、新安縣學、清遠縣學、花縣學。	15
	赤溪廳廳學。	1
韶州府府學	曲江縣學、英德縣學、樂川縣學、仁化縣學、乳源縣學、翁源縣學。	7
惠州府府學	歸善縣學、博羅縣學、龍川縣學、河源縣學、和平縣學、永安縣學、連平州學、海豐縣學、陸豐縣學、長甯縣學。	11
潮州府府學	海陽縣學、潮陽縣學、揭陽縣學、澄海縣學、饒平縣學、大埔縣學、惠來州學、普甯縣學、豐順縣學。	10
肇慶府府學	高要縣學、恩平縣學、陽春縣學、四會縣學、新興縣學、高明縣學、開平縣學、廣甯縣學、德慶州學、封川縣學、開建縣學、鶴山縣學。	13
	陽江廳廳學。	1
高州府府學	茂名縣學、電白縣學、吳川縣學、信宜縣學、石城縣學。	6
雷州府府學	海康縣學、遂溪縣學、徐聞縣學。	4
廉州府府學	合浦縣學、靈山縣學。	3
瓊州府府學	瓊山縣學、儋州學、崖州學、萬州學、澄邁縣學、臨高縣學、文昌縣學、定安縣學、會同縣學、樂會縣學、陵水縣學、昌化縣學、感恩縣學。	14
	連山廳廳學。	1
連州州學	陽山縣學。	2
南雄州州學	始興縣學。	2
嘉應州州學	興甯縣學、長樂縣學、平遠縣學、鎮平縣學。	5
羅定州州學	東安縣學、西甯縣學。	3
欽州州學	防城縣學。	2

〔註32〕見《學政全書》，史料六編，頁575。

癸、廣　西〔註33〕

府學（州學）	州、縣、廳、衛、鄉、井學	總數
桂林府府學	龍勝廳、臨桂縣學、靈川縣學、興安縣學、灌陽縣學、陽朔縣學、永甯州學、永福縣學、義甯縣學、全州學。	11
平樂府府學	平樂縣學、永安州學、恭城縣學、富川縣學、賀縣學、修仁縣學、荔浦縣學、昭平縣學。	9
梧州府府學	蒼梧縣學、懷集縣學、藤縣學、容縣學、岑溪縣學。	6
潯州府府學	桂平縣學、貴縣學、平南縣學、武宣縣學。	5
南甯府府學	宣化縣學、隆安縣學、橫州學、永淳縣學、新甯州學。	6
太平府府學	崇善縣學、左州學、養利州學、永康州學、甯明州學、太平土州學。	7
泗城府府學	凌雲學、西隆州學、西林縣學。	4
鎮安府府學	天保縣學、奉議州學。	3
柳州府府學	馬平縣學、雒容州學、柳城縣學、羅城縣學、融縣學、懷遠縣學、來賓縣學、象州學。	9
慶遠府府學	宜山縣學、天河縣學、河池州學、思恩縣學、東蘭州學。	6
思恩府府學	武緣縣學、賓州學、上林縣學、遷江縣學。	5
	百色廳廳學、恩隆縣學、恩陽州學。	3
	上思廳廳學。	1
鬱林州州學	博白縣學、北流學、陸川縣學、興業縣學。	5
歸順州州學	鎮邊縣學。	2

子、雲　南〔註34〕

府　學	州、縣、廳、衛、鄉、井學	總數
雲南府府學	昆明縣學、宜良縣學、富民縣學、羅次縣學、祿豐縣學、易門縣學、呈貢縣學、晉甯州學、昆陽州學、嵩明州學。	11
曲靖府府學	南甯縣學、霑益州學、陸涼州學、馬龍州學、羅平州學、尋甸州學、平彝縣學、宣威州學。	9
臨安府府學	建水縣學、石屏州學、阿迷州學、甯州學、通海縣學、河西縣學、嶍峨縣學、蒙自縣學。	9
澂江府府學	河陽縣學、新興州學、路南州學、江川縣學。	5
開化府府學	文山縣學、安平廳學。	3

〔註33〕見同上，頁643。
〔註34〕見同上，頁701。

廣南府府學	寶甯縣學。	2
昭通府府學	恩安縣學、鎮雄州學、永善縣學、大關廳學、魯甸廳學。	6
東川府府學	會澤縣學、巧家廳學。	3
楚雄府府學	楚雄縣學、鎮南州學、南安州學、廣通縣學、定遠縣學、黑鹽井學、琅鹽井學、姚州學、大姚縣學、白鹽井學。	11
大理府府學	太和縣學、浪穹縣學、趙州學、鄧川州學、雲南縣學、賓川州學、雲龍州學。	8
永昌府府學	保山縣學、永平縣學、騰越廳學、龍陵廳學。	5
順甯府府學	順甯縣學、緬甯廳學、雲州學。	4
麗江府府學	麗江縣學、中甸廳學、鶴慶州學、劍川州學。	5
普洱府府學	甯洱縣學、思茅廳學、他郎廳學、威遠廳學。	5
廣西州州學	彌勒縣學、師宗縣學、邱北縣學。	4
元江州州學	新平縣學。	2
武定州州學	祿勸縣學、元謀縣學。	3
	鎮沅廳廳學。	1
	景東廳廳學。	1
	蒙化廳廳學。	1
	永北廳廳學。	1

丑、貴　州〔註35〕

府學（州學）	州、縣、廳、衛、鄉、井學	總數
貴陽府府學	貴筑縣學、定番州學、貴定縣學、修文縣學、廣順州學、開州學、龍里縣學。	8
安順府府學	普定縣學、清鎮縣學、安平縣學、郎岱廳學、鎮甯州學、永甯州學。	7
興義府府學	興義縣學、普安縣學、安南縣學、貞豐州學。	5
都勻府府學	都勻縣學、清平縣學、獨山州學、麻哈州學、荔波縣學、八寨廳學。	7
鎮遠府府學	鎮遠縣學、黃平州學、施秉縣學、天柱縣學。	5
思南府府學	安化縣學、印江縣學、婺川縣學。	4
思州府府學	玉屏縣學、青谿縣學。	3
石阡府府學	龍泉縣學。	2

〔註35〕見同上，頁749。

銅仁府府學	銅仁縣學。	2
黎平撫府學	開泰縣學、錦屏鄉學、永從縣學、古州廳學。	5
大定府府學	威甯縣學、黔西州學、平遠州學、畢節縣學、水城廳學。	6
遵義府府學	遵義縣學、正安州學、綏陽縣學、桐梓縣學、仁懷縣學。	6
平越州州學	餘慶縣學、甕安縣學、湄潭縣學。	4
	仁懷廳廳學。	1
	普安廳廳學。	1
	松桃廳廳學。	1

　　總計以上《學政全書》之資料，清廷在全國十二個省的府州縣廳衛等，總共設立了大約 1100 所左右之儒學。

　　（2）書　院〔註36〕

　　至於書院。清代除了透過以上府、州、縣、廳、衛等儒學錄取儒生之外，另外在各地還設有書院及義學、社學，選取學生入學以培育之。

　　先說書院。在《學政全書‧書院‧現行事例》中便說道，在「京師設立金臺書院，每年動撥直隸公項銀兩，以爲師生膏火，由布政司詳請直隸總督報銷。」另外在直省會城也設立書院，今茲以簡表示之如下：

簡表四：清廷在內地各直省會城所設置之書院

設置地區	書　院　名　稱
京師	金臺書院
直省會城	直隸（蓮池書院）、江蘇（鍾山書院）、浙江（敷文書院）、江西（豫章書院）、湖南（嶽麓書院‧城南書院）、湖北（江漢書院）、福建（鼇峯書院）、山東（濼源書院）、山西（晉陽書院）、河南（大梁書院）、陝西（關中書院）、甘肅（蘭山書院）、四川（錦江書院）廣東（端溪書院‧粵秀書院）、廣西（秀峯書院‧宣成書院）、雲南（五華書院）、貴州（貴山書院）。

如以上簡表所示，吾人知道清廷總計在京師設立了一所書院，全國十七個直省會城，設立了二十所書院。除了京師的金臺書院，動撥公項銀兩作爲師生膏火之外，上述各直省會城的二十所書院，也都是由清廷籌措供應：「各賜帑銀，歲取租息贍給師生膏火；有不足者，於存公等項銀兩支用，該督撫彙報奏銷。」

〔註36〕見同上，頁 126～130。

　　又除了以上所述，在京師、各直省會城設立書院之外；清廷也在各直省所隸屬的府州縣設立書院，這些書院或由紳士捐資倡立，或由地方官撥公經理，「俱申報該管官查覈」。

　　《學政全書·書院·現行條例》共有十條，條文中除明示在京師與直省會城設立書院，以及撥公款、學田以供給師生膏火外；對於書院師長之延聘、管理，學生之品格培養、課程學習等也都有明示。

　　在師長方面，在省會師長聘任上，第五條〔註37〕說：「省會書院師長，由督撫學臣，不分本省、鄰省，及已仕、未仕，必擇經明行修，足為多士模範者，以禮相延」。在府州縣師長聘任上，第九條說：「各府州縣書院，由該府州縣會同教官紳耆，公同舉報品學兼優之人住院訓課，不得由上司扶薦，及支取乾俸，虛列山長名目，仍令學臣於按臨時就便稽察」。在對認真師長獎勵上，第八條說：「各省書院師長，實有教術可觀，人材奮起，六年之後著有成效者，准督撫學臣請旨，酌量議敘」。在教職兼行政職上，第十條說：「各省書院不得久虛講席，教職本有課士之責，不得兼充書院師長。」

　　由以上書院師長之延聘與管理事例，吾人可見清代對書院師長教學品質之重視。

　　而在學生方面。在學生品格培養，以及課程學習上，第三條說：「書院講業，以檢束身心、敦品勵學為本。月課以制義、經學、史學、治術諸書，以及論、策、表、判、對偶聲律之學切實講求，量才指授。」〔註38〕又第六條說：「書院生徒，凡天文、地輿、兵法、算學等經世之務，皆須切實講求，以期有用。」

　　由以上書院之學生品格與課程事例，吾人亦可見清代對書院學生品格修養與課程學習之重視。

（3）義學社學〔註39〕

　　再說義學社學。義學設立於順天暨各省、府、州、縣；社學設立於直、省、府、州、縣、大鄉巨堡。而其所需費用，也都由公費支出。

　　《學政全書·義學社學·現行事例》共有二條，第一條說：「順天由府尹愼選文行兼優之士延為館師，諸生中貧乏無力者酌給薪水，其修建房屋及膏

〔註37〕　此十條書院現行事例，原典並沒有標註順序號碼，以下標號乃筆者為敘述方便所加上者，特此　說明。

〔註38〕　見同上，頁128。

〔註39〕　見同上，頁196～197。

火等費，俱於存公銀兩內奏請撥給各省，由府州縣董理，酌量給予膏火。每年仍將師生名冊報學政，以憑查覈。」又第二條說：「直、省、府、州、縣、大鄉巨堡，各置社學一區，擇生員中學優行端者充補社師，免其徭役，由地方官隨地量給廩餼，仍報學政查覈。」

2. 學生員額情形〔註40〕

清代透過以上府州縣廳儒學、書院、義學社學等三大地方上不同管道錄取學生，至於錄取員額方面之情形又是如何？依《學政全書》記錄，當時包括有巡幸增廣學額、京旗駐防學額、全國十二個省的學制員額、全國十二個省的永廣學額、商籍學制員額與永廣學額、竈籍學制員額與永廣學額。以下試解釋其情形：

（1）巡幸增廣學額〔註41〕

所謂巡幸增廣學額，就是皇帝巡幸所經過地方，恩加學額，恩加方式則「俱由部行文各該學政遵照，各按大、中、小學分別錄取。」

（2）京旗駐防學額〔註42〕

所謂京旗駐防學額，是指在京八旗滿州、蒙古、漢軍；盛京滿州、蒙古、漢軍；吉林滿州、蒙古、漢軍；黑龍江滿州、蒙古、漢軍；各省駐防滿州、蒙古、漢軍，所錄取的學生員額。又可分為兩種，一為京旗駐防學制員額，二為京旗駐防永廣員額。

（3）府州縣廳衛學制員額

所謂府、州、縣、廳、衛學制員額，意思就是府、州、縣、廳、衛各儒學，清廷依其儒學所在地區、學校規模、人才供應、人才需求等條件，所核准錄取的學生入學員額。根據《學政全書》資料，清代全國十二個省份都有固定之學制員額配置。

（4）府州縣廳衛永廣學額

所謂府、州、縣、廳、衛永廣學額，意思就是府、州、縣、廳、衛各儒學，清廷依多種事件，譬如當地紳民捐輸辦團練、修城垣、購置礮船軍餉，或是出力守城防盜有功等等進行評估，而給予當地儒學「加永遠學額」以表

〔註40〕由六種不同方式所錄取之學生員額數，因需占很大篇幅，又與本論文題旨沒有直接關聯性，故筆者姑且將其略過。
〔註41〕見同上，頁1～2。
〔註42〕見同上，頁37～39、頁77。

示鼓勵，這是在學制員額外，所另外核准錄取的。根據《學政全書》資料，清代全國十二個省份都有永廣學額配置。

（5）**商籍學制員額與永廣學額**〔註43〕

所謂商籍，乃明朝中葉以後新出現的一個名詞，是指商人子弟得以附於行商之省分參加科舉考試。清代亦然，爲方便商人因經商關係長期僑居外地，准其本人或子弟，在科舉時附籍在僑居地即可，不必回到本籍考試。

清代的商籍有六個：即直隸商籍、浙江商籍、山東商籍、山西商籍、廣東商籍、四川商籍。直隸商籍屬天津府學兼管；浙江商籍（筆者按：《學政全書》未說明由誰兼管）；山東商籍屬濟南府學兼管；山西商籍屬安邑縣學兼管；廣東商籍屬廣東府學兼管；四川商籍屬犍爲、富順兩縣學兼管。以上六個商籍都有學制員額，但有永廣學額的，則只有浙江商籍和山西商籍，二者各有十名員額。

（6）**竈籍學制員額與永廣學額**〔註44〕

所謂竈籍，即灶籍、灶戶。中國自唐代開始，即有所謂灶戶，也就是煎鹽的人，他們在戶籍上被編爲獨立之一籍，而有別於其他的民籍、軍籍、商籍等三籍。《宋史・食貨志》說：「凡鬻鹽之地曰亭場，民曰亭戶，或謂之灶戶，亦稱灶丁。」〔註45〕灶戶在中國沿海多有之，多爲被朝廷流放的罪人，地位卑下，生活艱苦。清代的竈籍只有一個，即直隸竈籍，直隸竈籍有永廣學額一名。

（二）實施細則方面

在實施細則方面：《學政全書》用〈現行事例〉、〈例案〉、〈駁案〉、〈附載舊案〉等作爲標題，文中說明各事件之實施辦法。今茲擇取其中與本論文題旨有關之儒學資料數條以見之。

1.〈現行事例〉

上述之書院現行事例十條，以及義學、社學現行事例二條，便是〈現行事例〉之例子。

〔註43〕見同上，頁793～819。
〔註44〕見同上，頁793～819。
〔註45〕見《宋史・卷一百八十一・志一百三十四・食貨下三》：「鬻海爲鹽，曰京東、河北、兩浙、淮南、福建、廣東，凡六路。其鬻鹽之地曰亭場，民曰亭戶，或謂之竈戶」，臺北：鼎文書局，1983年（民72），頁4426。以下本論文各章所引用此書皆爲同一版本，不再贅敍出版地、出版社與出版年。

2. 〈例案〉

《學政全書》中，清代全國十二個省份，以及商籍、竈籍下面都有〈例案〉一項。今試不分省份，舉四例以見之。

（1）以恩貢優遇儒家諸聖賢後裔

譬如乾隆三年（1738）高宗視學，聖賢後裔陪祀者送監讀書，准作恩貢。又乾隆十三年（1748），高宗東巡，除照例增廣學額外；又「復念儒家聖賢十三氏子孫，遠承世緒，濟濟膠庠。其中當有文學可觀，讀書立品之彥，宜加甄拔以廣施恩。其令該學政考驗其文行兼優者數人，咨送禮部，貢入成均，士鼓勵焉。」另外又議准聖賢後裔十三氏子孫，在此次考試中特優者送部貢入成均，「准作恩貢，併咨送吏部，照例銓選」。〔註46〕

（2）頒匾懸掛朱子祠以示重道崇儒

譬如同治九年（1870），邵亨豫奏重建福建考亭書院，而奉祀之朱子祠亦因年久傾圮，故一併重建。行將落成，邵氏籲請朝廷頒匾懸掛，同治准之，於是「著南書房翰林院，恭書扁額一方，交該督撫祗領，一俟考亭書院落成，敬謹懸挂，以示重道崇儒之意」。〔註47〕

（3）專建經古書院

譬如光緒十七年（1891）因雲貴總督王文韶等之奏：「滇省諸生於經史古學未能講求」，建議「專建經古書院」。光緒准奏，於是在省城貢院右側覓得土地建之，專講經古，名爲「經正書院」，「延聘品端學粹之儒，以主講席」，「多購書籍存置院中，爲諸生觀摩之具」，並且「頒賜御書扁額，俾得敬謹懸挂，奉硃批著照所請」。〔註48〕

（4）設立義學以「經」開蒙子弟

譬如光緒九年（1883），吉林將軍銘安等奏准，分設義學專收開蒙子弟，等到能「成誦一經，然後送至官學，庶幾官學所課盡屬成童，俾教習得以專精訓迪。」並且准予「將伊通河南圍數千晌，指撥一段，以所收荒價及將來租錢，作爲省城各旗義學常年經費。」〔註49〕

3. 〈附載舊案〉

《學政全書》中，清代全國十二個省份以及商籍、竈籍，只有浙江省、

〔註46〕見《學政全書》，史料六編，臺北：廣文書局，頁91～92。
〔註47〕見同上，頁158。
〔註48〕見同上，頁172～173。
〔註49〕見同上，頁223。

河南省下面沒有〈附載舊案〉一項，今筆者以福建省之〈附載舊案〉為例以說明之。因臺灣當時隸屬於福建省，因此《學政全書》將有關於臺灣學政資料，全部集中放在福建省下面之〈附載舊案〉中。〔註50〕總計所記錄之臺灣教育資料共有十三條。（此十三條內容，筆者將概述於第三章中，此處姑且先略過）

　　4.〈駁案〉

所謂「駁」，此處有駁正之意，駁案大約相當於現代公文中之駁回文，也就是駁回來文，不能同意辦理之意。在《學政全書》中，並不是每一個省份下面都有〈駁案〉，譬如江西省、河南省、陝西省、福建省、山東省、商籍竈籍，便沒有〈駁案〉一項。今筆者試舉浙江省之駁案一例以見之。

此案原由為道光二年（1822），給事中王松年奏請，為「敦崇教化，以培民風」，希望該省之州縣義學能開放勸捐募款。上奏之後，道光之回覆為「州縣義學，惟在率由舊章，擇經明行修之士，認眞董教。至籌議閒款，勸捐富紳，恐啓不肖州縣侵蝕勒索諸弊，所奏應毋庸議。」〔註51〕

三、透過科舉考試獨尊儒學

《清史稿》說：「有清科目取士，承明制用八股文。取《四子書》及《易》、《書》、《詩》、《春秋》、《禮記》五經命題，謂之制義。」〔註52〕這是粗略之概述，至於其實施細部情形，筆者試分述如下：

順治時期。清世祖統一天下之後，在順治元年（1644）即定子、午、卯、酉年鄉試；辰、戌、丑、未年會試；鄉試在八月，會試在二月；都是初九日首場，十二日二場，十五日三場；殿試在三月。

其考試科目，首場考四書三題，五經各四題，士子各占一經。《四書》主《朱子集註》，《易》主《程傳》、《朱子本義》，《書》主《蔡傳》，《詩》主《朱子集傳》，《春秋》主《胡安國傳》，《禮記》主《陳澔集說》。後來《春秋》不用《胡傳》，以《左傳》本事為文，參用《公羊》、《穀梁》。二場考應用文書，論一道、判五道、詔、誥、表、內科一道。三場考經史時務策五道，鄉、會

〔註50〕見《學政全書》，史料六編，臺北：廣文書局，頁465～474。

〔註51〕見同上，頁226。

〔註52〕見《清史稿校註‧卷一百十五‧志九十‧選舉三‧文科》，臺北縣：國史館，1986年（民75），頁3171。以下本論文各章所引用此書皆為同一版本，不再贅敘出版地、出版社與出版年。

試同。乾隆間，改會試三月，殿試四月，遂爲永制。

康熙時期。康熙二年（1663）以後到二十六年（1687）的二十四年間，其中雖有場次、科目上的些許異動，但原則上變化不大。直到二十九年（1690），原本論題舊出《孝經》，自此之後則用《性理》、《太極圖說》、《通書》、《西銘》、《正蒙》。五十七年（1718）論題專用《性理》。

雍正以後。雍正初年，下詔《孝經》與《五經》並重，爲化民成俗之本，認爲宋儒書雖足以羽翼經傳，未若聖言之廣大，因此論題仍用《孝經》。此後雖在考試場次、科目、方式上又屢有更迭，然以《四書》、《五經》、《性理》作爲出題範圍，則維持不變。〔註53〕

四、利用建置文廟崇奉孔孟程朱

清代尊崇孔子，建文廟祀之，並以孔子五代先祖、弟子，及後代先賢、先儒從祀。從祀者中，除崇聖祠以祀孔子五代先祖外，就屬四配、十二哲位最高；清代尊崇朱子，認爲他能「昌明聖學」，故升躋之，列於十二哲之中。此種史實，今吾人由《清史稿》對文廟所載之大事記中即可清晰看出。

（一）京師文廟

清代對至聖先師孔子的尊崇，可追溯至清太宗愛新覺羅皇太極之時，崇德〔註54〕元年（1636），皇太極在盛京〔註55〕建廟，派遣大學士范文程致祭。奉顏子、曾子、子思、孟子配祀，定春秋二仲上丁〔註56〕行釋奠禮。

世祖順治底定中原，以京師國子監爲大學，立文廟，其中有啓聖祠。順治二年（1645），除祀先師孔子、四配外，又加入閔子損、冉子雍、端木子賜、仲子由、卜子商、冉子耕、宰子予、冉子求、言子偃、顓孫子師等十哲；澹臺滅明、宓不齊、原憲、公冶長、……周敦頤、張載、程顥、程頤、邵雍、朱熹等六十九位先賢；以及公羊高、穀梁赤、伏勝、孔安國、……王守仁、陳獻章、薛瑄、胡居仁等二十八位先儒。而啓聖祠，除正祀啓聖公外，另有

〔註53〕 見同上，頁 3171～3174。
〔註54〕 崇德（1636～1643）爲皇太極之年號，歷時八年。
〔註55〕 即今瀋陽。1621 年努爾哈赤攻佔瀋陽，1625 年遷都瀋陽，1634 年改名爲盛京。
〔註56〕 春秋二仲即陰曆之二月和八月，上丁日爲中國古人「旬」和「天干地支」概念下的記日法。一月分三旬，每旬十日，上指上旬；依古代天干地支算法，每十日就會遇到一個丁日。因此上丁日，是指一個月上旬的丁日。

顏無繇等四位先賢作配位，及周輔成等四位先儒作兩廡從祀。順治十四年（1657），將「大成至聖文宣先師孔子」，改題爲『至聖先師』。

康熙二十二年（1683），御書「萬世師表」匾額懸大成殿，並頒直省學宮。二十六年（1687），御製孔子贊序、顏曾思孟四贊鑱之石，揭其文頒發直省。五十一年（1712），以朱子昌明聖學，升躋十哲，位次卜子，尋命宋儒范仲淹從祀。

雍正元年（1723），爲表彰孔子道之大、功之隆，詔追封孔子五代王爵，賜木金父公曰肇聖、祈父公曰裕聖、防叔公曰詒聖、伯夏公曰昌聖、叔梁公曰啓聖，更啓聖祠曰崇聖。二年（1724），世宗視學釋奠，復祀林放、蘧瑗、秦冉、顏何、鄭康成、范寧等六人；增祀孔子弟子縣亶、牧皮，孟子弟子樂正子、公都子、萬章、公孫丑，漢諸葛亮……等二十人。入崇聖祠者一人，宋橫渠張子迪。尋命避先師諱加「邑」爲「邱」。四年（1726）八月仲丁世宗親詣釋奠。五年（1727），定八月二十七日爲先師誕辰，官民軍士，致齋一日，以爲常。六年（1728），御書「生民未有」額頒懸如故事。十一年（1733）定親祭儀，香案前三上香。

乾隆年間，依循舊例行事。乾隆二年（1737），諭易大成殿及門黃瓦，崇聖祠綠瓦，復祀元儒吳澄。三年（1737）升有子若爲十二哲，位次卜子商，移朱子次顓孫子師。並親視學釋奠。十八年（1753）十二哲兩廡奉爵用肄業諸生，定兩廡位序，按史傳年代先後之。三十三年（1768）乾隆親書大門「先師廟」匾額，製碑記。五十年（1785），新建辟雍成，乾隆親臨講學，釋奠如故。

道光年間，持續擴置文廟規模。道光二年（1822）至八年（1828）間，又增加劉宗周、湯斌等六位先儒從祀。十六年（1836）詔祀孔子不得與佛、老同廟，並增加宋臣文天祥、宋儒謝良佐侑饗。

咸豐初，又增加先賢公明儀、宋臣李綱、韓琦侑饗。三年（1853），咸豐親臨辟雍講學，聽者雲集。七年（1857）又增入孔子之兄孟皮等四人，從祀崇聖祠與文廟。十年（1860），用禮臣言，從祀盛典，以「闡聖學、傳道統」爲斷。

同治二年（1863），增入魯人毛亨等三人侑饗，並更訂增祀位次，各按時代爲序。七年（1868），又增入宋臣袁爕、先儒張履祥從祀。

光緒初元，增入先儒陸世儀，以漢儒許愼等六人並祀。光緒二十年（1894）

仲秋上丁，親詣釋奠，仍用飲福，受胙儀。三十二年（1906）冬十二月，升為大祀。〔註57〕

　　由以上《清史稿》所載之京師文廟大事記，吾人可明顯看出清廷對孔子與朱子之尊崇。以下筆者試分述二人之受尊崇情形，首先在孔子方面，其次在朱子方面：

1. 在孔子方面

　　第一、就「從祀者」來說，總計盛京文廟從祀孔子者，包括崇聖祠在內共有 183 人，其中年代上及孔子五代先祖，下逮清代當時先賢、先儒，身分則有孔氏家族、忠義、名宦、鄉賢、儒者，清廷儼然將孔子定位為萬聖之首。

　　第二、雍正追封孔子五代王爵，無疑是肯定孔子在萬聖之首地位上之受尊崇。

　　第三、歷任君主親蒞文廟講學、釋奠，除了表示對孔子尊崇外，更是為孔子學說乃聖賢之學作具體確認。

　　第四、道光詔祀孔子不得與佛、老同廟，則等於是正式宣告，有清一代學術正統為孔子儒家，頗有漢武帝獨尊儒術之意涵。

　　第五、咸豐用禮臣言，從祀盛典，以「闡聖學、傳道統」為斷。則無異是再次認定〔註58〕中國這一支以孔子為承接點，上承堯、舜、禹、湯、文、武、周公，下接孔子，而一脈相承傳續下來之傳統儒學道統的存在性及價值性。

　　第六、光緒以帝王最隆重的，用來祭祀天地、宗廟的「大祀」儀禮祭祀孔子，似乎已經將孔子尊崇為與天地之德同高，與王室祖先地位等齊，有重新確認孔子為「素王」之意涵。

〔註57〕見《清史稿校註・卷九十一・志六十六・禮三・吉禮三》，頁 2743～2746。

〔註58〕清廷在順治十四年（1657），即沿明制舉經筵，在弘德殿祭祀先師孔子。康熙十年（1671）續舉，遣官告祭。二十四年（1685），規建傳心殿，位文華殿東。正中祀皇師伏羲、神農、軒轅，帝師堯、舜，王師禹、湯、文、武，南嚮。東周公，西孔子。隔年，也就是二十五年（1686），康熙將御經筵，詔言：「先聖、先師，傳道垂統，炳若星星。朕遠承心學，效法不已，漸近自然。施之政教，庶不與聖賢相悖，其躬詣行禮。」雍正四年（1726），定本日行祇告禮，自是以為常。乾隆六年（1741），親祭傳心殿，六十年歸政，再行之。歷仁宗（即嘉慶）、宣宗（即道光）、文宗（即咸豐），並親詣祇告。然以後卻不復行。以上見《清史稿校註・卷九十一・志六十六・禮三・吉禮三》，頁 2743。

2. 在朱子方面

第一、康熙五十一年，以朱子昌明聖學，升躋十哲，位次卜子。盛京文廟從祀孔子者 183 人中，除崇聖祠孔子五代先祖外，就以四配、十哲位最高。吾人觀察十哲，知道十哲皆是孔子及門高足，而朱子以宋儒身分得以入列其中，可知康熙對朱子之尊崇程度。

第二、乾隆三年（1737）升有子若爲十二哲，位次卜子商，移朱子次顓孫子師。表面上乾隆似乎是將朱子在十哲中之位序往下排，其實吾人若仔細思索，便可知乾隆之做法，有四方面意義：一是明其先後，將十哲按時代爲序；二是正其名實，將名義爲十哲，但因朱子列入，而實有十一人之不符實排除；三是正式確認朱子爲先哲身分，非止先賢、先儒；四是朱子以唯一非及門弟子身分，卻正式列入十二哲中，清楚意味著乾隆認同，且確定朱子是昌明孔子聖賢之學的唯一道統傳人。

（二）闕里文廟

闕里文廟由來甚早。孔子去世後第二年（西元前 478），魯哀公於孔子曲阜闕里（今山東曲阜）之舊宅立廟祭祀，並按歲時祭祀，中國二千多年的祭孔禮儀於焉開始。有清一代尊崇孔子，歷任君主除按歲時在京師文廟釋奠、講學，又特重建於孔子故居——曲阜闕里之文廟。闕里文廟，有事祭告，具前祭告篇，春、秋致祭與太學相同。

康熙二十三年（1684），東巡親祭文廟，駐蹕次日，服龍袞，行在儀仗具陳，行禮二跪六拜，配位、十哲、兩廡、啓聖祠，皆遣官分獻。尋定迎神、送神俱三跪九拜。親製祝文，祀日詣廟，登殿釋奠畢，御詩禮堂講書。賜衍聖公以下銀幣有差。留曲柄黃蓋陳廟庭。擴孔林地畝，蠲其稅。建廟碑，御書文鑱石。又建子思子廟，倣顏、曾、孟三廟制。三十二年（1693）修文廟成。皇子往祭，行禮杏壇。

雍正二年（1724），曲阜廟災，遣官詣闕里祭慰，敕大臣重建，並令闕里司樂遣人赴太常習樂舞，冠服悉準太學式爲之。八年（1730），廟成，黃瓦畫棟，悉倣宮殿制，祭器頒自上方。勒碑如故事，特詔皇五子往祭。

乾隆八年（1743）定闕里聖廟樂章。二十三年（1758）東巡親祭如往制。遣大臣祭顏、曾、思、孟專廟。勒御製四賢贊於石。〔註59〕

〔註59〕見《清史稿校註・卷九十一・志六十六・禮三・吉禮三》，頁 2747～2748。

由以上《清史稿》所載之孔子闕里文廟大事記，吾人亦可觀察出清廷對孔子尊崇之情形如下：

第一、在歲時祭祀方面：康熙二十三年（1684）東巡親祭文廟、三十二年（1693）派皇子往祭；雍正八年（1730）派皇五子往祭；乾隆二十三年（1758）東巡親祭如往制。由此吾人足見清廷對孔子之尊崇。

第二、在廟制與祭器方面：康熙時，賜衍聖公以下銀幣，留曲柄黃蓋陳廟庭，擴孔林地畝，蠲其稅；雍正時，詔令闕里文廟冠服悉準太學式為之，文廟黃瓦畫棟，悉倣宮殿制，祭器頒自上方。由此吾人亦足見清廷對孔子之尊崇。

（三）各省府州縣文廟

中國之尊孔到明、清時達到最頂點，各府、州、縣均建有文廟，以示對孔子之尊崇。今亦就《清史稿》所記載，將清代各省、府、州、縣文廟尊崇孔子之情形敘述如下：

第一、在歲時祭祀方面：各省、府、州、縣釋奠，以所在印官承祭，禮如太學，順治初行之。雍正五年（1727），定制各省督、撫、學政上丁率屬致祭。學政蒞試時，先至文廟行禮，府、州、縣官率屬於治所文廟行。

第二、在從祀方面：乾隆六年（1741），敕直省學宮設先賢、先儒神位。同治初頒從祀先儒位次圖。

第三、在廟制與祭器方面：光緒末，升大祀，各省文廟規制、禮器、樂舞暨崇聖祠祭品，並視太學，禮節悉從舊。〔註60〕

由以上三者，吾人知道，至少在同治以前，清代各省、府、州、縣文廟，其區域性質高，故一切建置從簡，與屬於中央朝廷的全國性京師文廟實無法相比。但至同治以後，各省、府、州縣文廟在各方面，包括規制、從祀、禮器、樂舞，以及崇聖祠祭品，便都與京師文廟接近等齊。而由此，吾人也可看到有清一代，在尊孔進而崇學這一方面，先由中央再擴及地方，並在地方深耕之情形。

五、舉行鄉飲酒禮將儒學之教延伸至民間

清代官方教導人民，在學校教育方面，挑選優秀者入學，教以儒學，使成國家棟樑，已如上述。至於在社會教育方面，則透過各種典禮儀式，亦用

〔註60〕見同上，頁 2748。

儒學思想化之導之，使成善民。

　　今吾人由載於《清史稿・吉禮》中而可見者，譬如鄉飲酒禮便是在教導人民五倫關係。順治初年，沿襲明代鄉飲酒禮舊制，令京府暨直省府州縣，每歲於孟春望日（即農曆一月十五日），及孟冬朔日（即農曆十月初一日），在學宮舉行之。其鄉飲酒禮之典禮儀式如下：

　　1. 典禮前之準備工作：「前一日，執事敷坐講堂習禮」，邀請致仕官為大賓，齒德兼優為僎賓，另外還有介以及三賓參加典禮，主人則是府、州、縣官。司正一人，負責「揚觶」，由教官（即學校教官，簡稱學官）擔任；贊引、讀律各二人，由生員擔任。

　　2. 當日典禮開始前的迎賓：「執事牽牲具饌，主人率屬詣學，酒速賓。賓至，迓門外，……」。

　　3. 典禮的進行：「執事舉冪酌酒於觶授司正，司正揚觶而語曰：『恭惟朝廷，率由舊章，敦崇禮教，舉行鄉飲。非為飲食，凡我長幼，各相勸勉。為臣盡忠，為子盡孝，長幼有序，兄友弟恭，內睦宗族，外和鄉黨，毋或廢墜，以忝所生。』……」，典禮中並宣讀律令：「律令：凡鄉飲酒，序長幼，論賢良，別奸頑。年高德劭者上列，純謹者肩隨，差以齒，悖法傾規者毋俾參席，否以違制論。敢有譁譟失儀，揚觶者糾之。」

　　此鄉飲酒禮延續到乾隆八年（1743），因年久關係，產生或「各省鄉飲制不盡一」，或「頻年闕略不行」現象。乾隆五十年（1785），「命歲時舉鄉飲毋曠」。又將《詩經》中六篇有目無辭的笙詩加入文字，模仿《詩經》的章法、句法、文氣、精神，自製成〈補笙詩六章〉，「每行禮，奏御製補笙詩六章」。茲將六章內容轉錄如下，以見其教化人民之一斑。

　　（1）〈南陔〉

　　　　我逝南陔，言陟其岵。昔我行役，瞻望有父。

　　　　欲養無由，風木何補。我逝南陔，言陟其屺。

　　　　今我行役，瞻望有母。母也倚閭，歸則寧止。

　　　　南陔有筍，擇實勺之。孱孱孩提，敦噢咻之。

　　　　慎爾溫凊，節爾旨肴。今爾不養，日月其慆。

此詩主旨在教育人民孝順父母。以第一人稱「我」作敘述，回憶自己以前出門行役，總有父親瞻望守護。而今父親過世，想奉養已沒辦法。今日出門行役，雖然有母親在，然而因為工作在身，還是無法奉養母親。為此，奉勸各位為人

子者，一定要趁著父母尚在之時，享受溫情，奉養父母以佳餚。今日不奉養，
時間是不會等你的。很明顯的，這章內容是在宣揚家庭倫理中的孝道。

（2）〈白華〉

> 有白有華，不汙纖塵。咨爾士兮，宜修其身。不修其身，乃貽羞於
> 二人。有白有華，婉茲靜好。咨爾女兮，宜修婦道。不修婦道，乃
> 貽羞於二老。白華匪玉，涅而不緇。白華匪蘭，芬乃勝之。我擷白
> 華，載詠載思。白華匪玉，質玉之令。白華匪蘭，臭蘭之淨。我擷
> 白華，載思載詠。

此詩以白華起興，主旨在勸勉士子宜修其身、淑女宜修婦道，才能使父母不
致蒙羞。詩中告訴士子要學習白華，不讓絲毫灰塵玷污自己，必須好好修養
品德，因為若不好好修為，將會貽羞父母。又告訴女子也一樣要學習白華，
不讓絲毫灰塵玷污自己，必須好好修養婦道，因為若不好好修為，將會貽羞
父母。白華雖然不是玉，但是入污泥不黑；雖然不是蘭，但是芬芳勝過蘭。
因此我們要時時採擷白華佩帶，歌詠思想它的好，並學習之。很明顯的，這
章內容是在勸勉士子修養品德、婦女修養婦道，以榮耀父母。

（3）〈華黍〉

> 瞻彼阪田，厥黍始華。胝足胼手，嗟嗟我農夫。
> 瞻彼阪田，黍華以秀。胼手胝足，惟勤斯殖茂。
> 華有不秀矣，秀有不實矣。
> 其雨其雨矣，杲杲日出矣，悠予愁之恤矣。

此詩在勸勉農夫努力耕稼，因為唯有勤勉才能有收穫，不致華有不秀，秀有
不實。詩中直接就由層層疊疊的農田切入，告訴農夫們看看那黍稷已經開始
開花，要趕快加緊工作。再看看那黍稷已經開始要結穗，要趕快加倍勤勞。
因為開花不一定結穗，結穗不一定有果實。農民們你們每天都要為天的下雨
或出太陽而心存在乎。很明顯的，這章內容是在勸勉農夫要努力於耕稼之
事，才能豐衣足食、不虞匱乏。

（4）〈由庚〉

> 王庚便便，東西朔南。六符調燮，八風節宣。
> 王庚容容，朔南西東。惟敬與勤，百王道同。
> 王庚廓廓，東西南朔。先憂而憂，後樂而樂。
> 王庚恢恢，南朔東西。皇極孰建，惟德之依。

此詩之主旨在勸諫王者要敬勤，先天下之憂而憂、後天下之樂而樂，依於德，因爲只有以王道才能建立皇極。詩中四次反覆王庚，而以「便便」、「容容」、「廓廓」、「恢恢」作形容，以強調王者的恢弘氣象；又四次反覆東西南北作形容，以彰顯王者的土地廣闊；接著則開始以王者之道，包括敬勤、先憂而憂後樂而樂、依德等道理告以王者治民之道。很明顯的，這章內容是在告誡凡爲王者，都必須遵守王者之道。

（5）〈崇丘〉

　　澗松童童，蛙黽鄰兮。丘草萋萋，蕩青雲兮。凡百君子，愼乃託身兮。

　　澗松童童，澗則卑兮。丘草萋萋，丘則崎兮。凡百君子，審所依兮。

　　有崇者丘，物無不遂。有卓者道，愚無不智。資生育德，永植毋替。

此詩之主旨在告誡君子要謹愼所託之身，作一個有道之人，培養道德，才能長久不替。詩中藉澗松、丘草作起興，說山澗之松如果一片光禿禿，蛙蠅之類就會來與它爲鄰；山丘上如果青草茂盛，就可以與天上飄蕩的白雲爭輝，因此凡是君子者，都應該好好謹愼思考託身之處。同樣的，山澗之松如果一片光禿禿，山澗就會顯得更加低卑；山丘上如果青草茂盛，就可以更顯出山丘的高聳，因此凡是君子都要好好審察自己所依託之處。最後詩中先用比喻告訴君子，只要山丘高聳就能無所不利、一切順遂；再用直說告訴君子，只要有崇高的好道理，即使愚笨者也會變有智慧；而且可以代代相傳永不止息。很明顯的，這章內容是在告誡君子要謹愼所處環境、所交往之人。

（6）〈由儀〉

　　在上曰天，在下曰地。君君臣臣，父父子子。

　　在下曰地，在上曰天。父父子子，君君臣臣。

　　由其儀矣，物則熙矣。儀其由矣，物則休矣。〔註61〕

此詩之主旨在勸勉君臣父子必須能各守其職，各安其分，有良好之互動關係，才能使萬物和諧美好。全詩十二句，其中前八句都在反覆一個主要觀念，就是君臣、父子關係，就好比是天與地的關係，天永遠高高在上，地永遠低低在下，這是永遠不會改變的事實；而人類社會中的社羣關係，其中間的倫理之道也應該一樣，就君臣父子來說，君與父就是天，臣與子就是地，彼此之間的尊卑地位不能僭越；因此只要彼此之間都遵守其分際，便可一切安祥和樂，但若反之，則一切都要毀壞。很明顯的，這章內容是在告誡爲人君父臣

〔註61〕　見同上，頁3004～3005。

子者都要自知自省，以維護家國之安定。

由以上可知當年乾隆對鄉飲酒禮之重視，而其重視是因為他知道儒學教育要深入到民間每一個人，除了學校外，唯有再透過鄉飲酒禮才能辦到。而起初，各府、州、縣之鄉飲酒諸費都是由公家支出，然而可惜自道光末葉以後，由於國家財政日漸空虛，此筆經費被移作軍餉，後來改歸由地方指辦。〔註62〕

第三節　順康雍乾推展中國儒學之聖諭

順治、康熙、雍正、乾隆他們不但自己努力吸收中國儒學思想，不遺餘力推展中國儒學，並積極製作摻揉儒學思想的聖諭，透過聖諭傳達自己的儒學思想，以教化士民。這些聖諭內容約可分為兩大類，一為有關學校教育方面，二為有關社會教育方面。學校教育方面，以論述孔孟程朱、端正士習、宣揚經義為文體正軌等為其要點；社會教育方面，則以論述移風易俗、忠孝節義等為其要點。本論文試將以上聖諭中有記錄在臺灣各方志上，而與臺灣儒學教化有相關者臚列說明之，以見清廷將儒學輸入到臺灣之一斑。

一、灌輸士子儒學思想方面

清代承明代興，亦如明代之重視儒學教育。而儒學教育之中心思想，則是孔子為主之孔門學說，此種尊孔態度，已如本章前面所述，在順、康、雍、乾四位國君身上尤其表現得淋漓盡致。而他們除了自己吸收儒學思想，也進一步利用聖諭把這些尊孔思想灌輸給士子。

（一）康熙二十五年御製〈至聖先師孔子序贊〉〔註63〕

在臺灣方志文獻中，輯有此文者大約有陳文達《臺灣縣志》、劉良璧《重修福建臺灣府志》。

康熙二十四年（1685），御書「萬世師表」匾額，令各直省、府、州、縣懸掛文廟。二十五年（1686），康熙因「巡視東國，謁祀闕里，景仰滋深」，

〔註62〕見同上，頁2825。

〔註63〕見劉良璧：《重修福建臺灣府志・卷首・聖謨》（第一冊），臺灣文獻叢刊第七十四種，頁4〜5。又《清史稿・卷九十一・志六十六・禮三・吉禮三》說：「康熙二十二年（1683），御書「萬世師表」匾額懸大成殿，並頒直省學宮。二十六年（1687），御製孔子贊序、顏曾思孟四贊鐫之石，揭其文頒發直省。」見頁2744。

於是又御製「至聖先師孔子、四賢贊」勒石於各直省、府縣學宮。以下爲〈至
聖先師孔子贊〉（並序）節錄：

> 後之人而欲探二帝、三王之心法，以爲治國平天下之準，其奚所取
> 衷焉！然則孔子之爲萬古一人也，審矣。

在此序中，康熙先就爲何御製「至聖先師孔子、四賢贊」之原因作說明。
他說，後人如果想要得到堯、舜、禹、湯、文、武爲政之心法，以作爲治
國平天下準則，那麼萬古之中唯有孔子一人。以下爲〈至聖先師孔子贊〉
之全文：

> 清濁有氣，剛柔有質；聖人參之，人極以立。行著習察，舍道莫由；
> 惟皇建極，惟后綏猷。作君作師，垂統萬古；曰惟堯、舜、禹、湯、
> 文、武。五百餘歲，至聖挺生；金聲玉振，集厥大成。序書刪詩，
> 定禮正樂；既窮象繫，亦嚴筆削。上紹往聖，下示來型；道不終晦，
> 秩然大經。百家紛紜，殊途異趣；日月無踰，羹牆可晤。孔子之道，
> 惟中與庸；此心此理，千聖所同。孔子之德，仁義中正；秉彝之好，
> 根本天性。庶幾夙夜，勗哉令圖；溯源洙泗，景觸唐虞。載歷庭除，
> 式觀禮器；摛毫仰贊，心剛退企。百世而上，以聖爲歸；百世而下，
> 以聖爲師。非師夫子，惟師於道；統天垂世，惟道爲寶。泰山巖巖！
> 東海決決！牆高數仞，夫子之堂！孰窺其藩？孰窺其徑？道不遠
> 人，克念作聖。〔註64〕

此贊文是康熙就著孟子的堯、舜、禹、湯、文、武儒學道統承繼觀念來說，
強調孔子在此承繼道統上之重要地位。他說孔子既上承儒學道統，序書刪詩，
定禮正樂，窮象繫，嚴筆削；又下示來者，以中庸正道爲千聖之型。因此百
世而上，以聖道爲依歸，百世而下，以聖道爲老師；吾人不是在師事老師，
而是在師事聖道，而孔子即是聖道。然而孔子之聖道如巖巖泰山、決決東海，
牆高數仞又有誰得以窺其道路。因此吾人需要有一個最重要的觀念：聖道離
人不遠，就端看人願不願意下定決心去學習作一個聖人。

　　由此段贊文，吾人看出康熙雖然是以孔子爲至聖先師，爲全國士子樹立
一個學習效法典範，然而最後還是回歸到士子本身，勸勉士子能夠自己立意
作聖。

〔註64〕　見劉良璧：《重修福建臺灣府志・卷首・聖謨》（第一冊），臺灣文獻叢刊第七
　　　　　十四種，頁9。

（二）康熙二十八年御製〈四賢贊〉〔註65〕

在臺灣各方志文獻中，輯有此文者大約有陳文達《臺灣縣志》、劉良璧《重修福建臺灣府志》。

以下四篇是康熙爲孔子「四配」所作之讚頌文。除了崇奉孔子，中國歷代陸續爲孔門最傑出之四位後進——顏淵、曾參、子思、孟子，也在孔廟中立配享牌位。而四位當中以顏淵時間最早，漢高祖東巡祀孔子時，以顏淵配享，後代因之；唐睿宗太極元年（712）將曾參配享孔子廟，爲曾參配享之始；子思在宋度宗咸淳三年（1267），開始進入配享行列；而孟子之入祀配享，據朱子之說是在王安石時，雖然後來一度被明太祖朱元璋，以孟子書中有君臣關係「草芥」、「寇讎」之說而欲罷去之，幸大臣錢唐力諫而恢復。以下爲〈顏子贊〉全文：

> 聖道早聞，天資獨粹；約禮博文，不遷不貳。
>
> 一善服膺，萬德來萃；能化而齊，其樂一致。
>
> 禮樂四代，治法兼備；用行舍藏，王佐之器。

此贊文乃就顏淵之天資、學行作爲讚頌主題，將孔子在《論語》中讚美顏淵之話語融合在一起。而最後以「用行舍藏，王佐之器」，言顏淵在出處之間進退得宜，用之則行，捨之則藏，爲輔佐帝王之賢才作結。以下爲〈曾子贊〉全文：

> 洙泗之傳，魯以得之：一貫曰唯，聖學在茲。
>
> 明德新民，止善爲期；格致誠正，均平以推。
>
> 至德要道，百行所基；纂修統緒，修明訓詞。

此贊文乃就曾子在傳承孔學方面之成就而讚頌之。認爲孔子聖學在曾參身上，而得以繼續傳承下去；而且讓孔子之至德要道，成爲大家各種行爲之基礎，他纂修儒學道統端緒，並修明孔子訓勉文詞。以下爲〈子思子贊〉全文：

> 於穆天命，道之大原；靜存動察，庸德庸言。
>
> 以育萬物，以贊乾坤；九經三重，大法是存。
>
> 篤恭愼獨，成德之門；卷之藏密，擴之無垠。

此贊文乃就子思之道統傳承及學說成就而讚頌之。子思之出身比較特殊，因

〔註65〕 見陳文達：《臺灣縣志・卷之二・建置志・學校》，臺灣文獻叢刊第一○三種，臺北：臺銀經研室，1961 年（民50），頁 75～77，以下本論文各章所引用此書皆爲同一版本，不再贅敘出版地、出版社與出版年。又見劉良璧：《重修福建臺灣府志・卷首・聖謨》（第一冊），臺灣文獻叢刊第七四種，頁 5～6。

爲他就是孔鯉之子，也就是孔子之孫，又是曾參學生，在儒家道統傳承上可謂雙重地位，更何況他在受困宋時所作之《中庸》，更闡明了儒家特有之不偏不倚、篤恭愼獨之中道人生觀。因此康熙讚美他「卷之藏密，擴之無垠」，言其學問德行，當藏而不用時，看似隱密不顯；但當用之於世時，則可以無極限地擴大發揮。以下爲〈孟子贊〉全文：

> 哲人既萎，楊、墨昌熾；子興闢之，曰仁、曰義。性善獨闡，知言養氣；道稱堯、舜，學屏功、利。煌煌七篇，並垂六藝；孔學攸傳，禹功作配。

此贊文乃就孟子之學說成就而讚頌之。康熙將孟子在《孟子》一書中之言論，以及言論中所表現出來之聖道思想融合起來，讚美孟子一方面力闢楊朱、墨翟，宣揚孔子仁義之道；另一方面則言存養浩然之氣，建立儒學道統，屏棄功利，讓孔子之學得以在衰微亂世中繼續傳承下去。

康熙透過對孔子「四配」之讚頌，將中國儒學道統傳承呈現出來，以明示清代列儒學爲唯一官方學術之合理性。因此吾人可視這篇〈四賢贊〉，以及上篇〈至聖先師孔子序贊〉，乃是康熙要向全國士子昭告，朝廷爲何要求在學校教以儒學，爲何以儒學作爲考試科目及內容，爲何要用儒學之教教化士民之原因。

（三）康熙五十一年〈諭表章朱子〉[註66]

在臺灣各方志文獻中，輯有此文者大約有劉良璧《重修福建臺灣府志》。

本章前述，康熙五十一年，以朱子能「昌明聖學」，康熙將其列入文廟配享的十哲之一。而其實在同一年，也就是康熙五十一年（1712）二月初四日，康熙也諭示自己對朱子學說的欽佩之意，說：

> 朕自冲齡，即好讀書，亦好寫字，一切經史，靡不徧閱成誦。在昔賢哲所著之書，間或字句與中正之理稍有未符，或稍有瑕疵者，後儒即加指摘，以爲理宜更正。惟宋之朱子，註明經史，闡發載籍之理，凡所撰釋之文字，皆明確有據，而得中正之理。今五百餘年，其一句一字莫有論其可更正者。觀此，即孔、孟之後，朱子可謂有益於斯文；厥功偉矣。朕既深知而不言，其誰言之！於朱子宜如何表章崇奉？爾等與九卿會同具議以聞！

康熙對朱子之景仰，對其學說之信服，吾人在本章前面康熙《御纂朱子全書》小節中已知之矣。而正因為對朱子學行深表欽佩，因此他詔諭陳璸等集議表彰崇奉方式。在此篇諭文中，康熙道出他欽佩朱子之原因，他說朱子所撰釋之文字都是明確有據，而且能得中正之理，乃是繼孔、孟之後，能傳益世之文的唯一學者。也因此，他以帝王之尊，親自發起表彰朱子之提議，而要臣子們整合表彰意見上呈，以作為表彰做法之參考。

此篇明顯是康熙要在堯、舜、禹、湯、文、武、周公、孔、孟之儒學道統中，再找到一個足以上承孔孟儒學道統之人，作為證明儒學在戰國之後仍然存在之事實，因此可說是尊孔態度之延伸。

（四）雍正元年〈諭封孔子五代王爵〉〔註67〕

在臺灣各方志文獻中，輯有此文者大約有劉良璧《重修福建臺灣府志》。

雍正元年（1723），雍正諭示內閣、禮部，提出他御封孔子五代王爵之構想，要求內閣、禮部會同確議具奏。雍正諭封孔子五代王爵的緣由，其全文如下：

> 至聖先師孔子，道冠古今，德參天地：樹百王之模範，立萬世之宗師。其為功於天下也，至矣！而水源木本，基厚流光，有開必先，克昌厥後：則聖人之祖考，宜膺崇祀之襃封。所以追溯前徽，不忘所自也。粵稽舊制：孔子之父叔梁公，於宋正宗時追封「啓聖公」。自宋以後，歷代遵循。自叔梁公以上，則向來未加封號，亦未奉祀祠庭。朕仰體皇考崇儒重道之盛心、崇德報功之典禮，意欲追封五代，並享蒸嘗，用伸景仰之誠，庶慰羹牆之慕。

雍正雖然在位只有短短十三年，但是他善繼承康熙之言行政風，並且加以推擴之。他將康熙平日對他講述之言論加以編輯，而成為《聖祖仁皇帝庭訓格言》。此處他又不但效法康熙獨尊儒學之做法，而且更進一步崇奉孔子，推溯孔子五代之祖，追封為王爵，奉祀於文廟之中。

而雍正這樣做，當然也是因為他親自感受到孔子思想對後代影響之深遠，沒有人可以與之比擬。關於此點，吾人可以由同一碑文中得知，他說：

> 五倫為百行之本，天、地、君、親、師，人所宜重；而天、地、君、親之義，又賴師教以彰明。自古師道無過於孔子，誠首出之至聖也。

〔註67〕見同上，頁14。

> 我皇考崇儒重道，超軼千古，凡尊崇孔子典禮，無不備至。朕蒙皇
> 考教育，自幼讀書，心切景仰；欲再加尊崇，更無可增之處；故勅
> 部追封孔子以上五代。

雍正說五倫爲百行根本，五倫之教則有賴師教才能彰明，而自古以來言師道
莫過於孔子。又說他自己從小在皇考康熙教育下，對孔子也是心切景仰，因
此才會有追封孔子五代爲王爵之提議。而雍正追封孔子五代王爵之構想，在
經過與內閣、禮部來回研議之後付諸執行。

（五）雍正三年〈諭避先師孔子諱〉〔註68〕

在臺灣各方志文獻中，輯有此文者大約有劉良璧《重修福建臺灣府志》。

前述雍正爲對孔子表示尊崇，以追封孔子五代王爵方式來表現。而此處
吾人所見到的，則是雍正之另一種尊崇方式，就是避先師孔子聖諱之事，他
詔令九卿會議具奏，最後由他修正定議避諱方法，諭文中說：

> 嗣後除《四書》、《五經》外，凡遇此字，並加阝爲邱，地名亦不必
> 改易。但加阝旁，讀作期音，庶乎允協，足副朕尊崇先師至聖之意。

此種爲表示尊崇而避諱之做法，在中國很早就存在，但由皇帝親自提議，而
且對象只是一位教師之情形則殊爲少見。由此可見雍正對孔子尊崇之程度，
也可見孔子在當時學術思想地位之崇高。

（六）雍正五年〈諭尊崇孔子〉〔註69〕

在臺灣各方志文獻中，輯有此文者大約有劉良璧《重修福建臺灣府志》。

此篇〈諭尊崇孔子〉爲雍正五年之諭文。吾人由前述已知雍正對孔子充
滿尊崇之心，而此篇他則延續自己對孔子之尊崇，明文下令要全國士民也尊
崇孔子；而且值得注意的是，他在諭文中，除了如前述表彰孔子在道統傳承、
人倫關係之貢獻外，他也道出孔子之教對君王統治天下之重要性，他說：

> 使非孔子立教垂訓，則上下何以辨？禮制何以達？此孔子所以治萬
> 世之天下，而爲生民以來所未有也。使爲君者不知尊崇孔子，亦何
> 以建極於上、而表正萬邦乎？人第知孔子之教，在明倫紀、辨名分、
> 正人心、端風俗；亦知倫紀既明、名分既辨、心人既正、風俗既端，
> 而受益者之尤在君上也哉，朕故表而出之，以見孔子之道之大、而

〔註68〕見劉良璧：《重修福建臺灣府志·卷首·聖謨》臺灣文獻叢刊第七四種，頁17。
〔註69〕見同上，頁20。

　　孔子之功之隆也。

此篇論文爲節錄。由筆者所引此段，吾人看到雍正在此論文中明確地說，如果不是孔子立教垂訓，那麼君臣上下之禮如何分辨？人倫關係之禮節如何通達？因此一個君王若不知尊崇孔子，將無法「建極於上，表正萬邦」，因此他說尊崇孔子，其最大受益者「尤在君上也哉」。雍正此語可謂誠實道出自古中國由漢高祖、漢武帝以後之歷代君王，努力提倡孔子儒學之教的其中一個主要原因。

　　而以上這些論文，透過當時宦臺儒官以各種方式，也直接輸入到臺灣，灌輸到臺灣本土士子之思想中，成爲臺灣本土士子思想之一部分。

二、加強士子品德修養方面

　　清初四君順、康、雍、乾，除了積極灌輸士子儒學思想外，對士子之品德修養，也以儒家之標準加以加強之，吾人由以下三篇諭文中即可看到。

（一）順治九年〈臥碑〉〔註70〕

　　在臺灣各方志文獻中，輯有此文者大約有陳文達《臺灣縣志》、陳文達《鳳山縣志》、劉良璧《重修福建臺灣府志》、陳培桂《淡水廳志》。

　　順治七年（1650），順治改南京國子監爲江寧府學。尋頒臥碑文，刊石立直省學宮。諭禮部曰：「……爾部傳諭直省學臣，訓督士子，凡理學、道德、經濟、典故諸書，務研求淹貫。明體則爲眞儒，達用則爲良吏。果有實學，朕必不次簡拔，重加任用。」〔註71〕

　　順治九年（1652），清廷題准刊立臥碑，詔命禮部，置於明倫堂之左，曉示生員，俾知遵守。茲將全文錄之如下：

　　　朝廷建立學校，選取生員，免其丁糧、厚以廩膳，設學院學道學官以教之，各衙門官以禮相待，全要養成賢才，以供朝廷之用。諸生皆當上報國恩，下立人品。所有教條，開列於後：

　　一、生員之家，父母賢智者，子當受教；父母愚魯，或有非爲者，子既讀書明理，當再三懇告，使父母不陷於危亡。

　　一、生員立志，當學爲忠臣清官。書史所載忠清事蹟，務須互相講究；凡利國愛民之事，更宜留心。

〔註70〕見同上，頁7～9。
〔註71〕見《清史稿校註・卷一百十三・志八十八・選舉一》，頁3148～3149。

一、生員居心忠厚正直，讀書方有實用，出仕必作良吏。若心術邪刻，讀書必無成就，爲官必取禍患；行害人之事者，往往自殺其身，常宜思省。

一、生員不可干求官長，結交勢要，希圖進身；若果心善德全，上天知之，必加以福。

一、生員當愛身忍性，凡有司官衙門不可輕入。即有切己之事，止許家人代告，不許干與他人詞訟；他人亦不許牽連生員作證。

一、爲學當尊敬先生，若講說，皆須誠心聽受；如有未明，從容再問，毋妄行辯難，爲師者，亦當盡心教訓，勿致怠惰。

一、軍民一切利病，不許生員上書陳言；如有一言建白，以違制論，黜革治罪。

一、生員不許糾黨多人，立盟結社，把持官府，武斷鄉曲。所作文字，不許妄行刊刻。違者，聽提調官治罪。

此碑文在 216 年以後，也就是同治七年（1868）七月（缺）日，奉立於臺灣府儒學。而刊有此項條文之石碑，現在所知存者有二：一龕在臺南市孔子廟明倫堂內；一存於高雄市左營區舊城國民小學內，高八十四公分，寬一百四十二公分，花岡岩，款題「嘉慶庚辰年秋，鳳山縣儒學教諭臣黃人龍、訓導臣王之楫敬立，生員鄭□□□□」。其餘與臺南碑同。〔註72〕

〈臥碑〉首先說明清廷設立學校之緣由、教育學生之方法及養成賢才之目的，在此緣由下，清廷開列出八項條規。學規中明確規定學生該做與不該做之事，內容淺顯明白，以作爲學生依循之根據。此碑文順治九年（1652）通令頒行全國，到同治七年（1868）七月（缺）日，中間雖然相隔 216 年，但是後來畢竟也在臺灣府儒學出現，立於學校中，以約束臺灣本土士子。

（二）康熙四十一年〈御製訓飭士子文〉〔註73〕

在臺灣各方志文獻中，輯有此文者大約有劉良璧《重修福建臺灣府志》。康熙四十一年（1702），康熙頒布〈御製訓飭士子文〉，通令頒行直省各

〔註72〕見莊金德：《清代臺灣教育史料彙編》，臺中：臺灣文獻委員會，1973 年（民62），頁2～3。以下本論文各章所引用此書皆爲同一版本，不再贅敘出版地、出版社與出版年。
〔註73〕見陳文達：《臺灣縣志・卷之二・建置志・學校》，臺灣文獻叢刊第一○三種，頁81～82。

府州縣訓飭天下士子。文中說：「自茲以往，內而國學、外而直省鄉校，凡學臣師長皆有司鐸之責者，並宣傳集諸生」。〈御製訓飭士子文〉中雖然沒有如〈臥碑文〉一樣，有逐條之教條開列，但是訓示重點和〈臥碑文〉相似，而觀照面更廣，茲錄其前言如下：

> 國家建立學校，原以興行教化，作育人材，典至渥也！朕臨御以來，
> 隆重師儒、加意庠序、復慎選學使，釐別弊端，務其風教修明，賢
> 才蔚起，庶幾棫樸作人之意。

以上是〈御製訓飭士子文〉之前言，由此段前言，吾人知道康熙頒布此篇〈御製訓飭士子文〉之目的，乃是為了修明風教，使賢才蔚起。因此他在訓文中所言及者，除了士子之品德修養外，實際上還包括對經術、文學觀念之導正。而以下即為經過筆者整理之訓文重點：

一、從來學者，先立品行，次及文學，學術事功，源委有敘。

二、必也躬修實踐，砥礪廉隅，敦孝順以事親，秉忠貞以立志。

三、窮經考義，勿雜荒經之談；取友親師，悉化驕盈之氣。

四、文章歸於淳雅，毋事浮華；軌度式於規繩最防蕩軼。

五、苟行止有虧，雖讀書何益？宅心弗淑，行已多愆。

六、或蜚語流言，脅制官長；或隱糧包訟，出入公門；或唆潑姦滑，欺孤凌弱；招呼朋類，結社要盟。乃如之人，名教不容、鄉黨弗齒。

七、鄉會科名，乃掄材大典。關係尤鉅；士子果有真才實學，何患困不逢年？顧乃標榜虛名，暗通聲氣，夤緣詭遇，罔顧身家；又或改竄鄉貫，希圖進取，囂凌騰沸，網利行私。種種弊端，深可痛恨！

八、自茲以往，內而國學、外而直省鄉校，凡學臣師長，皆有司鐸之責者，並宜傳集諸生，多方董勸，以副朕懷；否則，職業弗修，咎亦難逭，勿謂朕言之不預也。爾多士，其敬聽之哉！

以上由一至八之序號原文中並沒有，為筆者自己加上的，而內容則依〈御製訓飭士子文〉一文之行文順序，錄其重點套在序號中。大約說來，第二、第五、第六、第七條所訓示者，為有關於包括行為舉動之講求的品德修養。第一、第三、第四條所訓示者，則是有關於文學經術之學習以及觀念之導正，康熙告訴士子，要先立品行，再及於文學，而文章之書寫必須歸於淳雅；至於對經術之學習，則要重在用世之事功，而勿陷入荒謬之漫談。

（三）乾隆五年〈太學訓飭士子文〉〔註74〕

在臺灣各方志文獻中，輯有此文者大約有余文儀《續修臺灣府志》。

乾隆五年（1740）十月二十九日，內閣奉乾隆上諭，頒布〈太學訓飭士子文〉，訓飭太學士子。此篇訓飭文緣由於當時士子只知汲汲營營追求科舉，不由聖賢之言、不體聖賢之心而為聖賢之徒，故而乾隆反覆議論，舉朱子之言以訓飭之。

首先，乾隆舉朱子諭同安縣學者之言。朱子說：『學以為己。今之世，父所以詔其子，兄所以勉其弟，師所以教其弟子，弟子之所以學，舍科舉之業，則無為也。使古人之學止於如此，則凡可以得志於科舉，斯己爾。所以孜孜焉愛日不倦，以至於死而後已者，果何為而然哉？……使教素明於上，而學素講於下，則士子固將有以用其力，而豈有不勉之患哉？諸君苟能致思於科舉之外，而知古人之所以為學，則將有欲罷不能者矣。』

依此，乾隆訓飭太學士子，說：「為己」二字乃入聖之門。知為己，則所讀之書，一一有益於身心，而日用事物之間，存養省察，闇然自修；世俗之紛華靡麗，無足動心，何患詞章聲譽之能奪志哉！況即為科舉，亦無礙於聖賢之學。」

其次，乾隆又舉朱子之言。朱子云：『非是科舉累人，人累科舉，若高見遠識之士，讀聖賢之書，據吾所見，為文以應之，得失置之度外，雖日日應舉，亦不累也。居今之世，雖孔子復生，也不免應舉。然豈能累孔子耶？』

再依此，乾隆訓飭太學士子，說：「朱子此言，即是科舉中為己之學。誠能為己，則四書、五經皆聖賢之精蘊，體而行之，為聖賢而有餘。不能為己，則雖舉經義治事而督課之，亦糟粕陳言，無裨實用，浮偽與時文等耳。故學者先於辨志。志於為己者，聖賢之徒也。志於科名者，世俗之陋也。國家養育人材，將用以致君澤民，治國平天下；而囿於積習，不能奮然求至於聖賢，豈不謬哉！朕膺君師之任，有厚望於諸生。適讀朱子書，見其言切中士習流弊，故親切為諸生言之，俾司教者知所以教，而學者知所以學。」

此篇訓飭太學士子之文，在乾隆十年（1745），議准通行頒發直省學宮，令教官於朔望一體宣講，永遠遵行。而由乾隆「適讀朱子書，見其言切中士習流弊」句，吾人可知乾隆對朱子學，非以純學術研究之心態看待，而是看重它的實用性。

〔註74〕見余文儀：《續修臺灣府志・卷七・典禮・鄉約》，臺灣文獻叢刊第一二一種，頁324～326。

三、導正士子文學觀念方面

由今日可見之聖諭中，吾人雖然看不到康熙爲了導正士子文學觀念，而有單獨頒布之單篇諭文，但是由筆者前述之《聖祖仁皇帝庭訓格言》，以及〈御製訓飭士子文〉中，吾人仍然可看到康熙之文學觀。

《庭訓格言》第 8 則說：「朕八歲登極，即知黽勉學問，彼時教我句讀者，有張、林二內侍，俱是明時多讀書人，教書惟以經書爲要，至於詩文則在所後。」（見頁 551）由此可知康熙有重經書、次詩文之文學觀，而且是透過他的宮廷教師，延續明朝而來。又第 71 則說：「『古聖人所道之言，即經所行之事，即史，開卷即有益於身。爾等平日誦讀及教子弟，惟以經史惟要。夫唫詩作賦，雖文人之事，然熟讀經史，自然次第能之。幼學斷不可令看小說，小說之事皆敷演而成，無實在之處，令人觀之或信爲眞，而不肖之徒，竟有效法行之者。彼焉知作小說者，譬喻指點之本心哉，是皆訓子要道，爾等其切記之。』」（見頁 560）由此可知康熙除了重經書之外，他也重史書；至於小說，他似乎是深惡痛絕，訓示子孫幼學斷不可令看小說，只因爲小說是虛構情節，容易使閱讀者信以爲眞，起而模仿效法之故。

由以上二則，吾人看到康熙重經史、輕詩文、禁絕小說之文學觀，而其文學觀與在〈御製訓飭士子文〉者一致。由此吾人亦可知乾隆之所以一再頒布正文體論文，以及禁絕小說，是其來有自的。

（一）雍正十年〈諭正文體〉〔註75〕

在臺灣各方志文獻中，輯有此文者大約有余文儀《續修臺灣府志》、劉良璧《重修福建臺灣府志》。

雍正十年。上諭：「制科以『四書文』取士，所以覘士子實學，且和其聲聲以鳴國家之盛也。語云：『言爲心聲』。文章之道與政治通，所關鉅矣。韓愈論文云：『惟陳言之務去』；柳宗元云：『文者所以明道，不徒務采色、夸聲音而以爲能也』。況『四書文』號爲經義，原以闡明聖賢之義蘊；而體裁格律，先正具在，典型可稽。雖風尙日新，華實並茂，而理法辭氣，指歸則一。」

雍正此論之頒，乃鑑於當時士子爲科舉試文，紛紛「逞其才氣詞華，不免有冗長浮靡之習」。而由此論文，吾人亦見到雍正爲導正當時文學觀念所作之努力。

〔註75〕見劉良璧《重修福建臺灣府志・卷首・聖謨》，臺灣文獻叢刊第七四種，頁 31。

（二）乾隆四十四年〈釐正文體上諭〉〔註76〕

在臺灣各方志文獻中，輯有此文者大約有陳培桂《淡水廳志》。

乾隆四十四年上諭：「文以明道，宜以清眞雅正爲宗。朕曾屢降諭旨，諄諄訓誡。無如聽之藐藐，恬不爲怪。讀書人於此理尚不能喻，安望他日之備國家任使乎？……嗣後作文者，務宜沉潛經義，體認先儒傳說，闡發聖賢精蘊，務去陳言，詞達理舉，以蘄合於古人立言之道。愼毋掉以輕心。試官閱卷，亦當嚴爲甄別，一切膚詞爛調，概擯不錄。」

乾隆此論文，可謂將雍正之正文體觀念，又更進一步推擴出去，不只是雍正認爲的「文章之道與政治通」而已，而是認爲一個人之文章表現，足以關係到此人以後是否可以成爲國家有用之才。也因此他嚴格要求作文者，以及試官閱卷時，都需以「沉潛經義，體認先儒傳說，闡發聖賢精蘊，務去陳言，詞達理舉」，作爲評斷文章優劣之標準。

（三）乾隆五十三年〈禁絕小說淫書上諭〉〔註77〕

在臺灣各方志文獻中，輯有此文者大約有陳培桂《淡水廳志》。

上諭：「朕惟治天下，以人心風俗爲本。而欲正人心、厚風俗，必宗尙經學，嚴絕非聖之書。近者坊肆間多賣小說、淫辭，鄙藝荒唐，瀆亂倫理。不但誘惑愚民，即縉紳子弟，未免游目而蠱心。傷風敗俗，所關非細。著該部通行中外，嚴禁所在書坊，仍賣小說、淫辭者從重治罪。」

清代禁絕小說由三方面進行，一爲學校，二爲出版商，三爲民間。《欽定大清會典》說：「士子不得傳習淫辭小說，坊肆不得刊行，民間不得留藏，學政巡試所屬，嚴飭地方官禁止。」〔註78〕

中國小說從先秦時代即被輕視，卻又深受民間升斗小民喜愛，因此雖然擠不進「九流」行列，畢竟仍然可以被列入「十家」之中。至清代，小說在民間繼續發揮它反映市井小民生活情狀之文學本質，它的「眞」、「俗」、「鄙」，當然無法受容於以「正人心、厚風俗，宗尙經學」之清廷當局。康熙與乾隆之禁絕

〔註76〕 見陳培桂：《淡水廳志・卷五・志四・學校志・規訓》，臺灣文獻叢刊第一七二種，臺北：臺銀經研室，1963 年（民 52），頁 120～121。以下本論文各章所引用此書皆爲同一版本，不再贅敘出版地、出版社與出版年。
〔註77〕 見同上，頁 121。
〔註78〕 《景印文淵閣四庫全書・史部・大清會典・卷三十二・禮部・儀制清吏司・學校》，頁 619-257。

小說明訓，其實所透露的正是清代小說盛行之事實，而此時代風尚，以今日吾人細察清代小說發展情形觀之，當時雖然乾隆祭出「嚴禁所在書坊，仍賣小說、淫辭者從重治罪。」之重罰，但是此篇諭文在當時顯然並未產生效用。

四、改善社會風氣方面

清廷統治人民，利用摻揉儒家思想之聖諭以化之導之，大約是分由兩方面進行，一為士子，二為社會兵民。關於士子之教導情形已如上述，至於社會兵民，今筆者亦述之如下：

（一）順治九年〈六諭〉

在臺灣各方志文獻中，輯有此文者大約有陳培桂《淡水廳志》、余文儀《續修臺灣府志》、陳文達《臺灣縣志》。

順治九年（1652）頒行〈六諭〉，令地方官，責成鄉約人等，每月朔望宣誦：

　　一、孝順父母，一、尊敬長上，一、和睦鄉里，

　　一、教訓子孫，一、各安生理，一、莫作非為。

本章前述順治九年（1652）年所頒布之〈臥碑〉，其訓示對象為士子（筆者按：碑文中稱為生員）；而此篇〈六諭〉碑文，其訓示對象則是全民（筆者按：當然其範圍也就包括了士子在內）。此六條諭文簡單明瞭，其用意無非是要讓百姓一聽即懂，以便身體力行。

而其實順治之〈六諭〉，乃是由明太祖朱元璋之〈聖諭六言〉：「孝順父母、尊敬長上、和睦鄉里、教訓子孫、各安生理、毋作非為。」而來，當時明太祖為教導百姓安分守己，每月六次，派專人持木鐸行走鄉里間，沿路叫喊，勸人為善。可能因為效果不錯，所以順治才會模仿明太祖做法，頒布〈六諭〉，令地方官，責成鄉約人等，在每月初一、十五加以宣誦。

（二）康熙九年〈上諭十六條〉〔註79〕

在臺灣各方志文獻中，輯有此文者大約有陳培桂《淡水廳志》、余文儀《續修臺灣府志》、陳文達《臺灣縣志》。

〔註79〕見陳培桂《淡水廳志‧卷五‧志四‧學校志‧規訓》，臺灣文獻叢刊第一七二種，頁118～119。
　　　又見余文儀《續修臺灣府志‧卷七‧典禮‧鄉約》，臺灣文獻叢刊第一二一種，頁324。

康熙九年（1670），康熙皇帝頒行，每月朔望，有司偕紳衿齊集明倫堂，及軍民人等俱聽宣講：

一、敦孝悌，以重人倫；一、篤宗族，以昭雍睦；

一、和鄉黨，以息爭訟；一、重農桑，以足衣食；

一、尚節儉，以惜財用；一、隆學校，以端士習；

一、黜異端，以崇正學；一、講法律，以儆愚頑；

一、明禮讓，以厚風俗；一、務本業，以定民志；

一、訓子弟，以禁非爲；一、息誣訟，以全良善；

一、戒窩逃，以免株連；一、完錢糧，以省催科；

一、聯保甲，以弭盜賊；一、解讎忿，以重身命。

當時此十六條通行於八旗、包衣、佐領，並直隸各省督撫轉行府、州、縣、鄉、邨人等，切實遵行。十八年，浙江巡撫將此十六條衍說，輯爲直解，繕冊呈進，通行直隸督撫。朝廷並再頒鄉約全書，一起刊刻分撥至府州縣鄉邨，永遠遵行。在每月朔望，有司偕紳衿齊集明倫堂，及軍民人等併聽宣講。二十五年，覆准〈上諭十六條〉，通令直省督、撫，轉行提、鎮等官，曉諭各該營伍將弁、兵丁，併頒發土司各官，通行講讀。〔註80〕可見此〈十六條〉，當時爲全國軍民偕應遵行之條約。

（三）雍正元年《聖諭廣訓》〔註81〕

余文儀《續修臺灣府志・卷七・典禮・鄉約》說：「雍正元年，〔註82〕欽定《聖諭廣訓》十六章（共計萬言），刊刻頒行於府、州、縣鄉村，令生童誦讀。每月朔望，地方官聚集公所逐條宣講。」〔註83〕而此篇雍正的〈聖諭廣訓序〉，亦輯於劉良璧《重修福建臺灣府志》中。

雍正善推擴康熙之言，將康熙之〈上諭十六條〉衍義而爲《聖諭廣訓》萬言，他在〈聖諭廣訓序〉中說：「……謹將〈上諭十六條〉，尋繹其義、推

〔註80〕　見《續修四庫全書・史部・政書類・欽定大清會典事例・卷三九七》，續修四庫全書編輯委員會編，上海古籍出版社，1995 年（民 84），頁 315。以下本論文各章所引用此書皆爲同一版本，不再贅敘出版地、出版社與出版年。

〔註81〕　見同上，頁 315～316。

〔註82〕　余文儀此處有誤，因爲《欽定大清會典事例》的記錄是雍正二年。見同上，《卷三九七・禮部・風教講約一》，頁 315。

〔註83〕　見余文儀《續修臺灣府志・卷七・典禮・鄉約》，臺灣文獻叢刊第一二一種，頁 324。

衍其文，共得萬言，名曰《聖諭廣訓》。旁徵遠引，往復周詳；意取顯明，語多質樸。無非奉先志以啓後人，使羣黎百姓家喻而戶曉也。願爾兵民等，仰體聖祖正德厚生之至意，勿視爲條教號令之虛文，共勉爲謹身節用之庶人，盡除夫浮薄囂淩之陋習。則風俗醇厚、家室和平，在朝廷德化樂觀其成，爾後嗣子孫並受其福。積善之家，必有餘慶，其理豈或爽哉。」

雍正又說，衍義〈上諭十六條〉而爲《聖諭廣訓》萬言之初衷，乃在效法古代司徒修禮明教，以讓人民敦本崇實之做法。他在〈聖諭廣訓序〉中說：「《書》曰：『每歲孟春，遒人以木鐸徇於路』；《記》曰：『司徒修六禮以節民性，明七教以興民德』。此皆以敦本崇實之道，爲牖民覺世之模，法莫良焉，意莫厚焉。」

至於《聖諭廣訓》在中國內地之實施情況如何？據清代史料記載，清代諸生參加歲、科考試，除應試之科目外，並必須默寫《聖諭廣訓》一、二百字，這是定制。

《學政全書》中也言及，雍正八年（1730），議准四川建昌府因僻處邊隅，「應於漢境內，擇大村大堡，令地方官照義學之例，捐建學舍，選擇本省文行兼優之生員，延爲塾師，令附近熟番子弟來學，日與漢童相處薰陶漸染，宣講《聖諭廣訓》，俟熟習之後，再令誦習經書。……准其報名應試，該地方官照例收考，申送學政，應歲、科兩試。」〔註84〕

《學政全書》又言及，雍正十年（1732）議准湖南永綏六里每處設立義學二所，每所延師二人，在乾鳳兩廳所屬苗生中「擇其謹厚讀書，通曉文義者，令其教導苗童宣講《聖諭廣訓》，使苗童漸知禮義，然後課以經書。至建立學舍，及塾師每年應給廩餼等項，應於本省公費銀兩內酌量動支。」〔註85〕

《學政全書》另外又言及，雍正十三年（1735）議准粵東凡有黎猺之州縣，一體多設官學，「於內地生員內，挑選品行端方、通曉言語者爲師」，擇取黎猺子弟之俊秀者入學讀書，「訓以官音，教以禮義，學爲文字。每逢朔望，該學師長率其眾徒，親詣附近約所，恭聽宣講《聖諭廣訓》，申明律例，務令通曉，轉相傳誦。」〔註86〕

至於在臺灣方面，道光二十八年（1848）宦臺任提督學政之徐宗幹，在

〔註84〕見《學政全書・義學社學・例案》，史料六編，頁204～205。
〔註85〕見同上，頁205～206。
〔註86〕見同上，頁206～207。

任職山東州縣，以及蜀地、閩地時，便都刊發《聖諭廣訓衍義》一書以教民。巡臺後，仍舊依此方法，廣布《聖諭廣訓》，遇番民言語不通時，則以土音譯誦，重加刊訂，分送僚屬行之。

另外，當時不論是中國內地或是臺灣，童生要入府、州、縣儒學讀書，在考試時都要默寫《聖諭廣訓》。由以上可知，《聖諭廣訓》之宣講是全民性的，對象包括士子與兵民，而其主要功能在移風易俗，化民成俗，使人民先懂得禮義，以作為進一步接受儒學教育之基礎。

筆者以為，雍正以統治者立場，用《聖諭廣訓》萬言勸勉兵民百姓共同遵守，其中內容當然有過度解讀儒家學說，利用儒學思想以達其專制私己目的者；不過若就教化人心而言，其實也不啻為一可參考之範式。

五、獎勵忠孝節義表現方面

清代推展儒學之聖諭，除了有消極面之訓示、勸導外，也有積極面之獎勵措施，譬如以下二者便是。

（一）雍正元年〈諭旌表〉

在臺灣各方志文獻中，輯有此文者大約有劉良璧《重修福建臺灣府志》。

〈諭旌表〉文說：「諭禮部：致治之要，首在風化。移風易俗，莫先於鼓勵良善；使人人知彝倫天則之為重、忠孝廉節之宜敦。古帝王勞來匡直，所以納民於軌物者，舍是無由也。朝廷每遇覃恩，詔款內必有旌表孝義、貞節之條，實係鉅典。……爾部即行傳諭督、撫、學政諸臣：嗣後務令各屬加意搜羅，虛公核詢，確具本人鄉評實蹟，題奏旌獎；勿以匹夫匹婦而輕為沮抑，勿以富家巨族而濫為表揚，以副朕成俗化民、實心彰善至意。」〔註87〕

在此諭文中，雍正明白表示要移風易俗，莫先於用鼓勵良善之方式。因此才會諭示禮部，要求禮部即刻行文諭督、撫、學政諸臣，不分良善者之身分地位，都務必「加意搜羅，虛公核詢，確具本人鄉評實蹟，題奏旌獎」，以符合「成俗化民、實心彰善至意」。

（二）雍正元年〈諭立忠孝節義祠〉

在臺灣各方志文獻中，輯有此文者大約有劉良璧《重修福建臺灣府志》。

〔註87〕見劉良璧：《重修福建臺灣府志・卷首・聖謨》，臺灣文獻叢刊第七四種，頁12～13。

　　上述之〈諭旌表〉乃以獎勵爲主，而此篇論文，則明文規定用更大之獎勵方式，以表彰節義表現。

　　論文中說：「一、旌表節義乃彰善大典。……著督、撫學臣及有司遍加探訪，務使寒苦守節之家，同霑恩澤。至節婦年逾四十而身故，計其守節已歷十五載以上者，亦應酌量旌獎；著該部議奏。一、旌表節義給銀建坊，民間往往視爲具文，未曾建立。恐日久仍至泯沒，不能使民間有所觀感。著於地方公所設立祠宇，將前後忠孝、節義之人，俱標姓氏於其中；已故者，則設牌面於祠中祭祀，用以闡幽光而垂永久。著該部議奏。」〔註 88〕除了舉辦彰善大典外，另外又著地方公所設立祠宇，將前後忠孝、節義之人，俱標姓氏於其中；已故者，則設牌面於祠中祭祀，用以闡幽光而垂永久。

　　以上雍正此舉無非是要鼓勵大家積極行忠孝節義之事，而究其思想源頭，則是儒家思想之五倫觀念；探其鼓勵目的，當然是爲建立一個儒學風教之秩序社會。

〔註88〕見同上，頁 13。

第三章　清代臺灣儒學教育之實施

　　臺灣在明鄭以前，有一段很長的蒙昧未開時期，雖然在南部地區因曾經被荷蘭人佔領，而出現短暫的西方宗教性質教育，不過因為佔領時間不長，影響並不大。直到明鄭時期，鄭經依陳永華建議，在寧南坊建聖廟、立學校，行釋菜之禮，才開始讓臺灣有中國儒學教育。

　　清廷領臺後，因襲明鄭儒學教育之基礎，用實施在中國內地的那一套儒學教育方式，繼續教育臺灣人民。在長達 212 年的時間裡，將居住在臺灣的無論哪一個種族，都納入在儒學教育範圍內，不僅學校用儒學教育士子，社會也用儒學之教來教化人民。長久下來結果，清代時期之臺灣人，在他們身上都表現出漢化情形，其中士子更有明顯儒化現象。

　　本章筆者即以清代在臺灣實施儒學教育作主題，作一番概略性敘述，以了解當時宦臺儒官，如何透過各種方式將儒學輸入臺灣，並將儒學思想灌輸到臺灣人腦海中，而使當時的臺灣也變成儒學興盛之地。

第一節　清代以前臺灣之歷史背景

　　臺灣西隔臺灣海峽與福建相望，在清代時，所屬區域包括臺灣本島與澎湖羣島。在明鄭入臺前，除今日之大臺南一帶，因被荷蘭人佔領而有零星開發外，其餘絕大部分仍是一片榛狉蠻荒之地。當時雖早有原始住民居住，但沒有教育，更枉談儒學教育。以下筆者試就社會與人民兩方面，概談清代以前之臺灣。

一、社會方面

中國史書最早可能是對臺灣的記載，爲距今一千八百多年前司馬遷《史記》之〈始皇本紀〉〔註1〕與〈封禪書〉〔註2〕，二文中言及春秋戰國時期，齊威王、齊宣王、燕昭侯都曾經派人入海上尋找蓬萊、方丈、瀛洲三神山卻不得。至秦始皇，因齊人徐巿等上書：「海中有三神山，名曰蓬萊、方丈、瀛洲，僊人居之，請得齋戒與童男女求之。」秦始皇於是派遣徐巿率領童男女數千人，入海求僊人。這羣浩蕩的求仙隊伍，後來因無功而不敢返回，聽說後來他（她）們分別散居到今日之日本，以及臺灣定居。有人說瀛洲即臺灣，但不能確定。

臺灣與中國眞正接觸是在隋代。臺灣另有一古名曰流求，隋大業六年（610），隋煬帝派遣虎賁陳稜與朝請大夫張鎭周，發東陽兵萬餘人，自義安泛海擊流求國，月餘而至，斬小王歡斯老模，及其主歡斯渴喇兜，又擄獲渴喇兜之子島槌，并男女數千而歸。

至於唐朝，則終唐一代，官方都未與臺灣接觸，只有中唐進士施肩吾率族人遷居澎湖，但此說近人多有疑者。〔註3〕到了兩宋時期，因中原板蕩，福建漳、泉邊民始逐漸來臺。宋末，蒙古崛起，侵滅女眞，金人泛海避難，漂入臺灣；而零丁洋之敗，文天祥殘兵義士亦有來臺者。以上他們各爲部落，從事耕種，自給自足，同族相扶持，以保衛部落。

明・天啓元年（1621），海澄人顏思齊率其黨人入居臺灣，鄭芝龍依附之，福建沿海居民遂跟進，漳、泉人至者日多，開闢田土，建立部落，鎭撫土番，與土番和平共處。

南明・福王弘光元年（1645），臺灣領事聚集歸化之土番長老，設立評議會，宣布自治之制。分番社爲南、北兩路，立村長，理民政，接受領事約束。每年三月初八日開評議會於北路，四月初四日開評議會於南路。當時歸化番社，有屬於西拉雅平埔族的新港社、目加溜灣社、蕭壠社、蔴荳社、大穆降社、大傑顛社。又當時臺灣土地剛開始開闢，森林尚未開伐，麋鹿之屬滿山遍谷。

南明・桂王永曆二年（1648），久據臺灣南部之荷蘭人，開始設教堂於新

〔註1〕 見司馬遷：《史記・卷六・始皇本紀第六》，臺北：文馨出版社，1975年（民64），頁123。

〔註2〕 見同上，司馬遷《史記・卷二十八・封禪書》，頁542。

〔註3〕 見李汝和：《臺灣省通志・卷首下・大事記》，頁2。

港社（今台南市新市區一帶）教育番民。連橫在《臺灣通史》說當時：「入教者已二千餘人。各社設小學，每學三十人，課以荷語、荷文及新舊約。牧師嘉濟宇士又以番語譯耶教問答及摩西十誡授番童，拔其畢業者爲教習。於是番人多習羅馬字，能作書。削鵝管略尖斜，注墨於中，揮寫甚速，凡契券公文均用之。三年，五學學生凡六百餘名。荷人又與番婦婚，教化之力日進。」〔註4〕

　　臺灣地處東陲偏遠之陬，雖然在隋代便與中國正式接觸，但自隋至荷人據臺之前，中國歷代均未對臺灣番民施以教化。荷蘭人雖開始設教，教導番民讀書寫字，然所教習以西方宗教內容爲主，所書寫之文字亦屬西方語言體系的羅馬字，與中國以儒學教化爲內容，用漢字爲書寫文字者絕爲相殊。臺灣有中國儒學教化乃從明鄭時期才開始。

　　南明・桂王永曆十五年（1661）冬十二月，鄭成功克臺灣，居之。然隔年，即永曆十六年（1662）即過世，子鄭經嗣位。

　　十八年（1664）春正月，鄭經決定聽從洪旭之言，退保東都（即臺灣），宗室寧靖王、瀘溪王、巴東王、魯王世子，及鄉紳王忠孝、辜朝薦、盧若騰、沈佺期、郭貞一、李茂春皆扁舟相從。並在澎湖築礮臺守之。鄭經入臺之後，委政於陳永華。〔註5〕連橫在《臺灣通史・建國紀》說：「永華善治國，與民休息」。陳永華將東都改爲東寧，天興、萬年二縣改爲州，仿中國地方之治，劃府治爲四坊，坊置簽首綜理民事，制鄙爲三十四里，置鄉長，行鄉治之制。而更重要的是，他除了建立政治制度、實行寓兵於農、振興貿易外，又進一步用中國傳統儒學來教化番民，是臺灣第一個倡議興學之人。他請建聖廟、立學校。擇地寧南坊，面對魁斗山，旁建明倫堂，作爲師生教學講習之所。

〔註4〕　見連橫：《臺灣通史・開闢紀》，臺灣文獻叢刊第二輯，臺北：眾文圖書公司，1994 年（民 83），頁 1～20。以下本論文各章所引用此書皆爲同一版本，不再贅敍出版地、出版社與出版年。

〔註5〕　「陳永華字復甫，籍福建同安縣。其爲人淵沖靜穆，語訥訥如不能出諸口，遇事果斷有識力，定計決疑，瞭如指掌，不爲群議所動，與人交，務盡誠，平居燕處無惰容，布衣蔬飯，澹如也。父鼎以教諭殉國難。永華時年舞象，試冠軍，已補龍溪博士弟子員，聞喪歸，即棄儒生業，究心天下事。當是時，招討大將軍鄭成功，開府思明，謀復明室，置儲賢館，延四方之士，兵部侍郎王忠孝薦之。成功接見，與談時事，終日不倦，大喜曰：「復甫今之臥龍也，授參軍，待以賓禮。」以上見《臺南縣志・卷八・人物志・第四篇宦績武功・第一章宦績・第一節陳永華傳》，臺南縣新營鎮：臺南縣政府，1980 年（民 69），頁 49。

二十年（1666）春正月，聖廟建成，鄭經率文武官行釋菜之禮。《臺灣通史·建國紀》記載當時盛況，說：「環泮宮而觀者數千人，雍雍穆穆，皆有禮讓之風焉。」陳永華又命各社設學校，延聘教師教導學生。並仿中國科舉制度之法，天興、萬年二州，三年舉辦一次大考，州試有名者移府，府試有名者移院，院試取進者入太學。三年再試，拔其尤者補六科內都事，以陳永華爲太學學院，葉亨爲國子助教。」「教之、養之。臺人自是始奮學」。〔註6〕

二、人民方面

關於這一部分，筆者嘗試由兩方面作敘述，一爲臺灣居民之組成種族，二爲清代宦遊臺灣者筆下之臺灣原始住民樣貌。

（一）臺灣居民之組成種族

清代以前之臺灣人民，他們到臺灣之時間先後，以及所組成之種族究竟爲何？若吾人綜合中國各史書，以及連橫在《臺灣通史·開闢紀》中所言，則知當時大約有七個不同時間的四個不同種族來到臺灣：1.不知所由來之族：遠古時，琉球王姓歡斯氏，名渴剌兜，其族不知其由來；2.馬來族：在唐貞觀年間，因馬來羣島洪水，不獲安處，各駕竹筏避難，漂泊而至臺灣，居於海澨，以殖其種；3.中原漢人：在唐元和年間舉進士的汾水人施肩吾，隱居不仕，始率其族遷居澎湖（近人多有疑者）；4.東南沿海福建漳、泉邊民：五代到兩宋時期，因中原板蕩，戰爭未息，漳、泉邊民漸來臺灣，而以北港爲互市之口；5.女眞人：蒙古崛起之後，侵滅女眞，金人泛海避難，漂入臺灣；6.文天祥之殘兵義士：宋末，文天祥零丁洋之敗，殘兵義士亦有至者，各爲部落，自耕自贍，同族相扶，以資捍衛；7.顏思齊黨人：至明朝天啓元年，海澄人顏思齊率其黨入居臺灣，鄭芝龍附之，於是漳泉人至者日多，闢土田，建部落，以鎮撫土番，而番亦無猜焉。〔註7〕

由以上可知，從遠古時代到清廷領臺之前，在不同時代，由不同地方聚集到臺灣定居之住民即有七梯次之多。而若就種族來說，至少便有四個不同種族，即不知其由來之族、馬來族、女眞族、漢族；其中漢族又有北方人（汾水）、南方人（漳州、泉州），以及文天祥所曾經帶領的那批可能來自中國各地者之別。

〔註6〕 以上見連橫，《臺灣通史·開闢紀》，頁25～39。
〔註7〕 見連橫：《臺灣通史·卷一·開闢紀》，臺灣文獻叢刊第二輯，頁1～11。

　　這些不同種族，在臺灣這塊土地上，他們各自以族群作區分聚集而居，有的居住在深山叢林中，有的居住在丘嶺地區，有的居住在平原地區，有的居住在沿海一帶。他們或從事獵捕，或從事簡單漁耕，或以獵捕兼漁耕之混合方式維持生計。總而言之，他們沒有學校教育，生活過得簡單而原始。後來雖然經過西班牙人、荷蘭人之短時間佔領，尤其是臺灣南部的荷蘭人，他們曾經嘗試將西方文化植入臺灣，但是畢竟因佔領時間不長，所及範圍不大，經過幾十年之時間輾轉後，最後終究完全被後來輸入臺灣之中國儒學所取代。

（二）清初宦遊臺灣者筆下之臺灣原始住民樣貌

　　此部分筆者以黃叔璥在《臺海使槎錄》中所蒐集之諸家資料作敘述，以見清初臺灣居民之各種生活樣貌。

1. 生　番

　　「諸羅鳳山番，有土番、野番之別。野番在深山中，疊嶂如屏，連峰插漢；深林密箐，仰不見天；棘刺藤蘿，舉足觸礙；蓋自洪荒以來，斧斤所未入。野番巢居穴處，血飲毛茹，種類實繁。其升高陟巔、越箐度莽之捷，可以追驚猿、逐駭獸。平地諸番恒畏之，無敢入其境。」（《稗海紀遊》）〔註8〕

　　「臺灣生番，素喜為亂；苟有不足，則出山屠殺商民。然撫此類也，若專以威，則難搗其穴；或柔以惠，則難飽其貪。要當示之以威武，懷之以德意，駕馭有術，不敢背叛。」（《海上事略》）〔註9〕

2. 熟　番

　　「平地近番，不識不知，無求無欲，日遊於葛天、無懷之世，有擊壤、鼓腹之遺風。往來市中，狀貌無甚異；惟兩目坳深，瞪視似稍別。相傳元人滅金，金人有浮海避元者，為颶風飄至，各擇所居，耕鑿自瞻；數世之後，忘其所自，而語則未嘗改。無男女皆嗜酒。屋必自構，衣必自織。績麻為網，屈竹為弓，以獵以漁，罔非自為而用之。……」（《稗海紀遊》）〔註10〕

　　「土番非如雲、貴之貓、獠、猺、獞，各分種類聚族而居者也。社之大者，不過一、二百丁；社之小者，止有二、三十丁。見在各社，有正、副土

〔註8〕見黃叔璥：《臺海使槎錄・卷八・番俗雜記・生番》，臺灣文獻史料叢刊，第二輯，臺北：臺灣大通書局1984年（民73），頁161。以下本論文各章所引用此書皆為同一版本，不再贅敘出版地、出版社與出版年。
〔註9〕見同上，頁162。
〔註10〕見同上，頁162。

官，以統攝番眾；然亦文項蒙頭，無分體統：考其實，即內地里長、保長之役耳」(《東寧政事集》)〔註11〕

至於漢族方面。陸續遷入臺灣之漢人，他們所居住之地方，大多集中在臺灣西部平原或丘嶺地帶，亦是聚族而居，或與番民錯落雜處。

第二節　清代臺灣學校之建立與學額廩增生之配置

清代臺灣府、縣、廳儒學、書院，以及義學、社學之設立與修建概況，筆者參考臺灣各方志文獻，以及莊金德《清代臺灣教育史料彙編》資料，以表列方式呈現之，因為篇幅過長，筆者謹將其置於本論文後面作為附錄，此處只作概要敘述。(見附錄：簡表五：【清廷在臺灣各府州縣廳所設置之儒學、書院、義學，及其沿革簡表】)。

根據高拱乾《臺灣府志》與周元文《重修臺灣府志》說法，清廷在康熙二十二年(1683)領臺之後，即在隔年，也就是康熙二十三年(1684)，在臺灣府(蔣毓英所修)、臺灣縣(沈朝聘始建)、鳳山縣(楊芳聲始建)同時設置三所儒學。〔註12〕接著再隔二年，也就是康熙二十五年(1686)，在諸羅縣設置縣儒學(周昌粗創)，成了第四所儒學。到了雍正四年(1726)在彰化縣設置縣儒學(張鎬建)，成了第五所儒學。到了嘉慶二十二年(1817)同時在淡水廳(張學溥興造)、新竹縣設置縣儒學(張學溥興造)，至此臺灣總共有七所儒學。而此時距離清廷領臺已有134年。

除了以上府、縣儒學外，當時臺灣各地書院林立，這些書院有的是由當時宦臺官吏，尤其是儒官(包括提督學政、地方行政首長、學官)捐俸興建，有的是由臺灣地方仕紳鳩資興建，更有的是宦臺官吏與臺灣仕紳合資興建。而這些書院的儒學教育功能，在當時與府、縣儒學同樣重要，甚至補足了某些縣、廳沒有縣、廳儒學之遺憾，譬如興建於乾隆三十一年(1766)的澎湖廳文石書院(胡健所建)、興建於嘉慶十七年(1812)的噶瑪蘭廳仰山書院(楊廷理創建)、興建於光緒十五年(1889)的苗栗縣英才書院(謝維岳所建)等，在當時都負起了教育當地儒生的重要責任，而且成果卓著。

〔註11〕見同上，頁163。

〔註12〕但是除了高志與周志外，包括比較後來的連橫之《臺灣通史》在內之其他臺灣各方志文獻，都說三縣學之設置是在康熙二十四年(1685)。此處筆者採用高志與周志說法，因此表列從康熙二十三年(1684)年開始做起。

又除了以上之外，清廷在當時臺灣各州、縣的偏遠地區或高山地區，也普遍設置社學或義塾（學），作為最基礎的儒學教育學校，譬如當時的恆春縣、雲林縣臺東州，都是地處最偏遠之地，甚至連書院都沒有，幸好有義塾（學）的設置，而使得這些地區的兒童可以接觸到儒學教育。

至於臺灣府、縣、廳儒學，其學額及廩增生人數配置，〔註 13〕在雍正十三年（1735）以前者，筆者參考臺灣各方志文獻，以及莊金德《清代臺灣教育史料彙編》資料，試以簡表方式示之。

簡表六：雍正十三年以前，臺灣府縣廳儒學之學額及廩增生人數配置

府縣名稱	配置時間	上奏之官吏	學額人數	廩增生人數	資料來源
臺灣府學	康熙二十五年（1686）	總督王新命、巡府張仲舉。	歲進文武童各二十名，科進文童二十名。	廩增生各二十名，一年貢一人。	余文儀：《續修臺灣府志》〔註 14〕
同上	雍正元年（1723）	不詳	特恩廣額一次，加進七名。	無	同上
臺灣縣學	康熙二十五年（1686）	總督王新命、巡府張仲舉。	歲試取進文武童各二十名，科進文童二十名。	廩增生各二十名，一年貢一人。	王必昌：《臺灣縣志》〔註 15〕
同上	雍正元年（1723）	不詳	特恩廣額一次，加進七名。	無	同上

〔註13〕童生通過一連串之縣試、府試、院試考試後，進入府、縣、廳儒學便稱為生員，生員即俗稱之秀才、附生、諸生、博士弟子員。生員都必須參加三年舉行一次的歲試，歲試由提督學政主持，考試目的在考核生員學習情形，藉以賞罰及排定生員為廩膳生、增廣生、附生等資格，最後並有機會入貢成為貢生。因此無論文武生員，除非有特殊原因可以請假外，其餘都必須參加考試，凡是「無故臨點不到者，告假欠考三次外者，皆黜革。」歲試成績分為六等，考一等者即具廩生資格，一有廩缺，立刻可以成為廩膳生，領取公家之廩米津貼，其定額甚嚴，而且逐年考核，考核不佳者可被停廩。考二等者，即具有增廣生資格，意為指定員額外之增加者，又稱為增生。廩生與增生都有一定員額。

〔註14〕見余文儀：《續修臺灣府志・卷八・學校・學宮》，臺灣文獻叢刊第一二一種，頁342。

〔註15〕見王必昌：《臺灣縣志・卷五・學校・泮額》，臺灣文獻叢刊第一一三種，臺北：臺銀經研室，1961年（民50），頁157。以下本論文各章所引用此書皆為同一版本，不再贅敘出版地、出版社與出版年。

鳳山縣學	康熙二十五年（1686）	不詳	歲進文武童各十二名，科進文童十二名。	廩增生各十名，二年貢一人。	劉良璧：《重修福建臺灣府志》〔註16〕
同上	雍正元年（1723）	不詳	特恩加泮額一次，五名。	無	同上
諸羅縣學	康熙二十五年（1686）	不詳	歲進文武童各十二名，科進文童十二名。	廩增生各十名，二年貢一人。	同上〔註17〕
同上	雍正元年（1723）	不詳	特恩加泮額一次，五名。	無	同上
彰化縣學	雍正元年（1723）	不詳	歲進文武童各八名，科進文武童各八名。	無	同上〔註18〕

以上爲雍正十三年（1735）以前，臺灣府、縣、廳儒學之學額及廩增生人數配置情形。至於雍正十三年以後，其逐年變化情形，今筆者則繼續以《學政全書·福建·附載舊案》之記載作爲資料來源，〔註19〕亦概述之如下：

1. 雍正十三年（1735）：又議准臺灣府屬彰化縣，設學已久，文風日盛，增設廩生、增生各十名。由此條吾人知道，彰化縣在經過清廷 50 年之開發與儒學教育薰陶下，文風已可與臺灣縣、鳳山縣、諸羅縣相媲美。

2. 乾隆六年（1741）：議准粵民流寓臺灣府應童試者七百餘人，另編爲新字號，於四邑內通較文字，共取進八名，附入府學，俟歲科數次之後，取進人數漸多，再將應設廩增題請定議。由此條吾人知道，粵民流寓臺灣者，其勢力與競爭力，已開始受到清廷重視。

〔註16〕 見劉良璧：《重修福建臺灣府志·卷十一·學校·鳳山縣儒學》，臺灣文獻叢刊第七四種，頁 330～331。

〔註17〕 見同上，《卷十一·學校·諸羅縣儒學》，頁 331。

〔註18〕 見同上，《卷十一·學校·彰化縣儒學》，頁 331。

〔註19〕 筆者按：《學政全書·福建·附載舊案》之有關臺灣府縣廳儒學資料由雍正十三年開始記錄。但不知爲何，〈附載舊案〉卻沒有記錄臺灣各方志文獻皆有記錄之乾隆元年（1736）分配給臺灣府學、臺灣縣學、鳳山縣學、諸羅縣學，以及彰化縣學的各一次「特恩廣額」名額。因此筆者將之補錄如下：臺灣府學「特恩廣額一次，加進七名」（見余文儀：《續修臺灣府志》）；臺灣縣學「特恩廣額一次，加進七名」（見王必昌：《臺灣縣志》）；鳳山縣學「特恩加泮額一次，五名」（見劉良璧：《重修福建臺灣府志》）；諸羅縣學「特恩加泮額一次，五名」（見劉良璧：《重修福建臺灣府志》）；彰化縣學「特恩廣額一次，加進文武童生各三名」（見周璽：《彰化縣志》）。

3. 乾隆二十二年（1757）：議覆福建總督楊應琚題請臺郡粵籍生員額設廩增生一疏，此疏被駁回，維持乾隆六年原案。

4. 乾隆五十六年（1791）：議准巡撫浦霖之奏，因彰化縣人文日盛，准彰化縣比照臺灣、鳳山、嘉義三縣取進十二名之例。加增四名，定為額進十二名，其廩生出貢，即以下次歲試為始，按照食餼年分，二年一貢。由此條吾人知道，彰化縣之文教，在清廷領臺 106 年後，終於與臺灣、鳳山、嘉義三縣並駕齊驅。

5. 嘉慶十二年（1807）：議准閩浙總督阿林保等奏，應准以原定廩增生各二十名，專歸閩籍生員充補，粵籍准其另設廩增生各八名，並准該府學閩籍、粵籍，暨四縣學，各加進額一名。

6. 嘉慶十五年（1810）：議准署閩浙總督張師誠等題稱。照准臺灣府學得以比照內地各省府學，增設廩增各十名，合原設之二十名，共為廩增各三十名；至於至於臺灣、鳳山、嘉義、彰化四縣，也得以比照內地各縣，增設廩增各五名，合原設十名，共為廩增各十五名。由此條吾人知道，至此時，臺灣在清領之後 127 年，終於在廩增生名額上，爭取到與內地各府縣相同。

7. 道光八年（1828）：議准閩浙總督孫爾準等之奏，臺灣、鳳山、嘉義、彰化四縣，因近年來應試之人倍增，准其於原額十三名之外，各加二名，作為十五名定額。又澎湖廳赴試童生已達百人，准其另設進額二名，附入府學取進。由此二條吾人知道，臺灣至道光初年時，儒學教育已越來越普及，而儒學教化對臺灣人民之影響也越來越深，這是吾人可以想像的。

8. 道光十七年（1837）：題准嘉義縣灣裏溪迪南各莊，劃歸臺灣縣管轄，臺灣縣考試人多，額數有定，撥進府學內通融酌取。由此條吾人知道，清廷在重新劃分行政區域時，也會考量學額分配問題以求公平。

9. 道光二十二年（1842）：議准閩浙總督嚴伯燾等奏，因為噶瑪蘭廳文風日盛，可以由淡水廳分出，獨立編東字號，各由該廳考取，逕送道試，其廩增亦各加二名。由此條吾人知道，噶瑪蘭廳在清領後 159 年，也有屬於自己的學額與廩增生名額。

10. 同治十一年（1872）：議准閩浙總督文煜等奏，因為淡水廳應試童生有六百餘名，噶瑪蘭廳應試童生有四百餘名，因此將原來淡蘭合在一起的學額八名、廩增各六名之名額，全部撥給淡水廳；至於噶瑪蘭廳，則另設學額五名，廩增各四名，均准四年一貢。由此條吾人知道，當時的淡水廳和噶瑪

蘭廳，在清領之後 189 年，其文教之發達，已足以與南部之臺灣府縣、鳳山縣、嘉義縣相媲美。

11. 光緒三年（1877）：議准臺灣所屬熟番，另編字號，於正額外量取一名。由此條吾人知道，清廷對臺灣之儒學教育政策，此時也開始積極向原始住民延伸，以加快其漢化速度。

12. 光緒四年（1878）：議准閩浙總督何璟等奏，因爲合併淡水廳、噶瑪蘭廳，改設臺北府及所屬淡水、新竹、宜蘭三縣，所以重新分配學額與廩增生名額。臺北府學分閩籍與粵籍，閩籍學額十三名，廩增生各二十名，三年兩貢；粵籍學額五名，廩增生各四名。淡水、新竹、宜蘭三縣，都是學額五名，廩增生各四名，四年一貢。臺灣府則因將閩籍、粵籍學額與廩增生名額，撥出去分給上述諸學之關係，因此閩籍學額由原來二十一名，裁減成爲十九名；粵籍學額由原來九名，裁減成爲五名，廩增生各四名，四年一貢。由此條吾人知道，臺灣北部雖然文教起步較南部晚，但是卻發展迅速，至光緒初年，已與臺灣南部勢均力敵；另外，閩籍與粵籍之間，雖然粵籍所分得之學額與廩增生名額，始終比不過閩籍，但是名額也一直在增加中，可見當時清廷處理臺灣閩粵之間的問題，即使是在最沒有利益糾葛的教育方面，也必須謹慎小心。

13. 光緒十六年（1890）：福建臺灣巡撫劉銘傳等奏，因爲臺灣改設行省，新設府縣學額自應分別議定。改行省後，省會在彰化橋敦圖地方，添設臺灣府爲首府，臺灣縣爲首縣。就嘉義、彰化劃界，添設雲林縣；就新竹劃界，添設苗栗縣與埔裏社廳，均隸屬臺灣府。原來的臺灣府改爲臺南府，安平縣即從前臺灣縣所改。

以下茲進一步將改爲行省後，清廷所重新分配之各府縣儒學之學額與廩增生員額，依原議覆之敘述順序以簡表示之：

簡表七：臺灣改設行省以後，各府縣廳儒學之學額及廩增生人數配置

府縣名稱	學 額 人 數	廩 增 生 人 數
臺灣府學	閩籍學額十名。 （乃由臺南府學閩籍抽撥七名，再添三名而來）	閩籍廩增生各二十名。 （乃由臺南府學抽撥生各十名，再添十名而來），三年兩貢
	粵籍學額三名。 （乃由臺南府學粵籍抽撥二名，再添一名而來）	粵籍廩增生各四名。 （乃因粵籍無可抽撥，故增額各四名而來），四年一貢

臺灣縣學	學額十名。 （乃由彰化縣學抽撥五名，再添五名而來）	廩增生各十名。 （乃由彰化縣學抽撥五名，再添五名而來），三年一貢
彰化縣學	學額十名。 （乃抽撥之後尙存者）	廩增生各十名。 （乃抽撥之後尙存者），改爲三年一貢
雲林縣學	學額六名。 （乃由嘉義縣學抽撥三名，再添三名而來）	廩增生各四名。 （乃由嘉義縣學抽撥三名，再添一名而來），四年一貢
苗栗縣學	學額二名。 （乃由新竹縣學抽撥一名，再添一名而來）	添設廩增生各二名。 六年一貢
臺南府	閩籍學額十一名。 （乃抽撥之後尙存者）	閩籍廩增生各三十名。 （乃抽撥之後尙存者）三年兩貢
	粵籍學額三名。 （乃抽撥之後尙存者）	粵籍廩增生。 （未經撥改，仍其舊）
澎湖廳學	維持嘉慶十五年之原案。	維持嘉慶十五年之原案。
恆春縣學	尙未設學校，仍附鳳山縣考試。	尙未設學校，仍附鳳山縣考試。
安平縣學	即從前臺灣縣所改，維持不變。	即從前臺灣縣所改，維持不變。
鳳山縣學	學額十五名。 （維持原來）	廩增生各十五名。 （維持原來）二年一貢
嘉義縣學	學額十二名。 （乃抽撥之後尙存者）	廩增生各十二名。 （乃抽撥之後尙存者）五年兩貢
埔裏社廳	准其附於臺灣縣考試勿庸設額	准其附於臺灣縣考試勿庸設額

　　以上清代臺灣各府、縣、廳儒學之學生員額與廩增生人數配置資料，具有反映清代臺灣儒學教育發展之歷史價值。尤其是光緒十六年（1890），福建臺灣巡撫劉銘傳等奏言：臺灣改設行省，新設府縣學額自應分別議定之後，各府、縣、廳學之學額與廩增生人數，隨著行政區域之重新劃分而重新配置，明顯呈現出清廷欲均衡北中南差異，普及全臺儒學教育之意味。只可惜清廷這樣的苦心安排，畢竟敵不過政治局勢之劇烈變化，其實際施行時間只有短短 5 年而已，便在光緒二十一年（1895）中日馬關條約，日本強行割臺下草草結束。

第三節　清代臺灣學校之立學宗旨

康熙二十二年（1683）八月十一日，福建水師施琅，率領官兵自澎湖進發，十三日入鹿耳門至臺灣，十八日鄭克塽領文武官宣讀赦詔。〔註20〕

既克臺灣，康熙對棄取臺灣之地頗爲猶豫，廷議而有墟其地之意，曾說：「海賊乃疥癬之疾，臺灣僅彈丸之地，得之無所加，不得無所損。」〔註21〕這是康熙最初對臺灣的印象以及處理方式。

當時靖海侯將軍施琅堅稱不可，上疏歷陳留臺之重要性與必要性，他說：「臣閱歷周詳，則不敢遽議輕棄也。且海氛既靖，內地溢設之兵，儘可陸續裁減，以之分防臺、澎兩處。臺灣設總兵一員、水師副將一員、陸師參將二員，兵八千名。澎湖設水師副將一員、兵二千名。計兵一萬，足以固守，又無添兵增餉之費。其防守總兵、副、參、游等官，定以三年或二年轉陞內地，無致久任，永爲成例。」〔註22〕詔曰：「可」。施琅此封奏疏最重要之處，在爲清廷勾勒出臺灣海防雛形，以及後來有清一代宦臺文、武官三年一任，轉陞內地之定例。

隔年，即康熙二十三年（1684），被差往福建料理錢糧之侍郎蘇拜，會同福建督撫提督向朝廷奏上疏言，說：「臺灣地方千餘里，應設一府三縣，設巡道一員分轄；應設總兵官一員，副將二員，兵八千，分爲水陸八營。澎湖應設副將一員，兵二千，分爲二營，每營各設游、守、千、把等官。」「從之。」（註：一府三縣，即臺灣府，諸羅、臺灣、鳳山三縣）。〔註23〕蘇拜等人在此封奏疏中所建議的海防設施，與施琅大同小異，而其最重要之處，則在爲清廷勾勒出臺灣土界劃分之雛形。

清廷於是在臺灣「設府一、縣三，隸福建。府曰臺灣，附郭亦曰臺灣，南曰鳳山，北曰諸羅，而澎湖置巡檢。設臺廈兵備道駐府治，兼理學政按察使司事，分訊水陸，爲海疆重鎮矣。」「二十三年春，文武皆就任」〔註24〕清廷接受施琅等之建言，除了調兵防守臺灣，劃分臺灣土界，分由文武官員掌理外，更重要的

〔註20〕見張本政主編：《清實錄臺灣史資料專輯·聖祖實錄》，福建人民出版社，1993年，頁 59。以下本論文各章所引用此書皆爲同一版本，不再贅敘出版地、出版社與出版年。
〔註21〕見同上，頁 61。
〔註22〕見連橫，《臺灣通史·經營紀》，頁 60～61。
〔註23〕見張本政主編：《清實錄臺灣史資料專輯·聖祖實錄》，頁 64。
〔註24〕見連橫，《臺灣通史·經營紀》，頁 61。

是，進一步開始在臺灣建校興學，進行儒學教化工作，而由駐守在臺灣府的臺廈兵備道兼理教育諸務。以下茲以府、縣、廳、儒學爲例，說明儒學之立學宗旨。

清廷以儒學作爲唯一官方學術，用儒學思想教育全國士民；並以儒學經典作爲科舉考試科目；又因尊崇孔孟與朱子，在各直、省、府、州、縣興建文廟奉祀之。領臺後，清廷在臺灣引用相同方式教育臺灣居民，透過宦臺儒官，在臺灣設立各種學校教以儒學，考以儒學經典，興建文廟奉祀孔孟與朱子。以下筆者試由宦臺儒官興建府、縣、廳儒學之立學宗旨，以見儒學及儒家思想輸入臺灣之一斑。

一、立學爲教化之本

乾隆八年（1743），熊學鵬在〈重修府學崇聖祠記〉說：「化民成俗，教學爲先；而立學尤爲立教之本。」〔註 25〕

乾隆十六年（1751），楊開鼎在〈重修府學碑記〉說：「廟成，多士請記於予，並求所以教之者。予謂黌宮爲教化所自出，茲大啓爾宇，將以育人才，厚風俗也；豈惟文詞云爾哉？體明而用達，迺足尚也。」〔註 26〕

乾隆四十三年（1778），蔣元樞在〈重建臺灣縣廟學碑記〉說：「且夫天下不可一日無教，學不可一日廢於天下。祿利者所以作之，勸而率之，□方人才之所自出，國家登進之典，將於學焉程之；且因以風厲末俗，立教化之大端，亦於是乎在。」〔註 27〕

鄭鵬雲、曾逢辰在《新竹縣志初稿・卷三・學校志・學宮》說：「風俗不能皆醇，以人才化之；人才不能常盛，以學校陶之。自淡廳開創學校百有餘年，屢經賢良陶鑄，設學宮，廣學額，輔以書院，加以義塾，無非爲培養人才起見。」〔註 28〕

由以上四條資料，吾人知道，清廷透過宦臺儒官在臺灣建校興學，其宗旨之一就是要化民成俗，而化民成俗的開始就是教學，教學的內容則以含有教化百姓者爲要務。

〔註 25〕 見《臺灣南部碑文集成（上冊）・重修府學崇聖祠記》，臺灣文獻叢刊第二一八種，臺北：臺銀經研室，1966 年（民 55），頁 35。以下本論文各章所引用此書皆爲同一版本，不再贅敍出版地、出版社與出版年。

〔註 26〕 見同上，《臺灣南部碑文集成（上冊）・重修府學碑記》，頁 51。

〔註 27〕 見同上，《臺灣南部碑文集成（上冊）・重建臺灣縣廟學碑記》，頁 111。

〔註 28〕 見莊金德：《清代臺灣教育史料彙編・第二章儒學・第七節・新竹縣儒學》，頁 316。

二、教化以儒學為宗

康熙五十四年（1715），陳璸在〈重修臺灣孔廟碑〉說：「臺灣，荒島也，夫子廟在焉。聖人之教與皇化並馳，固無海內外之隔。」〔註29〕

乾隆十年（1745），褚祿在〈重修文廟碑記〉說：「余奉調來守臺郡，越日齋祓謁聖，仰瞻廟貌，巋然更新，而匠石尚詵集未竣事。退而謁巡臺六、范二公，教以『移易風俗，必先培養人才；當思仰體聖天子崇道興學之意，以為治政之本』。余心識其語，因以知化理之隆，造邦者之大有造於茲土也。」又說：「今夫崇道興學，所以勸士也。臺郡雖僻處海外，入廟者莫不知敬。書云：『未見聖，若弗克見』。今也面諸羹牆，聞諸肸蠁，怵惕彌度，士習以端，人材以出，文運以興。由是風聲廣勵，邪慝不作，獄息盜弭，刑清武偃，百昌遂而諸福集，金湯固而磐石安。」〔註30〕

乾隆四十二年（1777），蔣元樞在〈重修臺灣府孔子廟學碑記〉說：「古之學者必有師，而立學實人才所自出，夫聖人，百世之師也。曩者釋菜於先聖、先師，常即學而行事。自漢廟祀孔子闕里；唐開元以降，郡、邑通有孔子廟祀；嗣乃專崇孔子為先師。嗚呼！舍末師而同奉至聖，庶幾道德出於一乎？教化之行也，學為之倡，鄉、國無殊軌，中、外無異度，而董以師儒，優之祿秩，蓋上溯兩漢，迄於今茲，未之或易也。……郡雖僻處海外，閩封也。學者高山在望，觀型不遠；有志者寧甘自外耶？然則余之汲汲謀此也，亦竊為諸生一燈之導也夫。」〔註31〕

乾隆四十五年（1780），廖玉麟等在〈重建臺灣府學明倫堂碑記〉說：「學校之設，所以長育人才、一道德、同風俗，制綦重矣。我國家崇儒重道，文教覃敷，隨地建學。而學之有明倫堂也，飲射於此，讀法於此，賓賢能、習禮儀於此。昔柳子厚有云：『仲尼之道，與王化相遠邇』，蓋尤學中之最關體要者。」〔註32〕

嘉慶二十年，糜奇瑜在〈重修文廟碑記〉說：「聖天子稽古右文，命天下郡縣皆立先師孔子廟，春秋祭祀，所以崇教化而正人心，甚盛典也。是故時

〔註29〕見《臺灣南部碑文集成（上冊）·重修臺灣孔廟碑》，臺灣文獻叢刊第二一八種，頁12。
〔註30〕見同上，《臺灣南部碑文集成（上冊）·重修文廟碑記》，頁42。
〔註31〕見同上，《臺灣南部碑文集成（上冊）·重修臺灣府孔子廟學碑記》，頁108～109。
〔註32〕見同上，《臺灣南部碑文集成（上冊）·重建臺灣府學明倫堂碑記》，頁123。

代有升降，滄桑有變遷，而惟至聖廟宇，揭日月以常行，歷萬古而不墜。蓋廢者興、圮者修，中土固然；即極之海隅日出，罔敢或替。」〔註33〕

由以上五條資料，吾人知道，清廷透過宦臺儒官在臺灣建校興學，其宗旨之二就是要用儒學教化百姓。換言之，除了儒學之外，其餘的九流十家之說，都不能列入學校教學的範圍，因為它們不能起教化百姓的效果。

三、建文廟乃是為尊崇孔孟

陳永華倡議興學，鄭經於是仿中國傳統之制，建聖廟，旁設明倫堂，把學校和聖廟合在一起。清代也因古制，學與廟合在一起；而臺灣又沿用清制，因此在清代臺灣方志文獻中，至今吾人可看到許多當時留下來的眾多碑記記錄此事。

乾隆十二年（1747），范咸在〈新建明倫堂碑記〉說：「大學始教，皮弁祭菜，所以致敬於先師、以尊道德也。蓋古人因學而有廟，自天子之元子，眾子以至公卿大夫士之適子，與凡民之俊秀，莫不造於學。虞庠上下、夏序東西、殷膠左右，無非學舍也。」又說：「我國家令典：自大成殿外，必有明倫堂以為敷教之地，通郡邑皆舉為法，所以養士之制甚備。」〔註34〕

乾隆四十三年（1778），蔣元樞在〈重建臺灣縣廟學碑記〉說：「矧夫學以教養士；而廟者，所以崇禮先師，報本始而示景行也。我朝儒術昌明，廟學並重，薄海內外，靡有闕遺；抑豈於郡邑焉差等之？固凡勤於其官者，均宜致其汲汲也。若夫廟之敝也，笲鏐或不備於序，籩豆或有缺於筵；而學之廢也，師不擁席而講授，士不遊庠而弦歌，則尤為後之勤於其官者所當繕備而振作焉爾。」〔註35〕

由以上二條資料，吾人知道，清廷透過宦臺儒官在臺灣建校興學，其宗旨之三就是要尊崇孔孟朱子。既然儒學是唯一能夠起教化百姓效果的學說，清廷因此尊崇一向被認為是儒家學說代表的孔子、孟子，自是非常自然的做法。

四、以通經學古為業，以明倫濟世為賢

康熙四十二年（1703），陳璸在〈臺邑明倫堂碑記〉說：「聖經賢傳，千條萬緒，皆所以啟鑰性靈，開橐原本，為綱紀人倫之具，而絃誦其小也。願

〔註33〕見同上，《臺灣南部碑文集成（上冊）・重修文廟碑記》，頁201。
〔註34〕見同上，《臺灣南部碑文集成（上冊）・新建明倫堂碑記》，頁46～47。
〔註35〕見同上，《臺灣南部碑文集成（上冊）・重建臺灣縣廟學碑記》，頁111～112。

諸生執經請業，登斯堂顧名思義，期于忠君、孝親、信友、夫義婦聽、兄友弟恭，爲端人，爲正士，毋或徒習文藝，恣睢佻達，以致敗名喪，檢爲斯堂羞；庶幾不負予所以首先建立斯堂之意。」〔註36〕

康熙五十四年（1715），陳璸在〈重修臺灣孔廟碑〉說：「凡廟學，非作新之爲難，而能默體作新之意爲難；亦非作新於始之爲難，而能繼續承承永葺於後之爲難。茲予既新斯學於其始，願執經士子咸各思發憤，以通經學古爲業，以行道濟世爲賢；處有守，出有爲，無負國家教育、振興庠序之至意。地方有司亦共以教化爲先務，培茲根本塊地，時省而葺修之，俾有基勿壞。安知荒島人文，不日新月盛，彬彬稱海濱鄒魯也哉？」〔註37〕

乾隆五十六年（1791），楊廷理在〈重新文廟碑記〉說：「且斯廟之立也，萬世師表之所在，而王政之所本也。古者黨庠遂序，所以養智、仁、聖、義、忠、和之士，取備公卿、大夫、百執事之選，以治天下、國、家。爲治者無變今之俗，而又不循乎古人之舊，將焉用之？」〔註38〕

周璽《彰化縣志・卷四・學校志・引言》說：「自古興賢育才，教學爲先。學也者，所以明人倫也。『人倫明於上，小民親於下』。堯、舜之所以治，孔、孟之所以教，不外乎此。」〔註39〕

周璽《彰化縣志・卷四・學校志・學宮》：「所期諸生，體大聖示教之意，應天地方亨之運，篤志力學，以培其基；正誼明道，以定其趨；求至聖賢之域，以要其歸。學問裕而經濟成，由是掇巍科、膺大任，上副天子側席之求，以鼓吹乎休明。吾安量所至哉！」〔註40〕

由以上五條資料，吾人知道，清廷透過宦臺儒官在臺灣建校興學，其宗旨之四就是要讓士子通經學古，明倫濟世。清廷以儒學爲教化百姓的唯一學說，但是吾人由以上五條，卻很清楚可以知道，清廷取儒學爲學校教育唯一學說，其最後目標，並非想要把士子都教育成博學鴻儒，讓他們在儒學理論

〔註36〕 見《臺灣教育碑記・臺邑明倫堂碑記》，臺灣文獻叢刊第五四種，臺北：臺銀經研室，1959 年（民 48），頁 2。以下本論文各章所引用此書皆爲同一版本，不再贅敘出版地、出版社與出版年。
〔註37〕 見《臺灣南部碑文集成（上冊）・重修臺灣孔廟碑》，臺灣文獻叢刊第二一八種，頁 13〜14。
〔註38〕 見同上，《臺灣南部碑文集成（上冊）・重新文廟碑記》，頁 151。
〔註39〕 見莊金德：《清代臺灣教育史料彙編・第二章儒學・第五節・彰化縣儒學》，頁 278。
〔註40〕 見同上，頁 281。

上超越前賢，而是希望他們藉著儒學積極出世，明於人倫之教，在學成之後都能貢獻智慧能力，投效家國，造福人羣。

以上大約即宦臺儒官在臺灣興建府、縣、廳儒學之立學宗旨，吾人由這些宗旨觀察，可以發現它們之內容與精神，與清廷在內地所實施者相契合，可見清廷藉由宦臺儒官在臺灣所實施之教育也是儒學教育。

第四節　清代臺灣學校之儒學教導

清廷在臺灣廣設學校，不論是府、縣、廳儒學，或是書院、義學，都有其立學宗旨，而為達到這個宗旨，宦臺儒官利用各種方式教導，以下筆者試例舉三項以見之。

一、由學校藏書看學生所受之儒學教導

在清代臺灣各方志之有關府、縣、廳儒學史料中，目前只能見到臺灣縣、彰化縣、淡水廳三儒學的藏書書目，雖然因此使研究者有資料不足之遺憾，但是由小窺大，或許也能讓後人知道當時清代臺灣士子，在學校所接受儒學教育之情形。以下筆者試依書籍之屬性，為其作概略性歸類，以見不同縣、廳之儒學，它們藏書的差異性及共同點如何。

（一）聖　諭

筆者在第二章已述及，清代的順治、康熙、雍正、乾隆，以儒學思想作基礎，積極頒布各種聖諭以教化士民。但其實在《四庫全書》分類中，並沒有聖諭類這個項目。此處筆者為方便敘述，姑且將其放在一起。

（1）**臺灣縣學**（王本）〔註41〕

《御製訓飭士子文》、《聖諭廣訓》、《上諭全集》（二十四本。另雍正八年九月一道、雍正十二年十一月一道、乾隆十四年十一月一道）。

（2）**臺灣縣學**（謝本）〔註42〕

《御製訓飭士子文》、《聖諭廣訓》。

〔註41〕見王必昌：《重修臺灣縣志・卷五・學校・書籍》，臺灣文獻叢刊，第一一三種，頁354。以下簡稱（王本）。

〔註42〕見謝金鑾：《續修臺灣縣志・卷三・學志・藏書》，臺灣文獻叢刊，第一四○種，臺北：臺銀經研室，1962年（民51），頁164。以下簡稱（謝本）。又以下本論文各章所引用此書皆為同一版本，不再贅敘出版地、出版社與出版年。

（3）彰化縣學

《御論》一部二本、《聖諭廣訓》一部一本。

（4）淡水廳學

沒有聖諭類的藏書。

（二）經　部

1. 五經類

在《四庫全書‧經部》中，依序分有《易類》、《書類》、《詩類》、《禮類》、《春秋類》、《孝經類》、《五經總義類》、《四書類》、《樂類》、《小學類》等十大類內容。《欽定四庫全書總目‧經部總敘》說：「國初諸家，其學徵實不誣，及其弊也瑣，要其歸宿，則不過漢學、朱學兩家互為勝負。夫漢學具有根柢，講學者以淺陋譏輕之，不足服漢儒也；朱學具有精微，讀書者以空疏薄之，亦不足服宋儒也。消融門戶之見，而各取所長，則私心祛而公理出，公理出而經義明矣。蓋經者非他，即天下之公理而已。今參稽眾說，務取持平，各明去取之。故分為十類：曰易、曰書、曰詩、曰禮、曰春秋、曰孝經、曰五經總義、曰四書、曰樂、曰小學。」〔註43〕

由以上〈經部總敘〉知道，清代為消除漢學與朱學之間的門戶歧視，將二學之說兼容並蓄，統納入經部範圍，因此而有經部十類之分。此處筆者以「五經類」作為臺灣各儒學藏書的標目名稱之一，只是為行文方便，可以與下面的「四書類」、「小學類」作區分而已，並非《四庫全書‧經部》中有此稱呼。不過，這中間筆者亦自知有不周延之處，因為有互相重疊者，譬如《論語》與《孟子》，既是五經延伸出來的十三經之一，又是四書之一；此處筆者亦姑且將此二者置於五經類中。

（1）臺灣縣學〔王本〕

　　《十三經註疏》：《周易》、《尚書》、《毛詩》、《春秋》〔註44〕、《左傳》、《公羊傳》、《穀梁傳》、《禮記》、《周禮》、《儀禮》、《論語》、《孟子》、

〔註43〕見《欽定四庫全書總目卷一‧經部總敘》，臺北：藝文印書館，1997年（民86），頁62。以下本論文各章所引用此書皆為同一版本，不再贅敍出版地、出版社與出版年。

〔註44〕通常所謂十三經，都是以三傳並列，並未單獨以《春秋》本經列為十三經中的其中一經者。此處筆者忠於臺銀本的王必昌《重修臺灣縣志》原文，故亦列出。不過也因此，此處的十三經註疏，變成有十四經。

《孝經》、《爾雅》〔註45〕。

（2）**臺灣縣學**（謝本）

《十三經註疏》、《易圖解》、《詩義折中》、《欽定三禮義疏》、《春秋直解》、《四禮翼》〔註46〕、《四禮初稿》。〔註47〕

（3）**彰化縣學**〔註48〕

《欽定周易折中》一部十六本、《欽定書經傳說》一部十八本、《欽定詩經傳說》一部二十四本、《易經註疏》一部四本、《書經註疏》一部八本、《詩經註疏》一部二十一本、《老經註疏》一部一本、《論語註疏》一部四本、《春秋註疏》一部二十四本、《儀禮註疏》一部十二本、《周禮註疏》一部十五本、《禮記註疏》一部二十二本、《孟子註疏》一部七本、《爾雅註疏》一部五本、《公羊註疏》一部十二本、《穀梁註疏》一部五本、《讀禮志疑》一部二本。

（4）**淡水廳學**〔註49〕

《十三經註疏》。

2. 四書類

所謂四書類是指《論語》、《孟子》、《大學》、《中庸》而言。《欽定四庫全書總目·經部·四書類》說：「《論語》、《孟子》舊各為帙，《大學》、《中庸》舊《禮記》之二篇，其編為《四書》，自宋淳熙始；其懸為令甲，則自元·延祐〔註50〕復科舉始，古來無是名也。」〔註51〕

〔註45〕 《欽定四庫全書》將《爾雅》歸入經部的小學類。所謂小學是指文字、聲韻、訓詁。書中說：「古小學所教不過六書之類，故《漢志》以弟子職附《孝經》，而史籀等十家，四十五篇列為小學。」又說：「考訂源流，惟《漢志》根據經義最為近古，今以論幼儀者別入儒家，以論筆法者別入雜藝，以蒙求之屬隸故事，以便記誦者別入類書；惟以《爾雅》以下編為訓詁，《說文》以下編為字書，《廣韻》以下編為韻書。庶體例謹嚴，不失古義。」以上見《欽定四庫全書總目卷四十·經部四十·小學類一》，頁829。

〔註46〕 《四禮翼》四卷，明·呂坤所撰，《四庫全書總目提要》將其歸於經部。

〔註47〕 《四禮初稿》四卷，明·宋纁所撰，《四庫全書總目提要》將其歸於經部。

〔註48〕 見周璽：《彰化縣志·卷三·學校志·學宮·書籍》，臺灣文獻叢刊，第一五六種，臺北：臺銀經研室，1962年（民51），頁142～143。以下本論文各章所引用此書皆為同一版本，不再贅敘出版地、出版社與出版年。

〔註49〕 見陳培桂：《淡水廳志·卷五·志四·學校志·學宮·藏書》，臺灣文獻叢刊，第一七二種，頁134。

〔註50〕 延祐為元仁宗年號，起訖於（1314～1320）。

〔註51〕 見《欽定四庫全書總目卷三十五·經部三十五·四書類一》，頁717。

（1）臺灣縣學（謝本）

　　《大學衍義輯要》〔註52〕、《大學衍義補輯要》〔註53〕

（2）彰化縣學

　　《欽定四書文》一部十六本。

（三）史　部

　　《欽定四庫全書總目・史部總敘》說：「然則古來著錄於正史之外，兼收博採，列目分編，其必有故矣。今總括羣書分十五類：首曰正史，大綱也、次曰編年、曰別史、曰雜史、曰詔令奏議、曰傳記、曰史鈔、曰載記，皆參考紀傳者也；曰時令、曰地理、曰職官、曰政書、曰目錄，皆參考諸志者也；曰史評，參考論贊者也。舊有譜牒一門，然自唐以後，譜學殆絕，玉牒既不頒於外，家乘亦不上於官，徒存虛目，故從刪焉。」〔註54〕

1. 正史類

　　中國的正史，從史記到清代以前爲止，向有十七史、二十一史、二十三史、二十四史的四個不同合稱。《欽定四庫全書總目・史部一・正史類》說：「正史之名見於《隋志》，至宋而定著十有七，明刊監版，合宋、遼、金、元四史爲二十有一。」〔註55〕後來清代又加進去《明史》和《舊唐書》而爲二十三史；再加進去《舊五代史》而成二十四史。至於清代臺灣儒學所庋藏的史書，則如以下所示：

（1）臺灣縣學（王本）

　　《史記》、《漢書》、《後漢書》、《三國志》、《晉書》、《宋書》、《南齊書》、《梁陳書》、《魏書》、《北齊書》、《周書》、《南史》、《北史》、《隋書》、《唐書》、《五代史》、《明史》。

（2）臺灣縣學（謝本）

　　《十七史全書》。

（3）彰化縣學

　　《史記》一部四十本。

〔註52〕《大學衍義輯要》六卷，清・陳宏謀所撰。取眞德秀《大學衍義》四十三卷，纂爲六卷。

〔註53〕《大學衍義補輯要》六卷，清・陳宏謀所撰。取邱濬《大學衍義補》一百六十卷，纂爲十二卷。以上二輯乃是爲邊方之士艱購全書者設也。

〔註54〕見《欽定四庫全書總目卷四十五・史部總敘》，頁958。

〔註55〕見同上，《欽定四庫全書總目卷四十五・史部一・正史類》，頁959。

（4）淡水廳學

　　《史記》。

2. 編年類

　彰化縣學

　　《通鑑綱目前編》一部八本、《綱目正編》一部七十七本、《綱目續編》一部二十本。

3. 傳記體

（1）臺灣縣學（王本）

　　《弘簡錄》〔註56〕

（2）臺灣縣學（謝本）

　　《宏簡錄》。

4. 地理類

（1）臺灣縣學（王本）

　　《福建通志》。〔註57〕

（2）臺灣縣學（謝本）

　　《福建通志續志》。

5. 職官類

（1）臺灣縣學（王本）

　　《人臣儆心錄》。〔註58〕

（2）臺灣縣學（謝本）

　　《人臣儆心錄》、《在官法戒錄》。

6. 政書類

（1）臺灣縣學（王本）

　　《學政全書》。〔註59〕

（2）臺灣縣學（謝本）

〔註56〕《弘簡錄》二百五十四卷，明・邵經邦撰，四庫類目歸於史部紀傳類。

〔註57〕見《欽定四庫全書總目卷六十八・史部・地理類一》，頁1437。

〔註58〕《人臣儆心錄》一卷，凡八篇。爲順治十二年（1655）所御製頒行，論爲官諸戒。一曰植黨、二曰好名、三曰營私、四曰徇利、五曰驕志、六曰作僞、七曰附勢、八曰曠官。見《欽定四庫全書總目卷七十九・史部・職官類》，頁1619。

〔註59〕爲清代官修之書，記載有清一代之學政史料。

《學政全書》、《大清律》、《禮部則例》、《續增條例》。

（3）彰化縣學

《欽定學政全書》一部二十四本、《欽定國子監則例》一部六本。

（四）子部與集部

《漢書》卷三十是《藝文志》，《藝文志》為《漢書》十《志》中最後一《志》，《志》中有六略，〈諸子略〉居其二，〈略〉中分諸子為儒、道、陰陽、法、名、墨、縱橫、農、雜、小說等十家，為中國西漢以前的羣書總目錄，而其題材乃一本劉歆的《七略》。因此《欽定四庫全書總目錄·子部總敘》說：「自六經以外，立說者皆子書也。其初亦相淆，自《七略》區而列之，名品乃定；其初亦相軋，自董仲舒別而白之，醇駁乃分。……篇帙繁富，可以自為部分者，儒家之外，有兵家，有法家，有農家，有醫家，有天文、算法，有術數，有藝術，有譜錄，有雜家，有類書，有小說家，其別教則有釋家，有道家。敘而次之凡十四類儒家尚矣。」〔註60〕

由以上《欽定四庫全書總目錄·子部總敘》可知，《欽定四庫全書》分子部為十四類，其雛形乃來自《七略》和《藝文志·諸子略》的分類。清代臺灣的教育，以儒學為惟一官方認可學術，在學之士子所接受的都是儒學教育，因此除了上述彰化縣儒學有出現一部一本《老經註疏》之外，其他無論經、史、子、集皆是屬儒家一派者。

至於集部，《欽定四庫全書總目錄·集部總敘》說：「集部之目，楚辭最古，別集次之，總集次之，詩文評又晚出，詞曲則其閏餘也。」又說：「夫自編則多愛惜刊版則易於流傳，四部之書別集最雜，茲其故歟。」〔註61〕

清代的臺灣教育既以儒學為內容，因此學校所庋藏的書籍，無論是屬於子部或集部，實則編著者清一色都是儒家人物。就其人而言，可屬子部儒家類；就其文集而言，則可屬集類。為避免繁瑣破碎，因此筆者茲將前述聖諭類、經部、史部三者以外之藏書，不分子部或集部，依不同學校分別全數列出，以明其究竟。

（1）臺灣縣學（王本）

《鼇峯書院講學錄》〔註62〕。

〔註60〕見《欽定四庫全書總目卷九十一·子部總敘》，頁1802。
〔註61〕見同上，頁2922。
〔註62〕鼇峯書院在福建省，清康熙四十六年（1707）福建巡撫、著名理學家張伯行

（2）臺灣縣學〔謝本〕

　　《御製詩集文集》、《小學纂註》〔註63〕、《小學實義》、《呂子節錄》、《近思錄集解》〔註64〕、《實踐錄》、《從政遺規》、《訓俗遺規》、《養正遺規》、《教女遺規》〔註65〕、《鼇峯書院（規條）》、《豫章學約》。

（3）彰化縣學

　　《漢魏叢書》〔註66〕一部一百二十本、《欽定子史精華》一部五十本、《欽定朱子全書》一部四十本、《道統錄》一部三本、《思辨錄輯》一部四本、《小學集註》〔註67〕一部二本、（《王步青前八集》一部十六本、《後八集》一部十六本）、《居業錄》一部四本、《李延平集》一部二本、《羅整庵存稿》一本、《學規類編》一部六本〔註68〕、《欽定古文淵鑑》一部四十八本、《昭明文選集成》一部三十本、《唐宋八家古文》一部十五本、《二程文集》〔註69〕一部四本、《許魯齋文集》一部二本、《胡敬齋文集》一部二本。

（4）淡水廳學

　　《張清恪公正誼堂本四十四種》：《周濂溪集》、《二程文集》、《張橫渠集》、《朱子文集》、《楊龜山集》、《羅豫章集》、《李延平集》、《張南軒集》、《黃勉齋集》、《陳克齋集》、《許魯齋集》、《薛敬軒

　　所創辦，為福州四大書院之首，後來成為臺灣書院規制之典範。

〔註63〕《小學纂註》六卷，為清・高愈撰。見《欽定四庫全書總目卷九十五・子部・儒家類存目一》，頁1883。

〔註64〕《近思錄集解》十四卷，為清・李文炤撰。見《欽定四庫全書總目卷九十五・子部・儒家類存目一》，頁1883。

〔註65〕清・陳宏謀有《五種遺規》傳世。刊行於乾隆四年（1739），書內刊載〈養正遺規〉、〈教女遺規〉、〈訓俗遺規〉、〈學仕遺規〉、〈從政遺規〉，故稱。

〔註66〕《漢魏叢書》為斷代綜合性叢書，明・新安人程榮編。內容按四部分類，經部十一種、史部四種、子部二十三、集部無書，總計三十八種。而除了收錄漢魏時期著作外，也收錄少量漢以前與魏以後之書。

〔註67〕《小學集註》六卷，為宋・朱子撰。見《欽定四庫全書總目卷九十二・子部・儒家類二》，頁1831。

〔註68〕《學規類編》二十七卷，為清・張伯行撰，《四庫全書》歸入儒家類中。見《欽定四庫全書總目卷九十七・子部七・儒家類存目三》：「是編乃康熙丁亥，伯行官福建巡撫，建鼇峯書院，因併刊學規以示諸生。卷首載聖祖仁皇帝訓飭士子文。而宋、元、明諸儒講學條約以次類編。併以所自作讀書日程附焉。自二十三卷以下，，題曰補編，又所以補原本末備之門目也。」頁1935。

〔註69〕《四庫全書》將《二程文集》歸入集部・總集類。

集》、《胡敬齋集》、《陸宣公集》、《韓魏公集》、《司馬溫公集》、《文
文山集》、《謝疊山集》、《楊椒山集》、《二程粹言》、《伊洛淵源錄》、
《上蔡語錄》、《朱子學的》、《學蔀通辨》、《薛文清公讀書錄》、《居
業錄》、《道南原委》、《困知記》、《思辨錄輯要》、《讀禮志疑》、《讀
朱隨筆》、《問學錄》（《松陽鈔存》附）、《眞西山集》、《熊勿軒集》、
《聞過齋集》、《羅整菴存稿》、《陳剩夫集》、《張陽和集》、《陸稼
書集》、《道統錄》、《二程語錄》、《朱子語類》、《濂洛關閩書》、《學
規類編》。

　　雖然因爲年久關係，臺灣各方志所紀錄之各儒學庋藏書籍，可能只是尚
未遺失者而已，但是吾人由以上臺灣縣學、彰化縣學、淡水廳學之藏書，或
許還是可以觀察出當時清代臺灣學校的儒學教育情形。

　　在聖諭方面：臺灣縣學和彰化縣學都有聖諭類藏書，而淡水廳學則沒有。
不過彰化縣學的聖諭，在本數的數量上，如果拿來和其他類的書籍作比較，
顯然是少了許多，有可能是遺失之故。

　　在經書方面：臺灣縣學、彰化縣學、淡水廳學都有十三經藏書，由此可
見清廷對中國傳統儒學的重視，也可以想像當時在學士子，研讀四書五經是
全面性，不分地區南北的。又臺灣縣的經部藏書，從乾隆十七年（1752）王
必昌完成《重修臺灣縣志》時代，到道光元年（1821）謝金鑾《續修臺灣縣
志》出版的七十年間，變化並不大，可見臺灣縣學學風的保守性。

　　在史書方面：臺灣縣學明顯重視中國史學，正史類就有十七史，至於彰
化縣學和淡水廳學則都只有史記；至於其他各類，也都表現出由南到北遞減
的趨勢，甚至淡水廳學，除了正史之外，史部的編年類、傳記類、地理類、
職官類、政書類都付之闕如。

　　在子書與集書方面：則正好呈現出與前面迥異的現象。越往北，宋理學
氛圍越濃厚，到了淡水廳學，藏書的主要部分，已轉移成宋理學諸子的著作。

　　而且在彰化縣儒學眾多藏書中，出現一部一本《老經註疏》，這是非常值
得注意的。因爲在當時之臺灣，士子在學校內所學習者都只有儒學，尤其是
《四書》、《五經》，它們是科舉必考科目，因此士子對此莫不努力地鑽研。也
因此在有意無意間，總是忽略了其他經書。而此部《老經》之出現，對曾經
在彰化縣學就讀之士子，應該有產生某些程度之影響，譬如鄭用錫便是。鄭
氏在〈孔李通家得家字〉一詩中說：

　孔李論門第，名言記不差。淵源同一室，彼此是通家。

　儀邑封人見，函關尹喜誇。壁經傳脈絡，柱史擷精華。

　歎鳳吾衰日，猶龍孰測涯。幾如聯沆瀣，即此等葑菲。

　投刺詞何誕，登堂謁恐賒。髫齡真巧慧，舉座笑聲譁。

——（見《全臺詩》第陸冊，頁 185）〔註 70〕

此首為五言十六句排律。彰化縣學設於雍正四年（1726），為知縣張鎬所建，後來陸續修建。鄭用錫即為彰化縣儒學邑廩生，道光三年（1823）癸未（杜受田榜）進士，〔註 71〕撥歸淡水廳學中式。在詩中鄭用錫假藉兒童之口，認為若要將孔子與老子分別身分高低，那麼他們應該是不分軒輊，都是淵源於古之王官，所以彼此是一家人，在當時都各自有服膺於他們學說的人，也各自有他們學術上之地位。

　　而至於其他各府、縣之儒學士子，是否也可以接觸到《老子》，吾人由章甫的〈東觀讀未見書〉一詩看來，答案是肯定的：

　吾聞華嶠書後漢，老子藏書號東觀。

　東觀之書柱下藏，中有奇書待搜看。

　蓬萊山上問道家，蓬萊山下羅書案。

　藏之名山傳其人，發篋真如天章煥。

　卒然讀之得未曾，不厭百回通一旦。

　古來擁書富多文，漫侈風流誇淹貫。

　杜氏庫兮曹氏倉，非不琳瑯萬軸燦。

　爭如柱史妙秘藏，妙秘幾人經把玩。

　縱封群玉山中書，未抵蓬萊山一半。

　吾儕學海信無涯，茫茫那不望洋嘆。

——（見《全臺詩》第參冊，頁 305）〔註 72〕

〔註 70〕見施懿琳主持，全臺詩編輯小組編撰：《全臺詩》第陸冊至第拾貳冊，臺南：臺灣文學館，2008 年。以下本論文各章所引用第陸冊至第拾貳冊皆為同一版本，不再贅敘出版地、出版社與出版年。

〔註 71〕見周璽：《彰化縣志・卷八・人物志・選舉》，臺灣文獻叢刊第一五六種，頁232。

〔註 72〕見施懿琳主持，全臺詩編輯小組編撰：《全臺詩》第壹冊至第伍冊，臺北：遠流出版公司，2004 年。以下本論文各章所引用第壹冊至第伍冊皆為同一版本，不再贅敘出版地、出版社與出版年。

此首是七言二十句古詩。章甫，臺灣縣人，嘉慶四年（1799）歲貢。〔註73〕雖然在臺灣縣儒學之藏書目錄中並沒有《老子》一書，但是這並不代表當時就沒有，因為有可能是遺失；更何況章甫出身書香世家，家中藏書可能就有《老子》。在詩中，章甫對《老子》推崇備至，讚美此書是「風流誇淹貫」、「妙秘藏」。

又至於當時這些藏書，其來源如何？大約說來，有由提督學政購置者，有由地方行政首長購置者，有由學官購置者。在地方行政首長方面，譬如彰化縣知縣楊桂森便是。前述彰化縣學之藏書當中，其中由楊桂森所購置之書籍便有共 29 部，總計 694 本之多，而其購置原因就是為藏於學宮供學生閱讀（楊桂森之論述，請詳見本論文第四章第二節）。在學官方面，譬如袁弘仁便是。袁弘仁，建陽人，廩貢，雍正十二年（1734）任，他多置書籍，存之學宮，乾隆三年（1738），陞山東鉅野縣丞。〔註74〕當時臺灣府儒學在雍正十二年新設訓導，袁弘仁以第一任府學儒學訓導宦臺。他在〈府學袁弘仁藏書記〉說：「余謬膺經選，司訓福庠六載。值臺陽新設訓席，遂調是任。仰懷聖明，無時不兢兢以作人為念也。竊見臺地遙隔海天，人材蔚起，而博洽尚鮮其人，揆厥所由，蓋各庠向無藏書，即書肆亦罕售購，雖有聰敏之質，欲求淹貫，庸可得乎？爰置古今載籍六百餘本，貯之廡中，以資諸生借覽；令優生二人掌之，俾永久勿失。然而寒氈力絀，未能多蓄，第以是為權輿也。四庫五車之富，端有望於後之君子。」〔註75〕由此篇〈藏書記〉，吾人知道臺灣各府、縣、廳儒學，直到雍正十二年（1734）由袁弘仁開始才有書籍庋藏。而這些書籍有管理機制，諸生也可以自由借覽。

在提督學政方面，雖然筆者至今在臺灣各方志尚未找到相關資料，但吾人若以徐宗幹為例，應該也可以知道，宦臺提督學政在必要時也會主動發送書籍，或是印製書籍給學生作為上課教材。徐氏有《發聖諭廣訓札》一文，在此序文中，徐氏自述他巡臺後，將《聖諭廣訓》重加刊訂，分給各屬，以廣布城鄉之用。〔註76〕另外又有道光二十八年（1848）〈恭跋孝經正解〉一文，

〔註73〕見謝金鑾：《續修臺灣縣志‧卷三‧學志‧選舉‧歲貢》，臺灣文獻叢刊第一四○種，頁 204；又見林棲鳳等：《臺灣采訪冊‧歲貢》，臺灣文獻叢刊第五五種，頁 194。

〔註74〕見劉良璧：《重修福建臺灣府志‧卷十三‧職官一‧「文職」‧職官（文）》，臺灣文獻叢刊第七四種，頁 360。

〔註75〕見王必昌：《重修臺灣縣志‧卷五‧學校‧書籍》，臺灣文獻叢刊第一一三種，頁 156。

〔註76〕見徐宗幹：《斯未信齋文編‧發聖諭廣訓札》，臺灣文獻叢刊第八七種，臺北：

在此序文中，徐氏自述他宦臺將近四個月以來，士民之事漸見浹洽，爲了響應彰人士義舉，於是翻刻印訂《同善錄》、《文昌》、《孝經》及《孝弟圖》以授海東書院諸生；又認爲教化人民主要在勸善，而教導士子則在「宗經」，於是「爰取所藏《孝經正解》，敬謹復校，登之棗梨，付各師生爲庠塾讀本；庶幾海隅率俾，返樸還淳，而宿夜孜孜，得以幸告無罪者，猶是食舊德之名氏、用高曾之規矩云爾。」徐氏所謂的《孝經正解》者，此書乃其六世祖見行公所著，徐氏當時將此書取出重新復校後出版，發送給海東書院師生作爲上課讀本（徐宗幹之論述，請詳見本論文第四章第一節）。〔註77〕

二、由宦臺儒官的課士看學生所受之儒學教導

以下茲以府縣廳儒學、書院、義學、書房中，宦臺儒官課士的方法與內容爲例，呈見學生所受之儒學教導情形。

（一）府縣廳儒學

康熙「重經書、次詩文」（已見康熙〈訓飭士子文〉、雍正《聖祖仁皇帝庭訓格言》）、雍正「文章之道與政治通」（已見雍正〈論正文體〉）、乾隆「文以明道」（已見乾隆〈釐正文體上論〉）等論文，主導了有清一代之文學發展方向（已詳見本論文第二章）。相同的，這些論文透過宦臺儒官，也主導了臺灣學校之課士內容與方法。當時凡是宦臺負責施行儒學教育工作之儒官，無不奉行如儀。

1. 崇正學、敦實行

譬如康熙五十八年（1719），鳳山教諭富鵬業在其〈重修鳳山文廟記〉說：「朝廷尊師重道，作育人才，立〈臥碑〉以教督，而又制〈訓飭士子文〉頒行天下，務使天下之士，崇正學而黜邪說，敦實行而棄虛聲。士苟能惕然自勵，以振拔於庸眾之流；樸者進於雅、頑者化於秀。海外多士，相與觀摩切磋；則從茲以往，文教日盛，鄒魯之風何難再見於今日乎！是則予之所厚望也夫。」〔註78〕

由鳳山教諭富鵬業此段話，吾人可知清廷所頒布於天下之順治〈臥碑〉

　　　　1960 年（民 49），頁 116～117。以下本論文各章所引用此書皆爲同一版本，不再贅敘出版地、出版社與出版年。

〔註77〕　見同上，《斯未信齋文編・恭跋孝經正解》，頁 134～135。

〔註78〕　見陳文達：《鳳山縣志・卷之九・藝文志・記・富鵬業（鳳山教諭）・重修鳳山文廟記》，臺灣文獻叢刊第一二四種，頁 143。

與康熙〈訓飭士子文〉，對當時全國儒學教官之直接影響，亦可知當時透過宦臺學官，臺灣士子也被教以必須黜邪說、棄虛聲、崇正學、敦實行。

2. 文為末，行與忠信為本

嘉慶九年（1804）調任臺灣縣學教諭的鄭兼才，在其〈諸生月課辨存〉中說：「月課，齋中一事也；時藝，又課中一事也。功令所關，而行之則視其人。兼才之課，遠者封寄題目，近者親試。青年有館或遠學者，封寄題目；無者親試。頒白之老，聽其自來而已。月課以兩曠不過三，久之嗜學之徒有日進而不自知者矣。夫文，末也；行與忠信，本也。子以四者為教；又云：十室之邑，必有忠信。求忠信不出十室，況求文於今之一郡、一邑哉！動謂彼地無人者，自坐不知耳。……兼才所至，不敢謂彼地無人，而鑒別寡識，愧公言實甚。是編所存，雖課人而不啻自課矣。」〔註79〕

吾人由以上可知，鄭兼才在臺灣縣學擔任儒學教諭時，他遵從的是清廷開國四君——順、康、雍、乾，所一再強調的品行為上，文學次之儒學教育理念。而很明顯地，他將此儒學教育理念也灌輸到臺灣士子的思想中（鄭兼才之論述，請詳見本論文第四章第三節）。

（二）書　院

1. 用胡安定「經義、治事二齋」法教學

澎湖雖然未設廳儒學，但胡健在乾隆三十一年（1766）擔任澎湖通判時創立文石書院，用北宋胡安定分齋教學法方式教育學生，而且收到很大功效。因此林豪在《澎湖廳志・卷四・文事・文事略總論》中說：「至有宋朱子出，而學之道明焉。昔胡安定之教士也，分為經義、治事二齋，以處學者。乃至坐作進退，各有程度。其時人才萃處，蓋彬彬焉，不問而知為胡先生弟子也。嗚呼盛矣！我朝於各行省郡邑，建立夫子廟，處以學官；又於所屬廣設書院，院長無學官之權，而有造士之實者。師與弟以文字相親，即可以行誼相勖，故其教不肅而成也。」〔註80〕

〔註79〕見鄭兼才：《六亭文選・雜著卷六・諸生月課辨存（書種堂六種時藝彙存小序之一）》，臺灣文獻叢刊第一四三種，臺北：臺銀經研室，1962年（民51），頁111。以下本論文各章所引用此書皆為同一版本，不再贅敘出版地、出版社與出版年。

〔註80〕見林豪：《澎湖廳志・卷四・文事・文事略總論》，臺灣文獻叢刊第一六四種，1961年（民50），頁133。以下本論文各章所引用此書皆為同一版本，不再贅敘出版地、出版社與出版年。

　　林豪此段話中所言之書院即文石書院，所言在澎地始用胡安定分齋教學法以教育士子的即胡健。

2. 用宋儒之性理說教導學生

　　俞荔，福建興化莆田人。雍正二年（1724）解元，聯捷進士，爲廣東長寧令。乾隆三年（1738）過海東書院，任主講，著〈復性篇〉教導臺灣士子。以下這篇六百二十四字的〈復性篇〉具有代表意義，它正是清代府縣儒學教育士子的全部課程內容，是中國由堯、舜而下，以迄孔、孟、宋儒，尤其是朱子的一脈相承道統：

> 混沌之初，無極太極。理氣相涵，沖穆無跡。陰陽既分，兩儀乃立。
> 天五地五，奇耦相得。五行其氣，健順其德。氣至成形，理無不及。
> 五行之秀，獨萃於人。爰有五常，賦予維均。天命謂性，具於人心。
> 爲萬物靈，曰有此仁。仁統四端，萬善由生。性主乎靜，動而爲情。
> 性無不善，情亦皆眞。赤子入井，皆有惻隱。乍見之時，驗此不忍。
> 率之謂道，人人共由。天敘天秩，典禮優優。天下達道，能離此不。
> 性爲大本，道自川流。但人受性，舜蹠皆同。氣有清濁，隨其所鍾。
> 清者睿智，濁者愚蒙。愚蒙之質，理錮於中。知誘物化，惟欲是從。
> 五官百骸，頑然一物。以物交物，心乃放逸。人欲日熾，天理日汨。
> 幾希以亡，禽獸爲匹。天生聖賢，作之君師。修道謂教，以覺後知。
> 堯命虞舜，執中一詞。道統之祖，傳心在茲。舜受之爲，精一危微。
> 一十六字，該括無遺。中爲性理，純粹以精。心分人道，理欲難并。
> 人心甚危，防勿滋萌。道心甚微，養使充盈。過之存之，德乃日新。
> 要之執中，不外一敬。肆則從欲，敬以定命。圖念作狂，克念作聖。
> 唐虞以來，心法默證。迨我孔子，統在師儒。曰性相近，與氣質俱。
> 習善則善，以復其初。大學之道，明德新民。明德即性，德本自明。
> 氣拘物蔽，如鏡蒙塵。先以格致，知之宜眞。誠正而修，行之宜敦。
> 天德既全，王道乃行。思言性道，大原自天。道不可離，存過宜先。
> 戒懼愼獨，動靜交虔。中和以致，性量乃全。孟言性善，本乎秉彝。
> 專以理言，邪說皆非。必稱堯舜，人皆可爲。盡心知性，以造其理。
> 存心養性，惟事是履。非外鑠我，固有之美。放心不求，弗思耳矣。
> 洎乎有宋，濂洛關閩。考亭後出，集其大成。問學是道，德性是尊。
> 涵養用敬，入德之門。致知力行，毋怠毋昏。人參三才，惟此性道。

天地非大，吾身非小。萬物皆備，反躬自葆。擴而充之，被乎四表。

氣質之性，君子弗性。困勉雖勞，生安可並。反之之功，循序漸進。

希聖希賢，匪異人任。困而不學，暴棄實甚。敬述茲篇，用勉德行。

──（見《全臺詩》第貳冊，頁128～129）

此篇〈復性篇〉基本上說來是以宋儒之性理說為藍本，而宋儒之性理說乃根源於中國儒學，尤其受到孔子、孟子，以及《周易》、《大學》、《中庸》學說很大影響，也因此吾人可發現此篇長詩有明顯的孔、孟、《周易》、《大學》、《中庸》影子。

此詩一開始便用《周易·繫辭》，以及宋·周敦頤《太極圖說》之言，而在〈復性篇〉說「無極」、「太極」、「陰陽」、「兩儀」、「天地」。又用孟子惻隱之心，仁之端也；羞惡之心，義之端也；辭讓之心，禮之端也；是非之心，智之端也的四善端之言，而在〈復性篇〉說：「天命謂性，具於人心。為萬物靈，日有此仁。仁統四端，萬善由生。性主乎靜，動而為情。性無不善，情亦皆真。赤子入井，皆有惻隱。乍見之時，驗此不忍。率之謂道，人人共由。」

另外，俞荔又用《尚書·大禹謨》中：「人心惟危，道心惟微，惟精惟一，允執厥中。」之言，而在〈復性篇〉說：「堯命虞舜，執中一詞。道統之祖，傳心在茲。舜受之為，精一危微。一十六字，該括無遺。」

又另外，他以孔子為萬世師表，而在〈復性篇〉說：「迨我孔子，統在師儒。」又以《大學》：「大學之道，在明明德，在新民」，以及「格物、致知、誠意、正心、修身、齊家、治國、平天下。」之言，而在〈復性篇〉說：「大學之道，明德新民。明德即性，德本自明。氣拘物蔽，如鏡蒙塵。先以格致，知之宜真。誠正而修，行之宜敦。天德既全，王道乃行。」

詩中最後甚至直接提到北宋理學四大派──濂、洛、關、閩，以及南宋集理學之大成者──朱熹，而說：「洎乎有宋，濂洛關閩。考亭後出，集其大成。」

俞荔雖然不是由清廷調派來臺之宦臺儒官。但是他在過海東書院時，對海東書院師生主講〈復性篇〉，正可見當時書院授課內容之一斑。而此詩所表露的，亦正是清廷所諭示之文學觀──以詩文明道。當時俞荔便是藉由此詩以歷述中國儒學中之精要思想，以明儒家之道。

3. 用「先詩賦、後經學」之順序教學

徐宗幹在道光二十八年（1848），以福建臺灣道兼提督學政身分宦臺。他教導學生時，其教學次第是先詩賦後經學；但他要求學生要達到的終極目標，

則是敦崇實學，以有益於天下。

先說詩賦方面。徐宗幹在〈虹玉樓賦選序〉一文中，提到自己教導學生之順序，乃由治流而溯源，由揣末而尋根。因此在課程安排上，由習文進而習行，由學藝進而學德，用正道引導學生。他說：「不治其流，曷溯其源？不揣其末，曷尋其根？由文而行，由藝而德，引以正鵠，則心不外求；範以驅馳，則才不泛騖。有以取之，無自棄也；有以榮之，無自辱也。誘掖以此，獎勸亦以此。」〔註81〕

徐宗幹在「由文而行，由藝而德，引以正鵠」的教學理念下，自居官泰山下，二十餘年來皆以自幼所習律賦百餘篇，編入課士錄中以授學生。渡臺之後，亦欲如此行，於是修書請家人將書板交予印書商印刷，並將所印書附商船由內地運來臺灣，豈料由內地所寄之編，出狼山港時遇颶風飄沒，徐宗幹為應諸生徒之需，只好由編中揀節取若干首，復行刊印流布，作為平日課士之教材。不過儘管平日是以詩賦教學，他在〈虹玉樓賦選序〉一文中還是說：「仍望諸生敦崇實學，為雅頌之才以黼黻昇平，無徒以雕蟲為也。」仍希望學生不要僅以詞章為技而已。〔註82〕

再說經學方面。徐宗幹在〈恭跋孝經正解序〉一文中，提到自己教導學生的目標，說「課士務在宗經」。他認為作文能力，雖然有賴長時間不間斷的反覆練習，但是最主要則須以經書作為根柢。因此他的教學，在詩賦之外，經書的研讀也是必要課程。

徐宗幹平日以自作的律賦課士，至於經書方面，則取《孝經正解》教之。他在〈恭跋孝經正解〉一文中說，〔註83〕此書是其六世祖見行公所著，當時宦臺之初，見臺灣「士民漸見浹洽」，因此把以前他巡視漳南時，授諸生時所用的《同善錄》、《文昌》、《孝經》、《孝弟圖》等書籍，附寄海艘由內地轉送來臺，「散與臺郡海東書院子弟，以資蒙養之助」。又為「顧牖民主於勸善，課士務在宗經」之故，於是在道光二十八年（1848），將《孝經正解》重新校對出版，「付各師生為庠塾讀本」。而他如此做，乃是希望使臺灣士民都能「海隅率俾，返樸還淳」。

〔註81〕　見徐宗幹：《斯未信齋文編・東瀛試牘三集序》，臺灣文獻叢刊第八七種，頁133。

〔註82〕　見同上，《斯未信齋文編・虹玉樓賦選序》，臺灣文獻叢刊第八七種，頁134。

〔註83〕　見同上，《斯未信齋文編・恭跋孝經正解》，臺灣文獻叢刊第八七種，頁134。

（三）義　學

宣講《聖諭廣訓》是清代全國義學教導學子時之必教基礎課程，而在同時也教以《朱子》、《小學》，接著又教以經札，讓他們也有能力參加科舉考試。清廷領臺後，在臺灣亦是如此實施。陳培桂《淡水廳志》說：「自先於郡城設學舍，取屯千把及各頭人子弟，次及番民之子弟，擇秀穎者，入學讀書。宣講《聖諭廣訓》，授以《朱子》、《小學》，熟後再令習經札。各廳縣亦仿照舉行。」〔註84〕最後和內地一樣，也是希望讓他們有能力參加考試。

周有基〈學規七條〉也說：「塾師教迪學生，先以《三字經》，繼以《朱子》、《小學》，再讀《四書》。每逢朔望清晨，謹敬講解《聖諭廣訓》及《陰隲文》等書。」〔註85〕

林豪在《澎湖廳志》中，也說道胡健在澎湖任通判時，對義學童子所施之教育方法，林氏說：「胡通守建偉任澎，仿陳榕門之法，〔註86〕每歲於二月中旬傳齊澎屬社師，考較一次。并仿程純公之法，〔註87〕因事下鄉時，親詣塾館，將兒童所讀之書，正其句讀。若教之不善者，則易置之；其勤而得法者，旌獎之。童子能背書，能解說，並能熟誦〈聖諭廣訓〉者，給與紙筆，以示鼓勵。儒吏雅化迄今猶播為美談。」〔註88〕

吾人由以上陳培桂、周有基、林豪之三段史料，即知清代臺灣之義學的課程內容，大約有《聖諭廣訓》、《陰隲文》、《朱子》、《小學》、《三字經》、《四書》等。

（四）書　房

1. 始於《三字經》或《千字文》，終於經史

連橫在《臺灣通史》說，清代時期臺灣之兒童，四民之子，凡年七、八

〔註84〕見陳培桂：《淡水廳志・卷五・志四・學校志・義塾》，臺灣文獻叢刊第一七二種，頁142。

〔註85〕見屠繼善：《恆春縣志・卷十・義塾》，臺灣文獻叢刊第七五種，臺北：臺銀經研室，1960年（民49），頁195～196。以下本論文各章所引用此書皆為同一版本，不再贅敘出版地、出版社與出版年。

〔註86〕陳榕門，名宏謀，清雍正時進士，累官至東閣大學士、工部尚書。蒐集明清兩朝理學名臣之遺訓，編輯而成《五種遺規》傳世，裨益世道人心頗多。

〔註87〕程純公，即程顥，又稱明道先生，生於宋仁宗明道元年（1032）。與其弟程頤（伊川先生），世稱二程，並為北宋理學五子之一。

〔註88〕見林豪：《澎湖廳志・卷四・文事・學校》後面所附之按語，臺灣文獻叢刊第一六四種，頁108～109。

歲皆入書房，由啓蒙教師坐而教之，第一階段先讀《三字經》或《千字文》，既畢；第二階段授以《四書》，嚴格要求背誦，而且要讀朱註，作爲將來考試之用；第三階段授《易》、《詩》、《書》三經及《左傳》。

連橫此處所說之書房，大約就是指私人所設之私塾，這些私塾有的由塾師自設，地點就在塾師家中，譬如許南英曾經在自家「窺園」設「聞樨學舍」授徒；或是借鄉里中之廟宇上課，譬如黃敬就曾經借故里的「關渡天后宮」設帳授徒。有的是村民爲讓自家兒童讀書而合資設置，並聘請塾師來教書，譬如陳維英便曾經到村塾教過書。（以上三人皆因此留下多首記錄當時教學之詩作，請詳見本論文第五章）。有的有錢大戶人家，則直接在家中設家塾，聘請塾師到家中教導家中子弟，譬如林豪便曾經被林占梅聘請到潛園，擔任其妾杜淑雅之教師。

2. 勤練科舉用詩文

除了以上《三字經》、《千字文》、《四書》、《易》、《詩》、《書》及《左傳》之外，連橫在《臺灣通史》又說，當時學童爲了應付科舉考試，在課程之外，還必須勤練科舉用之詩文，因此蒙師教導作制藝文、試帖詩，命題而監之作。如此在學十年就可以應試，聰穎者則加讀古文、史乘，以求淹博。父詔其子，兄勉其弟，皆以考試爲一生大業。〔註89〕

三、由釋菜典禮看學生所受之儒學教導

釋菜乃用來尊先師之典禮。本章前面已述，鄭經聽從陳永華之建議，建聖廟、立學校。永曆二十年（1666）春正月，聖廟建成，鄭經率文武官行釋菜之禮。當時「環泮宮而觀者數千人，雍雍穆穆，皆有禮讓之風焉。」

清廷領臺以後，仍明鄭之舊聖廟，康熙二十三年〔註90〕（1684）巡道周昌、知府蔣毓英重建之，是爲臺灣府儒學。三十九年（1700）巡道王之麟建明倫堂，連橫說「自是以後，各府、縣皆建文廟，尊先師也。」

清代臺灣的文廟釋菜典禮，其禮制與中國內地相同。典禮一年兩次，日

〔註89〕 以上二者皆見連橫：《臺灣通史・卷十一・教育志》，臺灣文獻叢刊第二輯，頁269。
〔註90〕 高拱乾之《臺灣府志》及周元文之《重修臺灣府志》，皆謂在康熙二十三年（1684），但其他各方志文獻，包括連橫之《臺灣通史》在內，則皆謂在康熙二十四年（1685）。

期在「每歲春秋二仲上丁之日」，也就是每年陰曆二月（仲春）及八月（仲秋）的第一個丁日舉行。在典禮前三日，地方官齋沐停刑；祭前一日，在明倫堂先預習禮儀；準備祭牲與祭器；四鼓齊集，執事者各司其事。祭祀時，文官為主祭，武官為陪祭。先祭祀崇聖祠，禮畢，再祭祀孔子，祀以太牢，舞六佾，以復聖顏子、宗聖曾子、述聖子思子、亞聖孟子配之。〔註91〕

　　吾人由以上清代臺灣學校之藏書、宦臺儒官之課士方法與內容，以及文廟中之釋菜典禮，大約已可知當時清代臺灣學校儒生所受之儒學教導矣。

〔註91〕見連橫：《臺灣通史‧卷十‧典禮志》，臺灣文獻叢刊第二輯，頁244～245。

第四章　清代宦臺儒官之儒學詩

　　本論文本章所指之宦臺儒官，指的是清代被清廷派任來臺，負責施行儒學教育工作之提督學政、地方行政首長，以及儒學教官（簡稱學官）。而所謂儒學教育工作，原本所包括範圍應含有學校教育與社會教育，但本章為使論述主題聚焦深入，暫時略去社會教育部分，以後再另章討論。

　　清代宦臺儒官，在當時不乏有擅長寫作詩歌者，他們居臺期間，或因被臺灣特殊風土民情吸引、或因與友人酬酢往來、或因工作關係等等因素，而每有詩歌之作。其中第三種，宦臺儒官將他們工作內容與心情加以用詩作記錄，這些詩作記錄適皆反映出了當時臺灣儒學教育之某些發展現象。因此它們不但具有文學上之藝術價值，也具有補白史料空缺之歷史意義。

　　然而遺憾的是，這些宦臺儒官，不論是提督學政、地方行政首長，或是學官，在一般情況下都只有三年任期，來去匆匆，未必有時間大量創作詩歌，而即使有大量詩作，其主題也未必與儒學教育議題相關，而有與儒學教育議題相關之詩作，內容又因傳刻互有訛誤，莫衷一是；加上清代至今年代久遠，資料散落各處搜羅匪易。

　　為此，筆者選擇施懿琳等人所編輯之總共拾貳冊《全臺詩》為底本，並參佐清代史籍、詩文集、清代臺灣各方志，與文听閣版《全臺文》等資料，逐一披尋檢索，抽繹其中敘及儒學教育相關議題者，並挑選出具代表性之陳璸等九位提督學政、季麒光等七位地方行政首長，以及林紹裕等十一位儒學教官，加以論述分析他們詩作，以見當時這些宦臺儒官在臺灣推動儒學教育之狀況。

第一節　宦臺提督學政之儒學詩

　　清廷領臺之後在臺灣設立學校，施行儒學教育情形已詳見本論文第三章。至於當時臺灣之儒學教育行政體系爲何？吾人若究之史料，便知臺灣之儒學教育行政體系，其實與中國內地大同小異。而在敘述清代臺灣之提督學政前，筆者姑先敘述清代之提督學政。

一、清代之提督學政

　　清代沿襲宋、元、明之制，在每省置提學道一員，掌管全省學校之政令與貢舉相關事宜，爲全省最高教育行政長官，以三年爲一任，駐在省中，隸於巡撫。雍正四年（1726）改稱提督學政；清末，改爲提學使。〔註1〕巡撫爲省治最高行政官，巡撫之下設府治，府有府儒學，教官曰教授；直隸州有州儒學，教官曰學正；府治下爲縣，縣有縣儒學，教官曰教諭，各級儒學，均可設訓導助理之。府學、州學隸屬於府治、州治，受知府、知州管轄；縣儒學隸屬於縣治，受知縣管轄。而此二者則均由提督學政直接監督。〔註2〕

　　臺灣自歸入清廷版圖後，便隸屬在福建省，最初設一府三縣，學政本應由福建省之提督學政負責，但因遠隔重洋，駐在福建省之提督學政不易越海兼顧，於是援用陝西省延安、廣東省瓊州等邊地特例，由在臺高級長官兼任之。〔註3〕臺灣之教育行政體系，可分爲省、府、縣三級，提督學政屬省級，府（知府）屬府級，有府儒學，教官曰教授；縣（知縣）屬縣級，有縣儒學，教官曰教諭。〔註4〕

　　以下筆者爲更深入了解清代宦臺儒官之儒學詩內容，茲先分別介紹提督學政、地方行政長官，以及學官在臺灣之設置與工作職掌情形。

　　中國設立學校以教育士子由來甚早，而其完備則自周朝開始。至於取士之法，自從隋代廢除曹魏九品官人制，改以科舉取士後，歷經唐、宋，到了明代，明朝專取四子書及詩、書、易、禮、春秋等五經命題試士，謂之制義或制藝。

〔註1〕　見李汝和主修：《臺灣省通志・卷五・教育志・教育行政篇（第一冊）・第二章清代之教育行政・第一節教育行政機關・第一項最高教育行政官──提督學政》，頁6。

〔註2〕　見同上，《臺灣省通志・第二項教育行政系統》，頁12。

〔註3〕　見同上，《臺灣省通志・第一項最高教育行政官──提督學政》，頁6。

〔註4〕　見同上，《臺灣省通志・第二項教育行政系統》，頁14。

　　清代相沿明制，二百餘年間，雖有以他途進者，但終不得與科第出身者相比，其所試科目以詩、賦、策論爲內容。此制一直延續到清末，因爲世變日亟，論者認爲科舉考試，人才不足以應時局需要，朝廷才毅然罷科舉，改變唐、宋以來選舉之成規，專辦學校，採東、西各國教育之法。

　　清代學校制度在未改制之前一向沿襲明代，京師曰國學，八旗、宗室曰官學，直省曰府、州、縣學。〔註5〕直省府、州、縣學之教育行政人員，從上至下爲提督學政、地方行政首長、學官。三者之間，上對下有監督、考覈之權，下對上有依職行事、呈報學務之責。

　　今筆者試舉廩生違規之處理方式，以說明清代此三者之權責劃分，以及互爲作用之關係。《清史稿》：「凡優恤諸生，例免差徭。廩生貧生給學租養贍。違犯禁令，小者府、州、縣行教官責懲，大者申學政，黜革後治罪，地方官不得擅責。學政校文外，賞黜優劣，以爲勸懲。如教官徇庇劣生不揭報，或經揭報，學政不嚴加懲處，分別罰俸、鐫級、褫職。其大較也。」〔註6〕由以上這一段關於懲處廩生之記載，吾人知道清代學制中，提督學政、地方行政首長、學官三者，對推動國家地方教育，具有同等重要性與不可分割性。

　　當時中國內地如此，臺灣也是這樣。上述這三種身分之清代儒官，當他們被調派到臺灣，便會在各自工作職掌下，盡力完成任務，否則會被層層追究刑責。爲此，於道光二十八年（1848）四月，授福建臺灣道兼理學政來臺之徐宗幹，便曾經語重心長地對書院諸生說：「夫子弟爲非，他人則漠然置之，其父兄則必深惡而痛懲之。何也？愛之深，故憤之深也。其有溺愛於先，卒至不能制者，則有望於地方有司及學官矣。……如到本司道衙門，但知執法，無可挽回。此爾父兄之教不先也，地方官師化導無方也，要皆本司道一人之咎也。」〔註7〕可見當時，臺灣各府、縣學生若果違規犯法，那麼在追究責任時，就會由學官到地方行政首長，再由地方行政首長再到提督學政，因爲提督學政在當時是臺灣學校教育體系中之最高行政長官。

　　而這也正是爲何筆者本論文本章討論清代宦臺儒官之儒學詩時，要將它們三者同列之原因。

〔註5〕　見清史稿校註編纂小組：《清史稿校註・卷一百十三・志八十八・選舉一・學校上》，頁 3136。
〔註6〕　見同上，《清史稿校註・卷一百十三・志八十八・選舉一・學校上》，頁 3151。
〔註7〕　見徐宗幹：《斯未信齋文編・諭書院生童》，臺灣文獻叢刊第八七種，頁 84。

二、清代臺灣之提督學政

《清史稿》說：「初，各省設督學道，以各部郎中進士出身者充之。惟順天、江南、浙江爲提督學政，用翰林官。宣大、蘇松、江安、淮揚、肇高先皆分設，既乃裁併。上下江、湖南北則裁併後仍分設。雍正中，一體改稱學院，省設一人。奉天以府丞、臺灣以臺灣道兼之。甘肅自分闈後，始設學政。」〔註8〕吾人由《清史稿》此段話可知，清代之提督學政在設置上，某些地區時而分設，時而裁併，名稱有時也會改變，頗不一定，而臺灣以臺灣道兼任。

《清史稿》又說：「提督學政，省各一人。以侍郎、京堂、翰、詹、科、道、部屬等官進士出身人員內簡用。各帶原銜品級。掌學校政令，歲、科兩試。巡歷所至，察師儒優劣，生員勤惰，升其賢者能者，斥其不帥教者。凡有興革，會督、撫行之。……明年（按：指雍正五年），命巡察御史兼理臺灣學政。乾隆十七年，改臺灣道兼理。光緒十二年，巡撫兼學政事。」〔註9〕由以上可知提督學政各省設置一人，掌管學校政令和歲、科兩試。他們必須巡歷全省，考覈儒師之優劣、學生之勤惰，並依此獎勵或處罰之

至於如何查核儒師優劣。《清史稿》說：「學政考覈教官，按其文行及訓士勤惰，隨時薦黜。康熙中，令撫臣考試。嗣教職部選後，赴撫院試。四等以上，給憑赴任；五等學習三年再試，六等褫職。雍正初，定四、五等俱解任學習。六年考成俸滿，盡心訓導，士無過犯者，督、撫、學政保題，擢用知縣。」〔註10〕

又至於如何督察儒生勤惰。《清史稿》說：「學臣按臨，謁先師，升明倫堂，官生以次揖見。生員掣籤講書，各講大清律三條，西嚮立；講畢，東嚮立；俟行賞罰。」〔註11〕

以上爲清代之提督學政，至於清代臺灣之提督學政又是如何？以下筆者茲參考清代臺灣各方志對提督學政之敘述，進一步說明臺灣提督學政設置情形。

（一）提督學政之設置

臺灣提督學政之設置，曾歷經六階段變動更易，茲依時間先後說明之：

〔註8〕 見《清史稿校註・卷一百十三・志八十八・選舉一・學校上》，頁3149。
〔註9〕 見同上，《清史稿校註・卷一百二十三・志九十八・職官三・外官》，頁3319。
〔註10〕 見同上，《清史稿校註・卷一百二十三・志八十八・選舉一・學校上》，頁3150。
〔註11〕 見同上，《清史稿校註・卷一百二十三・志八十八・選舉一・學校上》，頁3150。

第一階段：分巡臺灣道兼理學政

康熙二十三年（1684），設分巡臺廈兵備道，兼督學政；康熙六十年兵備歸臺鎮。〔註12〕康熙六十年，設「巡視臺灣監察御史滿、漢各一員」。〔註13〕巡察御史，滿、漢各一員，每一年期滿更替。〔註14〕漢籍巡察御史兼提督學政，這即是我們所稱的「臺廈道」。〔註15〕

第二階段：巡臺御史中之漢籍兼任學政

到了雍正五年（1727），以臺廈道兼提督學政的方式有了改變。雍正五年，「諭：臺灣遠隔重洋，向來督學官員難以按臨考試，是以將學政交與臺灣道兼管。朕思道員管理地方之事又兼學政，未免稍繁。每年既派御史二員前往臺灣巡查，應將學政交與漢御史管理，甚爲妥協。現今御史在彼，著即辦理臺灣學政。嗣後永著爲例。」〔註16〕。可知，舊屬臺廈道兼理的提督學政工作，在雍正五年，改歸漢御史兼管。

第三階段：改回分巡臺灣道兼理學政

巡臺御史中之漢籍兼任學政只實施一年，雍正六年（1728），便又改回由臺灣道兼理學政。〔註17〕這個定制，直到乾隆年間仍然施行。「乾隆十七年，

〔註12〕見王必昌：《重修臺灣縣志・卷九・職官志・官制》，臺灣文獻叢刊第一一三種，頁262。

〔註13〕見余文儀：《續修臺灣府志・卷三・職官・官制》，臺灣文獻叢刊第一二一種，臺北：臺銀經研室，1962年（民51），頁119。以下本論文各章所引用此書皆爲同一版本，不再贅敘出版地、出版社與出版年。

〔註14〕見王必昌：《重修臺灣縣志・卷九・職官志・官制》，臺灣文獻叢刊第一一三種，頁261。

〔註15〕見劉良璧：《重修福建臺灣府志・卷十三・職官一（文職）・職官（文）・巡分臺灣道》：「原臺廈兵備道兼理學政；康熙六十年，改爲臺廈道」，臺灣文獻叢刊第七四種，頁352。
又見余文儀：《續修臺灣府志・卷三・職官・官秩・分巡臺灣道》：「本臺廈兵備道，兼理學政。康熙六十年，改爲臺廈道」，臺灣文獻叢刊第一二一種，頁126。
又見謝金鑾：《續修臺灣縣志・卷二・政志・憲紀・分巡臺灣道》：「本臺廈兵備道，兼理學政。康熙六十年，改爲臺廈道」，臺灣文獻叢刊第一四〇種，頁122。

〔註16〕見《續修四庫全書・史部・政書類・欽定大清會典事例・卷三百六十六・禮部・學校・學校設官》，續修四庫全書編輯委員會編，頁696。
又見劉良璧：《重修福建臺灣府志・卷首・聖謨・諭巡臺御史兼管學政（雍正五年）》，臺灣文獻叢刊第七四種，頁22。

〔註17〕見劉良璧：《重修福建臺灣府志・卷十三・職官一（文職）・職官（文）・巡分

議准：福建巡臺御史，定爲三年一次派任，事竣即回，其提督臺灣學政關防，仍令臺灣道兼管。」〔註18〕

第四階段：福建巡撫兼任臺灣學政

自光緒元年（1875）起，至光緒三年（1877），由福建巡撫兼任臺灣學政。

第五階段：又改歸臺灣兵備道兼理

自光緒四年（1878）起，至光緒十三年（1887），又改歸臺灣兵備道兼理。〔註19〕

第六階段：臺灣巡撫兼任學政

但到了光緒年間，因臺灣有建省之事，學政改議由巡撫管理。此事見於光緒十二年（1886）六月十三日，劉銘傳奏議：「一、學政向歸臺灣道兼理，光緒元年曾有議歸巡撫明文，現應查照前議，由道將學政關防文卷，呈送巡撫管理。……」〔註20〕劉銘傳此學政歸巡撫管理之奏議，經過上諭各官員會商妥議之後，最後在光緒十二年（1886）十一月十四日，排除其他奏議方案，而諭軍機大臣等：「臺灣學政，請仍由巡撫兼理，從之。」〔註21〕而成爲定制。

臺灣道》：「雍正五年，學政歸漢察院。雍正六年，改爲臺灣道」，臺灣文獻叢刊第七四種，頁 352。

又見王必昌：《重修臺灣縣志・卷九・職官・官制》：「六年，改爲分巡臺灣道」，臺灣文獻叢刊第一一三種，頁 262。

又見余文儀：《續修臺灣府志・卷三・職官・官秩・分巡臺灣道》：「雍正五年，學政歸漢察院。雍正六年，改爲臺灣道」，臺灣文獻叢刊第一二一種，頁 126。

〔註18〕 見《續修四庫全書・史部・政書類・欽定大清會典事例・卷三百六十六・禮部・學校・學校設官》，續修四庫全書編輯委員會編，頁 699。

〔註19〕 （四）（五）兩階段見李汝和主修：《臺灣省通志・卷五・教育志・教育行政篇（第一冊）・第二章清代之教育行政・第一節教育行政機關・第一項最高教育行政官──提督學政教育行政系統》，頁 6～7。

〔註20〕 見劉銘傳：《劉壯肅公奏議・卷六・建省略・遵議臺灣建省事宜摺》，臺灣文獻叢刊第二七種，臺北：臺銀經研室，1958 年（民 47），頁 281。以下本論文各章所引用此書皆爲同一版本，不再贅敘出版地、出版社與出版年。

〔註21〕 見張本政主編：《清實錄臺灣史資料專輯》：「光緒十二年（1886）十一月十四日（12.9）　諭軍機大臣等：『御史陳琇瑩奏，臺灣考試宜添設學政，以專責成，或令福建學政乘輪東渡，按試臺屬等語。現在臺灣改設行省，學政應否添設及福建學政能否渡臺考試之處，著楊昌濬、劉銘傳、陳學芬會商妥議具奏。原片均著鈔給閱看。將此各諭令知之。尋楊昌濬等奏：臺灣學政，請仍由巡撫兼理。從之。』頁 1153。

（二）提督學政之職掌

提督學政之工作職責，最主要一如清代內地，須巡視各地，督察各級學校之學政。所至考覈儒師優劣，賢者、能者拔升之，不帥教者斥置之；對於生員出席勤惰情形、士習、文風之督促也是職責之一，凡有興革，亦會督、撫行之。

除了上述，另外提督學政最重要之事即主持歲、科考試，〔註22〕「雍正六年，奏准：嗣後福建臺灣考試解部文冊，由兼理臺灣學政將一應冊卷，別具印文，附於福建政學一併送部。」〔註23〕徐宗幹在〈覆玉坡制軍書〉中說：「再，職兼學政，錄取試卷例應解部，必須親加磨勘，而貢卷尤應修飭完善。」〔註24〕所說便是此事。

另外，提督學政也有考察補授教職之權力。周鍾瑄《諸羅縣志》說：「五十三年奉旨：『教職等官，有教習士子、作養人才之責，嗣後，補授教職，俱著赴部考試引見。』五十五年奉旨：『免其來京仍交與該督撫考試，可用者補授。』」〔註25〕所說便是此事。

又除此，提督學政也要「周視四邑，宣布聖天子容保無疆之至意，諮詢歷年治蹟之踵增。」〔註26〕而今日吾人由莊年〔註27〕的〈壽范浣浦侍御〉

〔註22〕 歲試：凡是各儒學（此處指學校）中之生員，無論廩、增、附生都必須參加。歲試目的在測驗生員之學習情形，並藉以賞罰，排定生員之廩膳生、增廣生、附生等資格，並有機會得以入貢為貢生。歲試以府為單位，每三年考一次，由提督學政主持。歲試若有丁憂、游學、生病等情事可以請假，丁憂不必補考，後二者則要。至於科試：這是鄉試資格考，生員若要應鄉試，便須先參加科試，科試之後有錄科、錄遺，科試沒考好，還可以參加錄科，再參加錄遺，考上機會很大，因此生員不太在意科試。以上見劉寧顏總纂：《重修臺灣省通志‧卷六‧文教志‧學校教育篇‧第五節儒學‧第四項歲試與科試》，南投：臺灣省文獻委員會，1994年（民83），頁165～172。以下本論文各章所引用此書皆為同一版本，不再贅敘出版地、出版社與出版年。

〔註23〕 見《續修四庫全書‧史部‧政書類‧欽定大清會典事例‧卷三百六十七‧禮部‧學校‧學政考覈》，續修四庫全書編輯委員會編，頁707。

〔註24〕 見徐宗幹：《斯未信齋文編‧覆玉坡制軍書》，臺灣文獻叢刊第八七種，頁80

〔註25〕 見周鍾瑄：《諸羅縣志‧卷三‧秩官志‧秩官》，臺灣文獻叢刊第一四一種，臺北：臺銀經研室，1962年（民51），頁48。以下本論文各章所引用此書皆為同一版本，不再贅敘出版地、出版社與出版年。

〔註26〕 見湯世昌〈巡臺紀事五十韻序〉，《全臺詩》第貳冊，頁357。湯世昌，浙江仁和人。乾隆二十五年（1760）二月初八抵臺接任巡臺御史，是年五月十三日回京。

〔註27〕 莊年，江蘇長洲人。監生。乾隆六年（1741）任淡水廳同知，八年（1743）任分巡臺灣道按察史司副使。在臺期間重修東安坊、臺灣府儒學，曾協助范

〔註28〕:「絳帳柏臺齊秉節,由來教養藉儒臣」詩句,〔註29〕更可以證明清代臺灣之提督學政,他們的職掌,對百姓是既要「教」且要「養」,教養並重。

(三)歷任提督學政名錄

以下筆者茲依據莊金德《清代臺灣教育史料彙編》,以及劉寧顏總纂《重修臺灣省通志》,整理出有清一代宦臺歷任提督學政之姓名、出身、科舉等級、到任年份,以及在每一朝之任期更換頻率。

1. 康熙朝

周昌(進士・二十三年)、王效宗(不詳・二十六年)、高拱乾(蔭生・三十一年)、常光裕(不詳・三十六年)、王之麟(貢生・三十八年)、王敏政(不詳・四十四年)、陳璸(進士・四十九年)、梁文科(舉人・五十四年)、梁文煊(監生・五十七年)、陳大輦(進士・六十一年)。

共計十人次。其中進士三人次、舉人一人次、貢生一人次、監生一人次、蔭生一人次、不詳三人次。進士人次約佔總人次的30%。提督學政更換頻率,平均約每4.2年更換一位。

2. 雍正朝

吳昌祚(監生・二年)、尹秦(解元・五年)、夏之芳(進士・六年)、李元直(進士・八年)、高山(進士・八年)、林天木(進士・十一年)、嚴瑞龍(進士・十三年)。

共計七人次。其中進士五人次、解元一人次、監生一人次。進士人次約佔總人次的71%。提督學政更換頻率,平均約每1.8年更換一位。

3. 乾隆朝

單德謨(進士・二年)、楊二西(進士・四年)、張湄(進士・六年)、熊學鵬(進士・八年)、范咸(進士・十年)、白瀛(進士・十三年)、楊開鼎(進士・十四年)、錢琦(進士・十六年)、扢穆齊圖(不詳・十七年)、德文(不詳・二十年)、楊景素(監生・二十三年)、覺羅四明(不詳・二十六年)、余文儀(進士・二十九年)、蔣允焄(進士・二十九年)、奇寵格(舉人・三十

咸、六十七重修《臺灣府志》,著有《澄臺集》一卷。
〔註28〕范浣浦侍御即范咸。
〔註29〕見施懿琳:《全臺詩》第貳冊,頁218。

年）、余文儀（進士・三十一年）、張珽（舉人・三十一年）、余文儀（進士・三十三年）、蔣允焄（進士・三十四年）、奇寵格（舉人・三十六年）、碩善（不詳・三十九年）、馮廷丞（舉人・四十年）、蔣元樞（舉人・四十一年）、張棟（例貢生・四十二年）、俞成（進士・四十五年）、蘇泰（例貢生・四十六年）、穆和蘭（舉人・四十七年）、楊廷樺（進士・四十七年）、孫景燧（進士・四十九年）、永福（不詳・四十九年）、楊廷理（拔貢・五十三年）、萬鐘傑（拔貢・五十三年）、楊廷理（拔貢・五十六年）、劉大懿（舉人・六十年）。

共計三十四人次。其中進士十六人次、舉人七人次、例貢生二人次、拔貢生三人次、監生一人次、不詳五人次。進士人次約佔總人次的 47%。提督學政更換頻率，平均約每 1.8 年更換一位。

4. 嘉慶朝

季學錦（不詳・二年）、遇昌（生員・三年）、慶保（不詳・六年）、遇昌（生員・七年）、慶保（不詳・十年）、清華（滿洲官學生・十一年）、張志緒（進士・十三年）、汪楠（監生捐納・十六年）、糜奇瑜（拔貢・十七年）、汪楠（監生捐納・二十二年）、蓋方泌（拔貢・二十三年）、汪楠（監生捐納・二十四年）、蓋方泌（拔貢・二十四年）、葉世倬（舉人・二十五年）。

共計十四人次。其中進士一人次、舉人一人次、拔貢三人次、監生捐納三人次、官學生一人次、生員二人次、不詳三人次。進士人次約佔總人次的 7%。提督學政更換頻率，平均約每 1.8 年更換一位。

5. 道光朝

胡承珙（進士・元年）、方傳穟（不詳・四年）、孔昭虔（進士・四年）、劉重麟（廩貢・七年）、鄧傳安（進士・十年）、平慶（舉人・十年）、周凱（進士・十七年）、姚瑩（進士・道光十八年）、熊一本（進士・道光二十三年）、全卜年（進士・道光二十七年）、熊一本（進士・道光二十七年再任）、徐宗幹（進士・道光二十八年）。

共計十二人次前後到任。其中進士九人次、舉人一人次、廩貢一人次、不詳一人次。不詳者不計在內，進士人次約佔總人次的 75%。提督學政更換頻率，平均約每 2.5 年更換一位。

6. 咸豐朝

裕鐸（工部筆帖式・四年）、孔昭慈（進士・八年）。

共計二人次前後到任。其中進士一人次、工部筆帖式一人次，進士人次佔總人次的 50%。提督學政更換頻率，平均每 4 年更換一位。

7. 同治朝

洪毓琛（進士‧元年）、陳懋烈（舉人‧二年）、丁曰健（舉人‧二年）、吳大廷（舉人‧五年）、梁元桂（進士‧七年）、黎兆棠（舉人‧八年）、定保（進士‧十年）、周懋琦（學習主事‧十一年）潘駿章（監生‧十一年）、夏獻綸（監生‧十二年）。

共計十人次前後到任。其中進士三人次、舉人四人次、學習主事一人次、監生二人次。進士人次約佔總人次的 30%。提督學政更換頻率，平均約每 1.3 年更換一位。

8. 光緒朝

丁曰昌（二年）、夏獻綸（監生‧四年）、張夢元（舉人‧五年）、劉璈（附生‧七年）、陳鳴志（貢生‧十一年）、唐景崧（進士‧十三年）、劉銘傳（以辦團練起家‧十四年）、沈應奎（十七年）、邵友濂（舉人‧十七年）、唐景崧（進士‧二十年）。

共計十人次前後到任。其中進士二人次、舉人二人次、監生一人次、附生一人次、貢生一人次、團練一人次、不詳二人次。進士人次約佔總人次的 20%。提督學政更換頻率，平均約每 2 年更換一位。〔註30〕

以上總計大約有 99 人次。而提督學政更換原因很多，最通常之情形是三年俸秩滿期陞調，其他則如解任、丁憂、病故等等，亦是主要原因。

三、提督學政之儒學詩

清代宦臺提督學政，因著他們的提督學政身分，由於工作職掌關係，所表現出來與儒學相關議題之詩作，依筆者分析歸納，其主題約可分為五類：即論儒學或儒家精神、敘述興建學校、敘述督察學政、敘述巡視全臺、敘述個人感懷。

〔註30〕見莊金德：《清代臺灣教育史料彙編‧第一章‧教育行政‧第三節教育行政人員‧貳、提督學政》，頁 21～33。又見劉寧顏總纂：《重修臺灣省通志‧卷六‧文教志‧教育行政篇（第一冊）‧第二節臺灣地方教育行政機關‧第四項臺灣提督學政兼職表》，頁 44～46。

　　而上述這些內容之敘述，皆反映了當時清代臺灣儒學教育之某些現象。
譬如論儒學或儒家精神之敘述，所反映的是清代儒學教育已深入臺灣士子之
思想；譬如興建學校之敘述，所反映的是清廷欲透過學校之儒學教育以教化
臺灣人民；督察學政之敘述，所反映的是清廷在臺灣建置的層層監督之教育
行政體系；敘述巡視全臺，所反映的是全臺漢化情形；個人感懷之敘述，所
反映的是提督學政對臺灣全面儒學化之努力與期望。

　　以下筆者茲取陳璸等九位爲代表，以論述宦臺提督學政儒學詩之內容與
特色，今依他們宦臺時間先後順序排列，先列表簡介他們之生平。

簡表八：九位宦臺提督學政生平簡介

學政 ＼ 概述	出生地	科　　名	到任時間	備　　註
陳　璸	廣東海康人	康熙三十三年（1694）進士	康熙四十九年（1710）	康熙五十四年（1715）陞任離臺
夏之芳	高郵州人	雍正元年（1723）恩科進士	雍正六年（1728）	留任一年，主歲科兩試
楊二酉	太原人	雍正十一年（1733）進士	乾隆四年（1739）	留任一年，主歲科兩試
張　湄	錢塘人	雍正十一年（1733）進士	乾隆六年（1741）四月	留任一年，主歲科兩試
范　咸	仁和人	雍正元年（1723）恩科進士	乾隆十年（1745）四月	留任二年，主科試
覺羅四明	滿洲正藍旗人	不詳（按：內閣中書出身）	乾隆二十六年（1761）四月	不詳
楊廷理	廣西馬平人	乾隆四十二年（1777）拔貢	乾隆五十三年（1788）護任前署任。乾隆五十六年（1791）六月實陞	乾隆五十九年（1794）加按察使銜離臺
徐宗幹	江蘇通州人	嘉慶二十五年（1820）進士	道光二十八年（1848）四月	咸豐三年（1853）八月尚在任
吳大廷	湖南沅陵人	咸豐五年（1855）舉人	同治五年（1866）十月	同治七年（1868）卸任

筆者註：此表參考劉良璧《重修福建臺灣府志》、王必昌《臺灣縣志》、余文儀《續修
　　　　臺灣府志》、謝金鑾《續修臺灣縣志》、林棲鳳《臺灣采訪冊》、劉寧顏《重
　　　　修臺灣省通志》、全臺詩編輯小組《全臺詩》、文听閣版《全臺文》，以及龍

文版《臺灣先賢詩文集彙刊》之資料製作。表列總計有陳璸、夏之芳、楊二酉、張湄、范咸、覺羅四明、楊廷理、徐宗幹、吳大廷等九位宦臺提督學政。

又以下，筆者再由上述宦臺提督學政之詩作中，披尋其中有書寫及於儒學相關議題之詩作，並依他們宦臺時間先後順序，一一分析其詩作，以管窺清代宦臺提督學政爲臺灣儒學教育所作之努力。而下面簡表所顯示者，即爲筆者所擇取之上述宦臺提督學政之儒學詩類型。

簡表九：九位宦臺提督學政儒學詩類型

儒 詩 ＼ 學 政	論儒學或儒家精神	興建學校	督察學政	巡視全臺	個人感懷
陳　璸		˅	˅		
夏之芳				˅	
楊二酉		˅			
張　湄			˅	˅	
范　咸			˅	˅	
覺羅四明			˅	˅	
楊廷理		˅	˅		
徐宗幹	˅			˅	˅
吳大廷					˅

（一）陳　璸

陳璸，字文煥，號眉川，廣東海康人。生於順治十三年（1656），卒於康熙五十七年（1718）。康熙三十三年（1694）進士，三十九年（1700）授古田知縣。四十一年（1702），四十七歲，以廉能調知臺灣縣。四十二年（1703），調刑部主事，遷郎中。四十九年（1710），五十五歲，由四川提督學政，未滿期，因「閩撫張伯行〔註31〕廉其賢，破格請之；聖祖特從所

〔註31〕 張伯行，字孝先，河南儀封人。康熙二十四年進士，考授内閣中書，改中書科中書。丁父憂歸，建請建書院，講明正學。一生爲官清廉正直，康熙曾御賜「布澤安流」、「廉惠宣猷」榜，雍正也曾御賜「禮樂名臣」榜，以示其事功之超卓。在任福建巡撫期間，曾疏請免臺灣、鳳山、諸羅三縣荒賦。在文教方面更是不遺餘力，曾建鰲峯書院，置學舍，出所藏之書，搜先儒文集，刊布爲《正誼堂叢書》以教諸生。當其方成進士之時，歸，構築精舍於南郊，陳書數千卷，縱觀之。及《小學》、《近思錄》、《程朱語類》，說：「入聖門庭，在是矣」！於是

請也。」〔註32〕而由四川提督學政任臺廈道調任臺廈道，當時「士民聞其再至，爭趨海澨迓之。至則以興化易俗為務，作育人材，文風丕振。始建萬壽宮，並修文廟、明倫堂、朱子祠，設十六齋以教諸生，置學田為膏火。」〔註33〕凡所創建，必親董其事。官莊歲入悉以歸公，秋毫不染。五十三年（1714）十二月超擢偏沅巡撫，五十四年（1715）始離臺。五十七年（1718）八月，以病劇乞回籍調理，上慰留之，十月卒於官，年六十三。

　　《臺灣通史・循吏列傳》形容他「清操刻苦，慈惠愛民。公務之暇，時引諸生考課，與談立品敦行。夜自巡行，詢父老疾苦」。《國史賢良小傳》更將陳璸與張伯行並稱，而說：「璸始為張伯行所知，其後遂與齊名，稱天下清官。其撫閩，與伯行相後先。伯行清慎；璸更簡易，案無留牘，閩人尤安之。」〔註34〕

　　總計陳璸一生，凡二次宦臺，先是在康熙四十一年（1702）調任臺灣縣知縣，後來在康熙四十九年（1710）二度來臺，任臺廈道兼提督學政，對臺灣的學校教育和社會教育都有極大貢獻，崇祀名宦祠。

1. 在臺文教事功

　　陳璸在臺文教事功，主要表現在興建學校和督導學政方面，因此他有關儒學議題之詩作也屬於這二類。

（1）興建學校之議

　　陳璸興建學校之心志起始甚早。早在他康熙四十一年（1702）奉旨准調臺灣縣知縣時，便曾多次條陳治理臺灣之法，而其中都包含興建學校一項。今筆者茲將其〈條陳〉中與教育相關之條文列出，以見陳璸對臺灣教育之重視。

<hr>

　　盡發濂、洛、關、閩諸大儒之書，口誦手抄者七年，始赴官。曾經說：「千聖之學括於一『敬』：故學莫先於『主敬』。」所著有《困學錄》、《續錄》、《正誼堂文集》、《居濟一得》諸書。以上見《清史稿臺灣資料集輯》，臺灣文獻叢刊第二四三種，臺北：臺銀經研室，1957～1961年（民46～50），頁539～543。以下本論文各章所引用此書皆為同一版本，不再贅敘出版地、出版社與出版年。
〔註32〕見《清耆獻類徵選編（中）・國史賢良小傳》，臺灣文獻叢刊第二三〇種，臺北：臺銀經研室，1957～1961年（民46～50），頁662。以下本論文各章所引用此書皆為同一版本，不再贅敘出版地、出版社與出版年。
〔註33〕見連橫：《臺灣通史・卷三十四・列傳六・循吏列傳・陳璸》，臺灣文獻叢刊第二輯，頁933。
〔註34〕見《清耆獻類徵選編（中）・國史賢良小傳》，臺灣文獻叢刊第二三〇種，頁662。

甲、〈條陳臺灣縣事宜十二條〉

康熙四十一年（1702），陳璸四十七歲，奉旨准調臺灣縣時，在其任內，他便有《條陳臺灣縣事宜十二條》，作爲治理臺灣之要務；其中有關振興文教方面的內容便有四條。其關照層面及於府縣儒學、坊里社學、鄉堡飲酒禮。

陳璸在〈條陳臺灣縣事宜十二條〉中說：「文廟之宜改建，以重根本也」，因爲「風俗係乎教化，教化重乎人才，人才由於學校。先儒有言：不興學校而求人才，猶不琢玉而求文采，不可得也。處臺邑而欲養人才於學校，莫如改建文廟之爲亟矣。」也因此他提出這方面的規劃說：「除職倡捐及勸募外，仰望憲臺爲斯文宗主，力賜提挈，俾人文根本之地，得以及早觀成，使海外宮墻煥然改觀，人才蔚起，胥鈞陶所造就也。」〔註35〕

又說：「宜興各坊里社學之制，以廣教化也」，因爲「社學即古者家塾黨庠遺制。……古昔社各立學，聚群弟子於其中，教以方名象數禮樂詩書之文，可使上者爲賢人君子，次亦不失爲寡過之中人。……教人務學乃眞爲治之本圖。」也因此他提出這方面的規劃說：「職欲於每坊每里內設立社學，延老成有行者爲之師，聚該坊里子弟而教誨焉。其教之目，自四書五經外，益以《小學》、《近思錄》二書，爲之正其句讀，稍稍解釋文義，使自少習讀，長乃有得，其於學者身心性情，當大有裨益，非小補也。」〔註36〕

再說：「宜定季考之規，以勵實學也」，因爲「士子廁名庠序，即應以實學爲務。實學者何？於經史則博而通也，於世務則諳而練也，處爲通儒，出爲良吏，此之謂有本、有用之學，而皆可於平時制藝窺一斑焉。」也因此他提出這方面的規劃說：「職忝司民牧……除月課聽本學舉行外，每以四仲之月，擇日集諸生於堂，親行考較，略爲分別高下。除優列者量加獎賞，仍准所屬童生併與斯考。凡土著於斯者，縣令漸可熟悉。至歲科之年，有冒名充考者，不待辨而識矣。」〔註37〕

並說：「宜舉鄉飲之禮，以厚風俗也」，因爲「凡民間爭鬪日熾，獄訟日煩，始於鄉不序賢，食不差齒，罔知禮讓故耳。若使習見乎敬老尊賢，地方有司猶捧殤布席之不遑，我何人斯，敢恣睢狼戾以自肆？將樂至不爭，禮至

〔註35〕見陳璸：《陳清端公文選》，臺灣文獻叢刊第一一六種，臺北：臺銀經研室，1661年（民50），頁2。以下本論文各章所引用此書皆爲同一版本，不再贅敘出版地、出版社與出版年。

〔註36〕見同上，《陳清端公文選》，臺灣文獻叢刊第一一六種，頁2。

〔註37〕見同上，《陳清端公文選》，臺灣文獻叢刊第一一六種，頁3。

無怨，獄訟可消，兵制可靜，直移風易俗之一機也。查康熙九年十二月，禮部頒定鄉飲酒禮，滿漢一體舉行，臺邑賦役全書支發項下，亦開載鄉飲二次。」也因此他提出這方面的規劃說：「職欲察訪所屬，該里內有年高德劭、眾所推服者，歲報二人。一為正賓，其一為副。照例每月正月十五、十月初一等日，敦請至本學明倫堂，如例舉行，仍將賓儐姓名具報。」〔註38〕

乙、〈臺廈條陳利弊四事〉

〈臺廈條陳利弊四事〉的全文四事中，其中與文教相關者有一事，他說：「置學田以興教化」。因為「民風係乎士習，而教士必先養士。學田所以養之也。應於臺屬四學內，議各置田。」而陳璸對此更提出具體構想，他說：「查所屬地方荒埔，官為捐資，招佃開墾，撥入該學，除輸納正供課粟外，將遞年所得花利，供給諸生月課及寒士油燈，再有餘積，諸生赴省科舉資斧缺少者，量行分給，著該學教官實心管理，勿致有名鮮實。仍歲造冊報該管衙門查考。以此振興鼓舞，人知務學，士習端而民風亦漸以厚矣。」〔註39〕

丙、〈條陳經理海疆北路事宜〉

〈條陳經理海疆北路事宜〉的全文六項事宜中，其中與文教相關者有一事，他說：「立社學以教番童」因為：「語曰：『人不知學，牛馬襟裾』。番雖異種，亦人類耳。豈可不令識字，以同牛馬乎！」也因此，陳璸建議：「請每社各立一學官，為捐項置書籍、延社師，以為之教。使番童自八歲以上，胥就小學，習讀孝經、小學、論語等書。教之既久，果有能講貫通曉，文藝粗可觀者，該地方官破格獎進，以示鼓勵。」〔註40〕

而陳璸最難能可貴的，並不在他對臺灣多次提出建校興學之意見及構想，而在於他將這些構想，透過職位上之職掌，努力將它們實踐成為實體建物，以進行教學活動。今筆者試將他在治臺期間興建學校之舉先作一番回顧。

（2）興建學校之舉

甲、臺灣縣儒學

陳璸在臺灣縣始建明倫堂。康熙四十二年（1703），陳璸在臺灣縣始建明倫堂；之後在四十九年（1711），始易文廟柵欄；在五十四年（1715），則重修啟聖祠。並有〈新建臺邑明倫堂碑記〉、〈重修臺灣縣學文廟碑記〉二文記其事。

〔註38〕見同上，《陳清端公文選》，臺灣文獻叢刊第一一六種，頁3～4。
〔註39〕見同上，《陳清端公文選》，臺灣文獻叢刊第一一六種，頁14。
〔註40〕見同上，《陳清端公文選》，臺灣文獻叢刊第一一六種，頁16。

　　陳文達在《臺灣縣志‧卷之二‧建置志‧學校》中便說：「學宮，在東安坊。康熙二十三年，知縣沈朝聘建。後爲啓聖祠。時尚草創，規模未備；二十九年，知縣王兆陞脩焉。四十二年，知縣陳璸建明倫堂于文廟之右，講學始有其地；仍捐俸三百兩，購買杉木，重新文廟。甫興工，以欽取離任。四十三年，王仕俊成之；而啓聖祠尚仍舊也，卑隘淺陋，方向又與文廟稍差。至於廟外柵欄、照牆，屢爲風雨傾壞。四十七年，知縣張宏重修；旋葺、旋圯，終非久遠。四十九年，陳璸以四川學道觀察臺陽，始易柵欄爲圍牆，禮門、義路悉備。五十四年，超擢湖廣偏撫，臨行之日，重新啓聖，正其方向，與廟相稱；仍于廟之兩旁，建齋舍十四間，爲諸生肄業之所。躬親督率，半閱月而告成。陳之留心，文廟可謂至矣！」〔註41〕

　　而爲記錄始建明倫堂之事，陳璸有〈新建臺邑明倫堂碑記〉一文。此文作於康熙四十二年（1703）冬。陳璸爲能始建臺灣縣明倫堂，備感喜悅，作〈新建臺邑明倫堂碑記〉，以明其對五倫與五經相表裏之看法，而說：「予思五倫與五經，相表裏者也。倫於何明？君臣之宜直、宜諷、宜進、宜止，不宜自辱也；父子之宜養、宜愉、宜幾諫，不宜責善也；兄弟之宜怡、宜恭，不宜相猶也；夫婦之宜雍、宜肅，不宜交謫也；朋友之宜切、宜偲，不宜以數而取疏也。明此者，其必由經學乎！潔淨精微取諸易，疏通知遠取諸書，溫厚和平取諸詩，恭儉莊敬取諸禮，比事屬辭取諸春秋；聖經賢傳，千條萬緒，皆所以啓鑰性靈，開橐原本，爲綱紀人倫之具，而絃誦其小也。」

　　陳璸在碑記中並且勉勵肄業諸生，說：「願諸生執經請業，登斯堂，尚其顧名思義；期於忠君、孝親、信友、夫義、婦聽、兄友、弟恭，爲端人、爲正士；勿或徒習文藝，恣睢佻達，以致敗名喪檢，爲斯堂羞；庶幾不負予所以首先建立斯堂之意。」〔註42〕

　　除了〈新建臺邑明倫堂碑記〉，陳璸又有〈重修臺灣縣學文廟碑記〉一文，此文作於康熙五十四年（1715），陳璸奉旨超擢湖廣偏撫離臺前夕，他說：「董子曰『仁人者，正其誼，不謀其利；明其道，不計其功』夫建廟修學，正誼明道之大端，應無出此者。予竊以爲不計功而未嘗無功，不謀利而未嘗不利也。」

〔註41〕見陳文達：《臺灣縣志‧卷之二‧建置志‧學校》，臺灣文獻叢刊第一○三種，頁74～75。
〔註42〕見劉良璧：《重修福建臺灣府志‧卷二十‧藝文‧記‧新建臺邑明倫堂碑記》，臺灣文獻叢刊第七四種，頁545～546。

並且勉勵諸生，他說：「願吾黨之士，篤信斯理；處而讀書，務為端人、為正士；出而筮仕，務為廉吏、為良臣；庶幾不負茲地山川所鍾靈，為先聖賢所擯棄；而于予建學明倫，數年惓惓之苦心，其亦可無複憾也夫！」〔註43〕

乙、臺灣府儒學

陳璸在康熙五十一年（1712），修啟聖祠左右為名宦鄉賢祠等；同年冬天，建朱子祠於明倫堂之東；五十二年（1713）建文昌閣於朱子祠後。並有〈新建朱文公祠記〉、〈新建文昌閣碑記〉、〈重修臺灣府學文廟碑記〉三文，以及〈手植朱子祠梅花〉、〈文昌閣落成〉、〈偶成示姪居士〉二首等詩分別記其事。

先說〈新建朱文公祠記〉。陳璸在康熙五十一年（1712），重修啟聖祠（已如上述），同年冬天，建朱子祠於明倫堂之東。並作〈新建朱文公祠記〉一文以記之，記中說：「矧自孔、孟而後，正學失傳；斯道不絕如線，得文公剖晰發明於經、史及百氏之書，始曠然如日中天，凡學者口之所誦、心之所維，當無有不瘄痺依之、羹牆見之者，何有於世相後、地相去之拘拘乎？

陳璸又引朱子的話說：「文公之言曰：『大抵吾輩於貨、色兩關打不透，更無話可說也』。又曰：『分別利義二字，乃儒者第一義』。又曰：『敬以直內、義以方外八箇字，一生用之不窮』。蓋嘗妄以己意繹之：惟不好貨，斯可立品；惟不好色，斯可立命。義利分際甚微，凡無所為而為者，皆義也；凡有所為而為者，皆利也。義固未嘗不利，利正不容假義。敬在心，主一無適則內直；義在事，因時制宜則外方。無纖毫容邪曲之謂直，無彼此可遷就之謂方。人生德業，即此數言，略包括無遺矣。他言之警切，胥此類。」〔註44〕

2. 敘述興建學校之詩作

筆者在析論陳璸之儒學詩之前，先簡略概述他在儒學方面之成就。康熙元年（1661），七歲，初從同邑黃瞿灩先生受「四書」。五年（1666），十一歲，通「五經」後應試，專習《尚書》。六年（1667），十二歲，初，從吳先生〔註45〕學舉子業，吳先生目為大器。其才氣縱橫，而於宋文獨好曾子固。

〔註43〕　見同上，《重修福建臺灣府志・卷二十・藝文・記・重修臺灣縣學文廟碑記》，頁 550～552。

〔註44〕　見劉良璧：《重修福建臺灣府志・卷二十・藝文・記・〈新建朱文公祠記〉》，臺灣文獻叢刊第七四種，頁 547～548。

〔註45〕　據陳璸在〈吳先生墓銘〉所記，吳先生乃是一位家學淵源之教師，陳璸說：「先生為郡著姓，家世詩禮。雖卜居附城東偏，絕跡不入城門；歲以授徒為業，郡人子弟遠近負笈者歲以百數。」見丁宗洛：《陳清端公年譜》，臺灣文獻叢

八年（1669），十四歲，時復以八股取士，吳先生使陳璸誦習成、宏諸先輩，又參以隆、萬數家，則理法雙到。九年（1670），十五歲，舉業成，初應童子試。十一年（1672），十七歲，公益肆力於「史」、「漢」、八家，而文日進。十六年（1677），二十二歲，開始收生徒，翁孝緒延至其家，教其子與義。自此一面授徒，一面多次參加科考。曾先後在家授徒、授徒陳元起家、讀書府學啓聖祠與舊日生徒相從於學宮內、設館白水塘、設館郡城西門內、授徒義館。〔註46〕

陳璸除了通四書、五經、史學、制藝文，對於朱子之學，更是奉爲能繼承孔、孟正學的唯一傳人。一生浸潤其中，說：「予自少，即知誦習文公之書，雖一言、一字，亦沉潛玩味，終日不忍釋手；迨今白首，茫未涉其涯涘！然信之深，思之至，殆不啻所謂焄蒿悽愴若或見之者也。」〔註47〕

因爲長期浸潤於儒學之研讀，故陳璸宦臺期間特重學校之設立，而且用詩作記錄之。一爲新建朱子祠，二爲新建文昌閣。

（1）新建朱子祠

陳璸新建朱文公祠，不但作〈新建朱文公祠記〉一文以記其事，而且有〈手植朱子祠梅花〉一詩，以敍其對朱子學之崇敬：

賞徧花叢愛老梅，賢祠左右手新栽。

寫眞舊有廣平賦，入妙誰如和靖才。

風送清香迷瀚海，月移孤影度澄臺。

應知雨露春來厚，獨向元正傲雪開。——（見《全臺詩》第壹冊，頁248）

此詩爲七言律詩。陳璸尊奉朱子學，建朱子祠於府儒學之右，「示人以格致、誠正之學；海外如鄒、魯。」〔註48〕此詩作於康熙五十一年，陳璸重修臺灣府學文廟以後。此詩從字面上看來，並未與儒學相關，而只是寄情於梅花，藉梅花以作情感之抒發而已。然而吾人若深究之，當會發現，在此詩背後，卻是提督學政陳璸建廟修學的一段經過。

王必昌《臺灣縣志・卷五・學校・學宮》對陳璸在臺灣府始建朱子祠有

刊第二〇七種，臺北：臺銀經研室，1964年（民53），頁3。以下本論文各章所引用此書皆爲同一版本，不再贅敍出版地、出版社與出版年。

〔註46〕見同上，丁宗洛：《陳清端公年譜》，頁1～16。

〔註47〕見劉良璧：《重修福建臺灣府志・卷二十・藝文・記・〈新建朱文公祠碑記〉》，臺灣文獻叢刊第七四種，頁547～548。

〔註48〕見《清耆獻類徵選編（中）・家傳》，臺灣文獻叢刊第二三〇種，頁663。

如此記錄：「府儒學：在寧南坊。康熙二十四年，巡道周昌、知府蔣毓英，因鄭氏舊學址創建。中爲先師廟，東西兩廡，南爲廟門、欞星門，北爲啓聖祠。三十八年，巡道王之麟重修。越明年，建明倫堂於廟東。……五十一年，巡道陳璸修啓聖祠左右爲名宦、鄉賢祠。創各齋舍，設禮門、義路。立大成坊於禮門外，並建學廨於明倫堂後。……冬，建朱子祠於明倫堂之東。明年，建文昌閣於朱子祠後。五十四年，巡道陳璸濬泮池於廟門外，其左創官廳。」〔註49〕

　　至此，吾人可知陳璸作〈手植朱子祠梅花〉，絕非只在藉物抒情而已。在朱子祠親手種植梅花，其取義清楚可見，尤其是最後一句「獨向元正傲雪開」，即希望藉著梅花潔淨無瑕，寒冬傲霜枝之特質，勸勉諸生能敦品勵學，成爲四民楷模，使臺灣文教能同於鄒魯之光耀。

（2）新建文昌閣

　　陳璸除了建朱子祠，又在隔年，也就是康熙五十二年（1713）建文昌閣於朱子祠後（如上述）。並作〈新建文昌閣碑記〉一文記此事，文中說：「京邑之制，右廟、左學、前殿、後閣。予乃於文公祠後，謀創建文昌閣焉。」

　　陳璸對中國古代的文昌帝君信仰深信不疑。嘗讀《文昌化書》幻語，認爲乃是「大指教人以修德積善，與梓潼帝君〈陰騭文〉一篇相表裏。於是深信其言之有得於道，不予誣也。」〔註50〕也因此，除了有〈新建文昌閣碑記〉一文記此事，又作〈文昌閣落成〉一詩，表達他對文昌帝君的敬重：

　　　　雕甍畫棟鳳騫騰，遙盼神霄最上層。

　　　　臺斗經天由北轉，彩雲捧日自東升。

　　　　參差煙戶環璇閣，繡錯山河引玉繩。

　　　　今夕奎光何四映，海陬文運卜方興。——（見《全臺詩》第壹冊，頁249）

此詩爲七言律詩。陳璸在詩中，第一句極言新落成文昌閣雕樑畫棟、壯觀特出之美。第二句深切盼望能夠藉由這座文昌閣，與遠在雲霄之上的文昌帝君取得連結，並且得到祝福。最後兩句陳璸則由今夕天上奎光四映大地作預測，斷定這塊居於東南海隅的臺灣，文運將要大爲興盛。此詩作於康熙五十二年（1713）左右。此首詩從字面上看來，似乎也是與儒學無關，而只是一首通

〔註49〕見王必昌：《重修臺灣縣志・卷五・學校・學宮》，臺灣文獻叢刊第一一三種，頁137～141。

〔註50〕見劉良璧：《重修福建臺灣府志・卷二十・藝文・記・〈新建文昌閣碑記〉》，臺灣文獻叢刊第七四種，頁549。

俗的祝賀詩。然而吾人由上述陳璸〈新建文昌閣碑記〉一文，已知他修建文昌閣，爲的是要讓肄業諸生，在「修德積善」的學習過程中有一個可以依託的根源。

中國人信仰文昌帝君由來甚早。吾人據清代大學士朱珪碑記所引《史記·天官書》、鄭玄，以及《周禮·大宗伯》三者之說，知道中國文昌之祀始於有虞，著於周禮，漢、晉且配郊祀，職司爵祿、科舉之事久矣；又據朱珪上述碑記所引李商隱〈張亞子廟詩〉、孫樵〈祭梓潼神君文〉，《化書》，以及《通考》四者之說，知道自唐朝以後，歷代國君對祂多有封賜者，如唐僖宗封之爲濟順王，宋眞宗改封爲英顯，哲宗加封爲輔元開化文昌司祿帝君，元加號爲宏仁。清代的文昌帝君祠，因明成化年間之元祠，嘉慶五年（1800）重新修建，告成於隔年（1801）夏天，仁宗（即嘉慶）親謁九拜，詔稱：「帝君主持文運，崇聖闢邪，海內尊奉，與關聖同，允宜列入祀典。」前殿供正神，後殿祀其先世，祀典如關帝。咸豐六年（1856），躋升爲中祀。至於直省之文昌廟，有司以時饗祀，若無祠廟者，則設位公所祭之。祭畢，徹位，隨祝帛送燎。〔註51〕

以上是中國信奉文昌帝君的發展情形，而清代臺灣的文昌帝君信仰，明顯乃是由內地傳過來。至於臺灣文昌帝君祠之始建，吾人由上述〈新建文昌閣碑記〉中，亦已知是始於陳璸。

陳璸〈新建文昌閣碑記〉說：「科名者，進身之階；務學者，立身之本。不務學而冀功名，猶不種而期收穫，必不得之數也。顧爲學之道，自求『放心』始。求之□冥昏默，反荒其心於無用，不如時觀象以自省。有如動一念焉，若帝君之予見；發一言焉，若帝君之予聞；措一行焉，若帝君子之予視、予指。必謹其獨，戒愼恐懼，將所爲修德積善者，悉根諸此，學不自此進乎？學進則識進，識進則量進，量進則德修，而福亦隨集。由此而登高科、享大名，如持左券！人之爲歟？何非天之爲也。有志之士，無急求名於世，而務積學於己；亦無徒乞靈於神，而務常操其未放之心，藏焉、修焉、息焉、游焉。」〔註52〕陳璸在此碑記中，以理性認知的方式信奉文昌帝君，告訴諸生「爲學之道，自求『放心』始」，而與其將自己陷落於杳冥昏默的盲目膜拜中，

〔註51〕見《清史稿校註·卷九十一·志六十六·禮三·吉禮三》，頁2750～2751。

〔註52〕見劉良璧：《重修福建臺灣府志·卷二十·藝文·記·〈新建文昌閣碑記〉》，臺灣文獻叢刊第七四種，頁549～550。

「不如時觀象以自省」，將文昌帝君視作是吾人動念、發言、措行的警戒者。

　　因此筆者認爲〈文昌閣落成〉一詩，正如〈手植朱子祠梅花〉詩一樣，所反映的都是一位徇徇善誘宦臺儒官，諄諄教育臺灣士子的殷殷之情。

3. 敘述督察學政之詩作

　　除了以上二首之外，陳璸又有記錄督導學生讀書之詩——〈偶成示姪居士〉二首之一，雖然陳璸沒有自註寫作時間，但是吾人由王必昌《重修臺灣縣志》說：陳璸在康熙五十四年（1713）任臺廈道兼提督學政期間，曾經疏濬臺灣府學文廟泮池於廟門外，並在其左創官廳。知道此二首應該是作於康熙五十四年（1713）左右。〔註53〕以下爲〈偶成示姪居士〉二首之一：

　　　海隅此日樂昇平，吏恪民懷風漸清。

　　　頗幸公餘無一事，官衙徐聽讀書聲。——（見《全臺詩》第壹冊，頁241）

〈偶成示姪居士〉二首皆爲七言絕句。上引之詩第一、二句爲陳璸敘述當時的臺灣雖然偏居一隅，但是經過二十年的開發與儒學教育後，人民生活安樂，教化漸開之況；第三、四句陳璸則敘述自己在公餘之暇，樂聽學生琅琅讀書聲的愉快心情。

　　陳璸重修臺灣府學文廟有〈重修臺灣府學文廟碑記〉一文。此文作於康熙五十四年（1715）。記中說：「而夫子之廟於是煥然易舊焉。啓聖一祠，翼然起大成殿後，祠左右列六德齋；祠下名宦居左，鄉賢祠居右，再列六行齋。曰六德、曰六行，非文學兼德行之士不得寓焉。……欞星門左右，改置文昌祠、土地祠；……再於明倫堂前兩廊，分別六藝齋，供諸生肄業之所。」並且勉勵諸生與地方有司，他說：「願執經士子咸各思發憤，以通經學古爲業，以行道濟世爲賢；處有守，出有爲，無負國家教育、振興庠序之至意。地方有司亦共以教化爲先務，培茲根本塊地，時省而葺修之，俾有基勿壞。安知荒島人文，不日新月盛，彬彬稱海濱鄒魯也哉？余故詳修建始末，並述其意，以書諸石。」〔註54〕

　　陳璸在此詩中所表現出來的，正是康熙五十四年（1713）時，臺灣府儒學從康熙二十三年（1684）年周昌、蔣毓英創立臺灣府儒學以來，儒生在此處接

〔註53〕見王必昌：《重修臺灣縣志・卷五・學校・引言》，1961 年，臺灣文獻叢刊第一一三種，頁 141。

〔註54〕見劉良璧，《重修福建臺灣府志・卷二十・藝文・記・〈重修府學文廟碑記〉》，臺灣文獻叢刊第七四種，頁 546～547。

受儒學教育有成之情形。另外除了建廟修學教育莘莘學子，陳璸又刊印康熙〈訓飭士子文〉令儒生誦讀，刊印勸宣聖諭教化臺民，一時海外烝烝向化。〔註55〕

（二）夏之芳

夏之芳，字荔園，號筠莊。江南高郵州人。才識淵超，英明簡重，癸卯（1723）恩科進士，充南書房，以御試第一入史館，不久轉諫垣。雍正六年（1728）任巡臺御史兼學政，到任之後，以澄敘官方，振興文教為己任。留任一年。主歲、科兩試。校士公正光明；栽培士子悉本真誠。按巡南北二路，雞犬不驚，民番咸悅。生平廉介，杜絕賄賂；而待人接物樂易冲和，絕少與人扞格，尤為寮屬所敬服。著有《海天玉尺》二編，為學者所宗。〔註56〕吾人由今存的《海天玉尺》二編序文〔註57〕中，可以看出夏氏對臺灣儒士的優秀表現讚許有加。

1. 在臺文教事功

夏之芳對臺灣文教之貢獻有兩端，一是替臺灣儒生重新爭取到科舉保障名額；二是將清廷提倡的實用文學觀正式引入臺灣，教導臺灣本土士子。先說前者，康熙二十六年（1687）丁卯鄉試，福建提督張雲翼奏言：臺士鄉試請照甘肅、寧夏之例，閩省鄉闈，另編字號，額取一、二名。俟應試者眾，乃撤去，勿限額數（是科鳳山學附生蘇峨中式）。詔准後，編字額中一名。三十六年（1697），總督郭世隆以臺士僉請撤去另號，歸閩省額內，一體勻中，入奏報可。但自後臺士每多輟科，加上渡海危難，應試者益少。夏之芳於雍正六年（1728）任巡臺御史兼學政後，發現這個問題，於雍正七年（1729）奏准：「臺灣五學鄉試，仍照舊例另編臺字號，於閩省中額內取中一名」。〔註58〕劉良璧《重修福建臺灣府志》說：「（雍正）七年己酉（陸祖新榜。是科以御史夏之芳摺請，復額中一名）：陳文苑（鳳山拔貢）。」〔註59〕

〔註55〕見《清耆獻類徵選編（中）‧廣東通志》，臺灣文獻叢刊第二三〇種，頁665。

〔註56〕見劉良璧：《重修福建臺灣府志‧卷十五‧名宦》，頁432；及同書《卷十三‧職官一（文職）‧欽命巡視臺灣御史》，臺灣文獻叢刊第七四種，頁351。

〔註57〕二編序文之內容，筆者將之置於第六章作討論。

〔註58〕見連橫：《臺灣通史‧卷十一‧教育志》，臺灣文獻叢刊第二輯，頁271。又見王必昌：《臺灣縣志‧卷十‧選舉‧甲科‧制度沿革》，臺灣文獻叢刊第一一三種，頁350～351。

〔註59〕見劉良璧：《重修福建臺灣府志‧卷十六‧選舉（武科附）‧舉人》，臺灣文獻叢刊第七四種，頁435。

再說後者，夏之芳之《海天玉尺》二編為試牘，所謂試牘，亦即考生之考卷。夏之芳身為提督學政，宦臺期間主持歲科考試，他把當時歲科考試卷中之優秀文章加以編纂，而有《海天玉尺編初集》、《海天玉尺編二集》二書，以作為學生觀摩之範本。雖然今日已見不到此二書，但是由二書之序文，吾人知道他主張「士先器識、而後文藝」，「上以鼓吹休明，下以轉移風俗」，他說：士子先立品德而後學文藝；最後之目標則是上以讚頌美好盛世，下以移風易俗」。而此種文學思想，後來直接影響到張湄，張氏也透過編輯《珊枝集》，宣揚明道文學觀。吾人可謂夏之芳對清代臺灣之文學發展方向，具有引導領航之功（請詳見本論文第六章）。

　　而夏之芳之此種明道文學思想，吾人若推溯其本源，則是由清廷訓誡士子之諸篇聖諭而來（請詳見本論文第二章）。

2. 敘述巡視全臺之詩作

　　清代凡是巡臺御史兼提督學政身分宦臺之官吏，在工作職責上有兩方面，一方面是巡視各地督察臺政各事，並宣講教化廣布清廷至意；二方面是巡視各地督察各級學政，主持歲、科考試。因此當孫灝送別范咸到臺灣任巡臺御史兼提督學政時，〔註60〕他在〈送范浣浦巡視臺灣〉三首之二中，說「地洛三山歸保障，風乘萬里駕滄溟。軺軒坐鎮安清宴，但載皇仁播遠聽。」祝福范咸當乘風破浪，一路平安到臺灣後，能夠駕著軺軒車巡視各地，坐鎮臺灣，將皇帝的仁德美政廣加宣揚出去。

　　夏之芳因職務關係，也一樣必須巡視全臺施行教化情形。當時他將巡視所見以詩作方式記錄之，而成了所謂的〈臺灣紀巡詩〉。

　　〈紀巡詩〉是清代臺灣儒學詩中比較特別的一種詩歌形式，它們絕大多數是以組詩方式呈現。當提督學政巡視各地時，沿途臺灣的原始自然景物、原始居民風土民情，有時讓他們稱奇讚嘆，有時讓他們悲憫之心油然而生。於是記錄下所見所聞，而其作用，則在上呈給皇帝用作施政參考。這個慣例，吾人由乾隆二十五年（1760）二月初八抵臺接任巡臺御史的湯世昌之〈巡臺紀事五十韻〉序：「臣聞太史乘軺軒以採風，職方物土宜以立紀。……今臺海遠在重洋，漸仁摩義，德澤有加焉。於以見我皇上如天之福，誠度越亙古。臣使事既竣，雖循例左遷，惟以恩命未復，夙夜悚疚。謹就所聞，恭紀五百

〔註60〕孫灝，生卒年不詳。字戴黃。號虛船，浙江仁和人。清雍正年間（1723～1735）進士，曾任監察御史，著有《道盥齋集》。

字，用備方言，伏祈睿覽。」〔註61〕可以得知。在這些詩作中，有的敘述巡視全臺宣講教化情形、有的敘述全臺漢化情形、有的則敘述巡視全臺感懷。

夏之芳〈臺灣紀巡詩〉總共有五十八首，都是七言絕句。這五十八首，由第一首到最後的第五十八首，自成一個系統性排列，巡視地點由屬中路的臺灣府出發，一路往南行，一直到屬南路的鳳山縣，若以現在的地點來說，就是從現在的臺南市，一直到屏東縣恆春半島；而其內容觀照面很廣，舉凡所見到的自然景物、臺民生活情狀，他都詳加記錄以備朝廷施政參考。今茲分述如下：

夏之芳身爲提督學政，巡視臺灣主要目的是爲督察學政、宣講教化、廣布朝廷仁德美政，因此在出發之初，其存心與行事便都顯得敬謹而威，譬如〈臺灣紀巡詩〉五十八首之一、二：

　　海天諳度報皇華，蚤卜昇平遍水涯。

　　載德行旌繞出郭，暖煙晴竹已家家。——（見《全臺詩》第貳冊，頁98）

　　節旄高插引晴嵐，人擁花驄弛彎銜。

　　拜罷耆童迴道左，紛來朱履又青衫。——（見《全臺詩》第貳冊，頁98）

以上二首詩皆爲七言絕句。夏之芳道出自己此次巡視之行是帶著任務的，是爲宣講教化、廣布朝廷仁德美政。清廷當時以上國姿態派任提督學政到臺灣，所要提督學政完成的，除了督察學政，便是觀察並記錄臺灣當地的風土民情，以供作朝廷施政參考。因此詩中「載德行旌」、「節旄高插」、「人擁花驄」、「拜罷耆童」等詩句，都充分流露出統治者的強者態勢。

而沿著南下路線，夏之芳一路記錄了沿途的自然景色，譬如第三首「野田晴曉碧天空，地指扶桑東復東。赤嵌城邊雲散彩，拓開海日一輪紅。」（見《全臺詩》第貳冊，頁99）便是在描寫臺灣府赤嵌城海邊，清晨日出之景。又譬如第十七首「諸峰攢集黛螺青，玉嶺如銀色獨瑩。展拓晴雲千萬里，插天一幅水晶屏。」（同前，見頁101）便是在描寫遠眺玉山，一片皚皚白雪之景。另外又如第二十四首「二林迤邐接三林，淡水漾洄鹹水深」（同前，見頁102）一詩，便是在描寫現在屏東一帶之景；第二十六首「木岡東峙曉雲凝」一詩（同前，見頁103），便是在描寫位於府治東北約百三十餘里，巍峨聳矗的木岡山；第二十七首「觀音山徑幾灣環」（同前，見頁103）一詩，便是在描寫一府三縣中的鳳山縣觀音山，以及位於臺、鳳、諸三縣總路的羅漢門之景；第二十八首「陂臥晴沙號七鯤」

〔註61〕見湯世昌〈巡臺紀事五十韻序〉，《全臺詩》第貳冊，頁357。

（同前，見頁 103）一詩，便是在描寫鹿耳門一帶之景；第二十九首「龜蛇對峙鎖孤城」（同前，見頁 103）一詩，便是在描寫一府三縣中的鳳山縣龜山（也就是現在高雄左營的龜山）之景；第三十首「打鼓山頭石罅開」（同前，見頁 103）一詩，便是在描寫一府三縣中的鳳山縣打鼓山（也就是現在高雄的壽山/柴山）之景；第三十一首「矯首南荒欲盡頭，影浮拳石小琉球」（同前，見頁 104），和第三十二首「沙馬磯頭人罕到」（同前，見頁 104）二詩，便是在描寫現在屏東縣恆春半島的鵝鑾鼻一帶之景；第三十三首「赤山蔥翠漾春煙」（同前，見頁 104）一詩，便是在描寫現在屏東潮州一帶之景。

夏之芳在他的五十八首〈臺灣紀巡詩〉中，除了以上描寫臺灣自然景色者外，他的此趟巡視全臺之行，並沒有大聲疾呼的大破大立改革動作，反而很多時候是以客觀的眼光，尊重臺灣原始住民的一切生活方式。

譬如第五首：「牢拴竹蔑怕身肥，帶孔頻頻減舊圍。愛把細腰諧鳳卜，楚王宮裏夢雙飛。」（同前，見頁 99）便是在敘述番民以竹蔑束腰使細，以項圈穿耳使大的特殊習俗。第十首「男拔髭鬚女繡頤，乍逢鑑貌儘多疑。雕題鑿齒徒矜尚，未解雙蛾夜畫眉。」（同前，見頁 100）便是在敘述番民男性要拔掉髭鬚，女性要面頰、額頭刺青，而且男女在十幾歲都要鑿去上下犬齒的特殊習俗。第三十四首「生成野性氣如梟，出沒無端血染刀。剝得頭顱當戶掛，歸來轟飲共稱豪。」（同前，見頁 104）一詩，便是在敘述生番出草獵取人頭的事情。

甚至，夏之芳對某些臺民沒有使用漢字，而仍然沿用荷蘭人所遺留下來之羅馬字（即新港文字）作為傳達工具，也沒有加以敕令禁止。〈臺灣紀巡詩〉五十八首之四十七：

狡童教冊獨空群，鵝管橫描蝌篆文。

豔說紅毛舊時字，好將番籍紀紛紛。──（見《全臺詩》第貳冊，頁 106）

此詩為七言絕句。其實在夏之芳這首詩之前，吳桭臣就已在〈閩遊偶記〉中提到這件事。吳桭臣在康熙五十二年（1713）春至五十四年（1715）隨臺灣知府馮協一渡臺，比夏之芳宦臺時間早十五年。吳桭臣說：「土番中有能書紅毛字者，謂之教冊；皆削鵝毛管濡墨橫書，從左至右，不用直行。道憲陳公濱（璸）設立社學，延師課其子弟；番人始習漢字，且知禮讓矣。」〔註62〕

────────────

〔註62〕 見《臺灣輿地彙鈔・錄自王錫祺輯「小方壺齋輿地叢鈔補編」第九帙・吳桭臣〈閩遊偶記〉》，臺北：臺灣大通出版社，臺灣文獻史料叢刊，1984 年（民73），頁 23。

　　夏之芳晚吳桭臣入臺十五年（當時清廷領臺已經四十五年），十五年前吳桭臣所看到的，和十五年後夏之芳所看到的景象一樣，可知在這十五年當中，雖然經過清廷持續進行儒學教化，但是臺灣番民仍然習慣使用荷蘭時期的羅馬文字作傳達工具。夏之芳當時以巡臺御史身分兼理學政，面對這個不堪的事實，他卻仍舊予以尊重，還自己作註說：「番童有習紅毛字者，以鵝管蘸墨橫書，自左而右，謂之教冊，凡一社出入簿籍，皆經其手。」

　　不過，夏之芳也並非一路只記錄臺灣自然景物，尊重臺民文化而已，他對漢人的侈靡習性，則以勸勉告誡口氣，盼其能深思之。試見第二十三首：

　　　　成帷成幌逐灰塵，紈袴多纏輿隸身。

　　　　慣習淫奢無善俗，少年思怕老來貧。──（見《全臺詩》第貳冊，頁102）

此詩為七言絕句。在此詩中，夏之芳看到漢人將布匹帷幌成捆成堆丟棄，任其風吹雨打隨風飄散，販夫走卒平日也綾羅綢緞不離身，生活更是奢華侈靡，他認為這是很不好的習慣，因此告誡漢人，在年少時即應該好好思考，不然恐怕到老時就要過著貧窮的日子。其教化意味就頗濃厚。

　　夏之芳一方面尊重臺民的生活方式，另方面則對臺民被豪強欺壓寄以悲憫的同情。譬如第十二首：「秋盡官催認餉忙，一絲一粟盡輸將。最憐番俗須重譯，溪壑終疑飽社商。」（同前，見頁100）便是敘述當時的社商，利用官方與臺民之間語言不通的隔閡，瞞上欺下，無視官方禁令，無所不用其極地壓榨臺民的情形，夏之芳以「最憐」二字傳達他對臺民的無限同情。又如第五十一首：「餐風宿露為當官，宿食經旬一飯丸。多少豪民安飽甚，動云番性奈飢寒。」（同前，見頁107～108）、則敘述了當時的昏官與豪民相互勾結，強取豪奪番民資財，任由番民流落溝壑，還大言不慚地說番民天生是耐飢寒的。第五十八首「為憐淳閟尚艱鮮，食貨交通列市廛。最是居奇無賴子，動將寬政作姦緣。」也是敘述如前的事情，夏之芳自己作註說：「生番社無鹽布，每與熟番、漢民互市，相沿既久，有土豪巧取重利以剝番，名曰番割，因之勾引作姦，生番屢為民害。」面對這些積弊已久，他一時也無法解決的問題，夏之芳此處也是只能無奈地以「為憐」二字，表達他對番民的同情之意。

　　雖然夏之芳以統治者的使臣身分巡臺，不免流露強者態勢，但是他似乎在巡臺之初，便已定調自己此行應該抱持的態度，因為他在第三十九首說：

　　　　星軺迴處轉旌霓，人海無聲馬不嘶。

　　　　敢道霜威堪鎮俗，長思濤靜木城西。──（見《全臺詩》第貳冊，頁105）

此詩為七言絕句。在此詩中，夏之芳很理性地思考自己，雖然是持著上國統治者的使臣身分巡臺，但是不敢以微薄如霜的威權鎮壓臺俗，只希望浩蕩的使者隊伍一路「人海無聲馬不嘶」，安安靜靜地不去驚擾百姓生活。也就是這般的體恤民心，也難怪劉良璧在《重修福建臺灣府志》中說，夏之芳巡視所到之處「雞犬不驚」。

（三）楊二酉

楊二酉，生卒年不詳。字學山，山西太原人，雍正十一年（1733）進士，入翰林。乾隆四年（1739）任巡臺御史兼提督學政，留任一年，主歲、科兩試。任臺其間，奏建海東書院造士。

1. 在臺文教事功

起初，臺灣粵籍童生入泮考試，附於各縣。乾隆五年（1740），楊氏以粵民流寓在臺年久者，戶冊可稽，而當時堪應試者已計有七百餘名，因此奏言：另編新號，四邑通校共取八名，附入府學。俟取進漸多，再將廩增並出貢之處，題請定議。至於鄉試不便附入臺字號，應暫附閩省生員內，俟數滿百名，再行題請，另編字號，取中一名。〔註63〕楊氏此舉就消極面來說，緩和了當時臺地閩、粵二籍之間，為互相攻防入泮名額而屢起之爭端；就積極面來說，則是建立了閩、粵二籍分別錄取之制度，而對安定當時臺灣社會產生一定程度的幫助。

楊二酉在調任巡臺御史兼理學政後，在臺灣最主要事功在奏請重修海東書院，並撰〈海東書院記〉一文。

〈海東書院記〉之內容概述如下。〈海東書院記〉一文，首言海東書院前身，一度是諸生考試的考場，後來因為前任巡臺御史單德謨〔註64〕奏請別置考棚，海東書院遂閒置無用。次言重修海東書院的緣由，乾隆四年（1739）楊氏到任之後，因啣命巡視各方，視學到海東書院時，發現中間多軒楹，可作為諸生讀書住宿之處，而前面明堂又可供講學，而後面可以吹爨。又言當時他與觀察劉公謀議，劉公然其言，於是聘選邑明經施士安為教授，先奏請

〔註63〕見王必昌：《重修臺灣縣志·卷五·學校·泮額》，臺灣文獻叢刊第一一三種，頁157～158。

〔註64〕單德謨，高密人，丁未進士。乾隆二年（1737）任巡臺御史兼理學政，主科試；留任一年，轉江南鹽驛道。而楊二酉乾隆四年（1793）來臺，正是接續單氏之職位。見王必昌：《重修臺灣縣志·卷五·學校志·書院社學》，臺灣文獻叢刊第一一三種，頁158。

輸稻千斛以興，仍置水田千畝作爲久遠之計。在上奏建請重修海東書院之後數月，清廷議定。於是劉公捐俸，郡守錢公亦能加意振作，選諸生中文藝有可觀者，共得數十人，就讀其中，另外又延聘教授薛仲黃爲儒師。

而在《記》中最後，楊氏以提督學政身分，勸勉書院師生說：「爾師生各宜銳志精心，無怠學，無倦教，言語文字之中，申以修己治人之道。漸摩既久，當必有明體致用者出，以膺公輔而揚休明，上慰聖天子棫樸作人之至意，寧云島嶼生邑、鄉里增榮已哉！予於爾師有厚望焉。」〔註65〕

2. 敘述興建學校之詩作

楊二酉宦臺期間曾上奏請建海東書院，有〈海東書院記〉一文誌其事，如上述，另外他並有〈重陽海東書院〉一詩以記之。

臺灣之有書院，其由來亦可謂難矣。中國書院之設大約起於唐朝，唐末五代因世亂而致官學衰敝，屬私學之書院應運興起。至宋代，自北宋中期以後官辦州縣學校頗盛，書院之再興，幸有南宋朱熹之白鹿洞書院發其先聲。元明兩代書院數量大增，明代書院據估計超過一千五百所，而官辦書院即占六成，〔註66〕不過此種盛況入清之後急轉直下。起先，在清初時，清廷鑑於明末東林黨利用東林書院聚集講學之便，串連全國士子屬言批評朝政，順治九年（1652）諭令：「各提學官督率教官，務令諸生將平日所習經義書理，著意講求躬行，不許別創書院，羣聚結黨，空談廢業。」〔註67〕

直到十四年（1657），才稍有書院設立。《清史稿》說：「各省書院之設，輔學校所不及，初於省會設之。世祖〔註68〕頒給帑金，風勵天下。厥後府、州、縣次第建立，延聘經明行修之士爲之長，秀異多出其中。高宗明詔獎勵，比於古者侯國之學。儒學浸衰，教官不舉其職，所賴以造士者，獨在書院。其裨益育才，非淺尠也。」〔註69〕

〔註65〕 見劉良璧：《重修福建臺灣府志・卷二十・藝文・記・巡臺御史楊二酉〈海東書院記〉》，臺灣文獻叢刊第七四種，頁558～559。

〔註66〕 以上參考杜正勝主編：《中國文化史》，臺北：三民書局，2004年（民93），頁152。

〔註67〕 見《清史稿校註・卷一百十三・志八十八・選舉一・學校上》之註42，頁3152。

〔註68〕 見同上，《清史稿校註・卷一百十三・志八十八・選舉一・學校上》之註42：根據清・國史館《選舉志稿・學校光緒會典事例卷三九五・清朝文獻通考學校考》，認爲「世祖」二字當作「世宗」，頁3152。

〔註69〕 見同上，《清史稿校註・卷一百十三・志八十八・選舉一・學校上》，頁3152。

雍正十一年（1733）上諭：「各省學校之外，地方大吏每有設立書院，聚集生徒講誦肄業者。……但稔聞書院之設，實有裨益者少，而浮慕虛名者多。是以未曾敕令各省通行。……近見各省大吏，漸知崇尚實政，不事沽名邀譽之為。而讀書應舉之人，亦頗能屏去浮囂奔競之習。則建立書院，擇一省文行兼優之士讀書其中，使之朝夕講誦，整躬勵行有所成就。俾遠近士子觀感奮發，亦興賢育才之一道也。督、撫駐箚之所，為省會之地，著該督、撫商酌舉行。各賜帑金一千兩，將來士子群聚讀書，須預為籌畫，資其膏火，以垂永久。其不足者，在於存公銀內支用。封疆大臣等並有化導士子之職，各宜殫心奉行，黜浮崇實，以儲國家菁莪棫樸之選。如此，則書院之設，有裨益於士習文風而無流弊，乃朕之所厚望也。」〔註70〕

雖然清廷遲至雍正十一年（1733），才上諭正式開放全國在省會之地設立書院，但一如上諭中所言，在此之前，其實內地已「地方大吏每有設立書院，聚集生徒講誦肄業者」，而臺灣也是如此情形。臺灣最早設立的書院是崇文書院，據余文儀《續修臺灣府志》之說，崇文書院原在東安坊府舊義學。康熙四十三年，知府衛台揆建。〔註71〕

而除了崇文書院是建於雍正十一年（1733）以前外，海東書院也是在雍正十一年（1733）以前就已存在。據陳文達《臺灣縣志》之說，海東書院位於寧南坊府學之右。在康熙五十九年（1720），由臺廈道梁文煊〔註72〕所建。從右畔繞至學宮之後，計四十八間，為諸生肄業之所。題匾曰「海東書院」。〔註73〕由以上吾人知道，海東書院原本就有之，在郡學西側。而楊二西調任巡臺御史兼理學政後又奏請重修之。〈重陽海東書院〉：

重洋遠渡度重陽，載酒尋花花正黃。

〔註70〕 見《續修四庫全書・史部・政書類・欽定大清會典事例・卷三百九十五・禮部・學校・各省書院》，續修四庫全書編纂委員會編，頁303。
　　　　 又見劉良璧：《重修福建臺灣府志・卷首・聖謨・諭建立書院（雍正十一年）》，臺灣文獻叢刊第七四種，頁32。

〔註71〕 見余文儀：《續修臺灣府志・卷八・學校・書院〉，臺灣文獻叢刊第一二一種，頁360。

〔註72〕 梁文煊，正白旗監生。康熙五十七年（1718）任。六十年（1721）臺變，被議。見劉良璧：《重修福建臺灣府志・卷十三・職官一（文職）・職官（文）》，臺灣文獻叢刊第七四種，頁353。

〔註73〕 見陳文達：《臺灣縣志・卷之二・建置志・書院》，臺灣文獻叢刊第一○三種，頁83。

文苑連朝開霽色，春臺九月著羅裳。

種來桃李新多實，培得芝蘭舊有香。

今日登高臨海國，奎光一點上扶桑。——（見《全臺詩》、第貳冊、頁 143〜144）

此詩爲七言律詩。由此詩之第一、二句，吾人可看出楊二酉乃是以愉悅的心情，接受這次被調任巡視臺灣的任務。而第三、四句，楊二酉點出他所以愉悅的原因，在於他看到臺灣教育的一片欣欣向榮，「開霽色」三字正形容了當時的蓬勃之狀。第五、六句吾人可以當作實景來解讀，乃形容海東書院院區所種的桃李、芝蘭，多結果實又香氣四處飄散；也可以解讀爲是在比喻就讀於此的儒生們，在儒師長期諄諄教誨下，如今有如桃李多結果實、芝蘭散發香氣，成果斐然。而最後兩句，楊二酉則流露了他對在此就讀的儒生們，其殷殷期望的熱切之情。此詩兼具了詩境的美感，也傳達了楊氏的心意，而與〈海東書院記〉一文互爲表裏。

吾人比對〈海東書院記〉一文最後，楊氏對書院師生的肯切叮嚀，和〈重陽海東書院〉一詩尾聯的「今日登高臨海國，奎光一點上扶桑」二句，其涵義正是彼此相通扣合。

（四）張　湄

張湄，生卒年不詳。字鷺州，號南漪，又號柳漁，浙江錢塘人。雍正十一年（1733）進士。曾任《大清一統志》。乾隆六年（1741）四月，由翰林院遷巡臺御史，兼理提督學政。乾隆八年（1743）四月秩滿，留任一年，主歲科兩試，十月丁憂回籍。乾隆十六年（1751），任工部科給事中，十八年（1753）任雲南道監察御史。

1. 在臺文教事功

張湄擅長於詩，與厲鶚等人時有唱和，他重視學生之詩文表現，爲訓練臺灣本土士子，並使士子有一個參考範本，遂承襲夏之芳之編輯〈海天玉尺〉，而編輯有〈珊枝集〉。在〈珊枝集〉序文中，他說自己以網羅海中珍貴珊瑚枝心情，欲網羅臺灣那些文采如珍貴珊瑚枝之士子。而他此舉，以後又影響了宦臺儒官楊開鼎、徐宗幹，以及臺灣本土士子施士洁，對於清代臺灣文學思想發展方向，與夏之芳一樣，具有引導領航之功（請詳見本論文第六章）。

張湄於乾隆六年（1741）四月任職巡臺御史兼理提督學政以後，因職務關係，他也必須巡視全臺。以故在他宦臺期間之詩作中，也出現一些與儒學教化相關之議題，其主要者在敘述督導學政以及敘述巡視全臺。

2. 敘述督察學政之詩作

清代宦臺提督學政，其首要工作之一便是巡視各地儒學與書院，張湄以下二首詩便是。先說〈蓮池潭〉：

> 蓮瓣芹絲一氣香，天然泮水繞宮牆。
>
> 林端不許飛鴉集，山勢高騫拱鳳皇。——（見《全臺詩》第貳冊，頁169）

此詩爲七言絕句。〈蓮池潭〉一詩看似寫景詩，其實是張湄巡視南路鳳山縣，來到鳳山縣學的蓮池潭時所作。詩中第一、二句他說鳳山縣學四周有一天然池水圍繞，池中種滿香氣撲鼻的蓮花；第三句「林端不許飛鴉集」爲隱喻，鴉爲中國人所謂的貪惡之鳥，此處張湄說他絕對不允許林端有貪惡的鴉鳥聚集，乃是在指當時單純的鳳山縣儒學，長期被地方惡勢力介入，任意盜取蓮花池所盛產的蓮花與魚類牟利，致使縣學經費拮据，幾至無法自存；第四句張湄藉由鳳山縣學附近山勢高聳如拱鳳凰，宣示自己要如高山一般，保護鳳山縣學的安全。再說〈魁斗山〉：

> 近接宮牆數仞高，星光磊磊起文豪。
>
> 問名已列魁三象，分派應如海一鼇。——（見《全臺詩》第貳冊，頁170）

此詩爲七言絕句。〈魁斗山〉一詩，表面上看來也似一首寫景詩，但其實它是指臺灣府儒學而言。臺灣府學因明鄭時期舊基而築，位在寧南坊，面對魁斗山。詩中第一句形容魁斗山的山勢高聳；第二句用譬喻，比喻在這裡就讀的士子認眞向學，文章多有可觀者；第三、四句也是在讚美府學中士子，稱他們有如組成魁星的天樞、天璇、天璣、天權，兩兩相近成三對鄰近星象，將來足可成爲國家的棟樑之才，被朝廷分派至各地掌管一方之政。

3. 敘述巡視全臺之詩作

提督學政因爲職務關係必須巡視全臺，除了執行任務，他們經常會將所見到的臺民漢化情形加以記錄，以備朝廷施政參考。而這些內容，通常反映了臺灣原始住民在生活方式上、知識層面上，以及禮教表現上之漢化等等。

張湄以巡臺御史兼理提督學政身分宦臺，在臺期間重視學校教育之狀已如上述。而相對於教育士子之一絲不苟，他巡臺時對待臺灣原始住民，則展現出寬厚懷柔的一面，與他們互動良好，並充分尊重他們的原民文化。今吾人由其尚存之資料中即可見之。譬如〈茅港道中〉：

> 持節番察往復還，海聲溪韻共潺湲。
>
> 紅蕉徑裏居人少，紫蔗田邊牧豎閒。

小隊駸駸投野宿，前旌冉冉渡沙灣。

夕暉澹著倪黃筆，一抹平林數尺山。──（見《全臺詩》第貳冊，頁159）

此詩為七言律詩。張湄雖然在臺灣只有二年餘，但是他走遍臺灣各地，從廈門到澎湖、從澎湖到臺灣，從臺灣北路到南路都有他的足跡。詩中的張湄持著使節，帶著小隊人馬，來來回回走遍番社，海邊溪畔、紅蕉小徑、紫蔗田邊，白天行走巡視，夜晚投宿野店，每天從清晨直到日落，夕暉照滿平林小山。而這種工作儘管辛苦，卻也令人欣慰振奮，譬如〈番俗〉六首之三：

爭迎使節共歡呼，驄馬前頭眾婦趨。

首頂糍盤陳野食，大官曾未識都都。──（見《全臺詩》第貳冊，頁173）

又如〈北巡紀行〉四首之二：

軺軒臨北鄙，問俗首諸羅。彩帨迎輿舞，紅裳蹋臂歌。

野芳增鬢飾，官酒恣顏酡。懷葛今何遠，淳風此地多。

──（見《全臺詩》第貳冊，頁158）

上一首詩為七言絕句，下一首詩為五言律詩。張湄帶著使節人馬來到番社聚落，番民所回報給他的是熱烈歡迎和豐盛款待。在上首詩中，番民齊歡呼，爭著迎接張湄一行人等，婦女趨聚馬前，首頂著糍粑盤子呈現他們的美食；在下首詩中，當張湄一行人等來到諸羅縣，番民婦女也是盛裝打扮，歌舞迎賓，拿出最好的官酒招待大家，賓主盡歡。由此，吾人可見張湄與番民間的互動，他不以大官自居，而是放下身段貼近民眾，與番民同樂。不過他對番民的熱情款待固然欣慰，對番民的辛苦也不避諱隱藏，選擇記下事實讓朝廷知道：「累卵深谿石，編茅遠戍亭。誰非行役者，辛苦獨番丁。」（見《全臺詩‧北巡紀行》四首之四，第貳冊，頁159）便是敘述大甲東西路的番民，因被徵調，必須翻山越嶺往來，辛苦地協助清兵遠戍守衛。

張湄在一路巡視途中，除了記下以上內容外，另外不能缺少的，便是記錄番民漢化情形。譬如〈衣服〉：

烏衣漸易裸人風，尺布為渾犢鼻同。

可但鹿胎花簇簇，達戈紋錦手裁工。──（見《全臺詩》第貳冊，頁174）

此詩為七言絕句。此首是張湄〈瀛壖百詠〉中的其中一首。詩中他反映了當時番民逐漸改去裸身習俗，穿起類似中國內地人所穿的犢鼻褲，只不過看起來色彩艷麗奪目，花紋像一簇簇的鹿皮紋路，張湄自註說：「番婦自織布，以狗毛、苧蔴為線，染以茜草，錯雜成文，朱殷奪目，名『達戈紋』。」又另一

首〈北巡紀行〉四首之一：

> 地高風稍勁，晨發凜如秋。海氣山頭霧，番居竹裏樓。
>
> 衣冠移裸俗，耄稚並嬉遊。歲晚閒村落，青畦豆葉稠。
>
> ——（見《全臺詩》第貳冊，頁158）

此詩爲五言律詩。和上首詩一樣，都是在敘述番民在生活方式上的漢化。衣著方面，誠如上首詩所言，「衣冠移裸俗」番民已移易裸身之風，衣冠穿著類似漢人，也已改變生活型態，「青畦豆葉稠」墾荒闢地種植各類作物，無論老少日子過得安定自足。

　　張湄因爲是提督學政，巡行所到之處，了解番民教育狀況與巡方問俗自是一樣重要，因此當他出巡，對當地教育亦是無不關心垂問，試看〈番俗〉六首之四：

> 鵝筒慣寫紅夷字，鴃舌能通先聖書。
>
> 何物兒童眞拔俗，琅琅音韻誦關雎。——（見《全臺詩》第貳冊，頁173）

此首爲七言絕句。這首詩是張湄巡視番社時，看到社學中番童有認識中國儒家聖賢書，甚至背誦《詩經》之〈關雎〉篇者，覺得他們眞是出類拔萃。其實類似番童能背誦中國古書的記載，如前文所述，早在康熙六十一年（1722）左右宦臺的黃叔璥《臺海使槎錄》中就已有之，張湄是乾隆六年（1741）宦臺，二人中間相隔約二十年，張湄又以此事入詩，可見當時番社之社學，對用儒學教導番童之工作，一直都是持續進行的。另外此詩內容與本章前述夏之芳〈臺灣紀巡詩〉五十八首之四十七：「狡童教冊獨空群，鵝管橫描蝸篆文。詾說紅毛舊時字，好將番籍紀紛紛。」（見《全臺詩》第貳冊，頁106~107）內容也很相似，張湄宦臺時間上距夏之芳宦臺（雍正六年（1728））只相差13年，因此兩人所看到之情形差不多，也是自然之事。

（五）范　咸

　　范咸，生卒年不詳。字貞吉，號九池，又號沉浦，浙江仁和人。雍正元年（1723）恩科進士，入翰林院。乾隆十年（1745）任巡臺御史兼提督學政，留任二年，主科試。與同官六十七友好，共同纂輯《重修臺灣府志》，也曾爲六十七之《使署閒情》作序。

1. 在臺文教事功

　　范咸在臺事功最重要者有二：一爲新建鳳山縣學明倫堂，二爲與六十七

共同纂輯《重修臺灣府志》。

先說〈新建明倫堂碑記〉。〈新建明倫堂碑記〉〔註74〕一文乃記錄他當時參與鳳山縣儒學新建明倫堂之事始末。碑文中敘述新建鳳山縣儒學明倫堂之緣由、經過，及竣工後之形制，並有出資捐修者名單。

碑文中范咸首敘自己以提督學政身分，在乾隆十年（1745）冬巡行鳳山，至鳳山縣儒學，「謁先師廟，召諸生講學」。但看到當時儒學中的所謂明倫堂，只有湫隘數椽而已；而問及「所為蓮池潭者」，方知早被莠民侵奪以為利，日張網其中，荷花也已蕩然無存。次敘范咸詢及知縣呂鍾琇，知道呂氏涖此二年，懸念明倫堂之未稱，而且已度地鳩工，預計建堂三楹，作為講學之所；又預計重修舊有之堂，以奉祀朱子，并建名宦、鄉賢二祠，「以補舊日之缺焉」。於是范咸同意呂知縣之請，「更令清釐頖池以還舊觀」。經過一年時間，工程告竣，呂氏呈請提督學政范咸為文記之。而竣工之後的學宮，不但有寬闊的明倫堂作為講學之地，又有朱子祠、名宦祠、鄉賢祠，「以興賢而觀善」；而更特別的是，蓮池潭（即鳳山縣儒學之泮池）的水也疏濬完成，恢復舊觀。

至於參與此次新建明倫堂之舉，出資捐修者，其身分有知縣、縣丞、教諭、訓導、巡檢、典史、拔貢生、貢生、舉人、監生、鄉賓、生員、童生、吏員、廩生、佾生等共計八十多人，其中值得注意的是，當時參與此事的四位贊率者之一的博士弟子（即生員）卓夢采和陳正春，後來都成了地方上重要鄉紳。卓夢采，生卒年不詳，字狷夫，鳳山縣人，性孝友，方正自持，精醫術而樂於助人，朱一貴事起，屢邀之，堅辭不往，攜家眷遁於鼓山（即今之高雄市柴山），散家貲助親族鄉里。其子陳肇昌能承庭訓，好為古文辭，主講書院，著作頗多，遁鼓山期間，寫有多首記錄柴山景物之詩。至於陳正春，也是鳳山縣人，生卒年不詳，少孤，事母至孝，雖然家僅小康，而樂善好施，急人之難，至傾囊借貸，毫不吝慳。

再說《重修臺灣府志》。范咸與六十七纂輯之《重修臺灣府志》重新補修於乾隆十二年（1747），乃是繼康熙五十一年（1712）周元文《重修臺灣府志》，康熙三十五年（1696）高拱乾《臺灣府志》，以及康熙二十四年（1685）蔣毓英《臺灣府志》而來。全書共分二十五卷，首一卷，對臺灣史料之保存貢獻頗大。

〔註74〕此碑文舊志採之者有：以戶科給事中巡臺的六十七《使署閒情》、王瑛曾《重修鳳山縣志》、余文儀《續修臺灣府志》、盧德嘉《鳳山采訪冊》，以及《臺灣教育碑記》等書。

2. 敘述督察學政之詩作

范咸宦臺期間，有關與儒學教化議題相關之詩作，主要在敘述督察學政以及巡視全臺諸事。

范咸身為提督學政，照例須巡行各地督察學政，以下此詩便是有學校諸生聽聞范咸生日，而要為文祝賀，范氏賦詩辭謝，並鼓勵諸生要努力向學，他日始能有成。〈聞余初度諸生有欲以文壽者賦長句辭之〉：

> 知非未敢語吾曹，絳帳年來感二毛。
>
> 式穀猶應慚螺蠃，投綸竊欲避陽鱎。
>
> 暮春誰識絃中趣，深雪可知門外高。
>
> 但願諸生嫻禮樂，他年池上看揮毫。——（見《全臺詩》第貳冊，頁283）

此首為七言律詩，表現出了范咸的謙虛與對諸生之期許。第一句他說學生們知道鋪張浪費是錯誤的行為，因此不敢告訴他，他們正在準備幫他祝壽之事；第二句，他說感慨這一年來因教導生徒而頭髮斑白；第三句他說自己雖然盡力想求完善，但成效卻比不上小小的螺蠃；第四句他說想極力網羅人才，卻又怕招徠如白魚一樣的劣品；第五句他說在暮春三月的好時光裡，有誰能了解他絃中的樂趣；第五句他說希望能夠得到肯站立於程門深雪中虛心向老師問學的好學生；最後兩句他總結前面所言，希望學生們熟讀禮樂，以後才能在試場上揮毫成章一舉中試。而吾人推敲此詩之作的緣由，應該亦可想見當時范咸深受學生愛戴之狀。

3. 敘述巡視全臺之詩作

范咸是提督學政，因為職務關係使他必須巡視全臺執行任務，也因此在他的儒學詩中，也出現了一些反映臺民漢化情形之作品。

以下范咸這首〈題褚太守祿觀稼圖〉，正是反映臺灣原始住民在生活方式上的漢化情形：

> 北港地肥沃，種植恆不時。四月刈新穀，六月開新菑。
>
> 十月收大冬，洵有不斂穧。周知三年畜，轉販成漏卮。
>
> 番兒學唐人，亦解把耡犁。時清風日好，雞犬皆嬉嬉。
>
> 檳榔簇鳳尾，猱採同兒戲。彎弓射生手，徒充他人饑。
>
> 褚侯河南後，跨海效一麾。動念仁民術，寫出豳風詩。
>
> 美哉二千石，願更進微規。武侯治蜀嚴，寬猛常相持。
>
> 既庶何以教，阿誰是良師。逋逃何以絕，窮黎何以肥。

至治順大化，貴與羲皇期。何時道德同，四海仰風儀。

——（見《全臺詩》第貳冊，頁 270）

此首爲五言三十二句長律，范咸此詩乃是爲臺灣知府褚祿畫作所題之題畫詩。范咸註：「臺灣舊名北港」。褚祿，生卒年不詳，字總百江蘇青浦人。雍正十一年（1733）進士。乾隆十年（1745）四月由延平知府調任臺灣知府。曾經爲范咸、六十七纂輯的《重修臺灣府志》作跋文。〔註 75〕另外，在任臺灣知府期間，又曾經撰〈重修文廟碑記〉一文，此碑記由來於褚氏初任臺灣知府時，面謁范咸、六十七，二人教褚祿「移易風俗，必先培養人才；當思仰體聖天子崇道興學之意，以爲治政之本。」於是褚祿奮志重修府學文廟，廡後兩翼作爲義學，恢復陳璸以前十二齋之規模，並且進師生課誦其中，一時教典竝行，稱爲盛舉。〔註 76〕

范咸此詩前十六句表達出褚祿在臺灣知府任內，因關心社會問題而四處巡視轄域，觀察民情動態之狀況；後十六句則反映了自己對褚祿教化臺灣原始住民的期望和鼓勵。在前十六句中，范咸夾敘夾議，一方面就褚祿畫中之景作一概述，畫中呈現的是被漢化後的番民，也學漢人把著耡犁田種植作物，天氣清朗，雞犬嬉戲，檳榔樹尖尖的長葉在風中搖曳，猿猱採果與兒童戲玩，番民彎弓打獵射取野獸；另一方面則由景中帶出當時番民在民生方面極其窘困的事實，番民雖然臺地肥沃，四季都可種植，年年豐收，但因不懂得積畜三年穀糧，轉販之間利益全被侵吞，至於努力射獵回來的野獸，結果也是一樣，都被社商搶取豪奪騙光。在後十六句中，范咸則以提督學政的長官身分，期望並鼓勵褚祿，希望褚祿在治民之時，寬猛分寸要適當拿捏，如何找良師教士民？如何立威嚴絕逃犯？如何施恩惠養飽窮困百姓？其中道理就在能順應天時人心，不擾民。最後范咸更期待臺灣，終有一日能與內地有相同的道德表現，讓四海之內都仰望之。

除了以上題畫詩，范咸有一系列以提督學政身分巡視全臺，以備皇帝施政參考的紀巡詩，以及與保昌家十八兄〔註77〕「次韻卻寄」的組詩。

先說紀巡詩，范咸的紀巡詩以組詩方式組成，爲七言絕句，共十二首，詩題稱爲〈北行雜詠〉。第一首先敘明巡視緣由，「此行省斂非無事，恐愧當

〔註 75〕褚祿作者部分，參考自全臺詩編輯小組：《全臺詩》第貳冊，頁 183。

〔註 76〕見《臺灣教育碑記・重修文廟碑記》，臺灣文獻叢刊第五四種，頁 15。

〔註 77〕當時保昌家十八兄以〈滇昌雜詠詩〉十二首見示，范咸於是作〈臺江雜詠〉十二首，次韻卻寄。

年芟舍人」，可見范咸此次北行乃是帶著省斂薄賦任務的。隨著一路「輕風拂拂襲征衣」的風塵僕僕，范咸沿途記下北行所見景物，譬如第三首「一望青蔥十里遙，蔗田長是青春苗」即是記錄鐵線橋以北的田景、第五首「遠望平疇莽蒼間，花開蕎麥雪斑斑」即是記錄大武山一帶田景，而這樣的景物，所代表的當然是番民在漢化後，學會開田闢地種植作物的結果。

除了所見景物，范咸也記錄了在漢化過程中，錯綜交疊的新舊不同文化傳統，在番民身上所呈現的矛盾不協調現象，譬如第十一首：

> 身披錦屬色腥紅，頭上雞毛招颭風。
> 禮數縱嫌趨走疾，居然環珮響丁東。——（見《全臺詩》第貳冊，頁285）

此首為七言絕句，敘述馬芝遴社番的婦女以在頭上插雞毛為美觀之舊傳統穿著。由詩中，吾人知道當時的番社雖然番民舊傳統尚未被全面漢化，但是在行為表現上，被要求用漢人禮儀晉見清廷使節，以致在禮節動作上，顯得生澀而不盡理想。

范咸此次北行，吾人由其自註知道，他一路從官署所在地臺灣府出發，走過茅港（約今下營一帶）、鐵線橋（約今新營一帶），而入諸羅縣，然後再一路往北走，經過大武山一帶、西螺社、東螺社（約今二林鎮一帶），再過大渡溪、大甲溪，到達馬之遴社（約今鹿港一帶）。若以當時的番社來說，就是黃叔璥《臺海使槎錄》中的「北路諸羅番三」地區。最後一首，范咸為自己此次北行所見作了一個結語，在第十二首說：

> 雜詠詩成紀采風，麥苗陰雨細濛濛。
> 蠻孃齊唱豐穰曲，杼軸無憂大小東。——（見《全臺詩》第貳冊，頁285）

此首為七言絕句。在他看來，臺灣的土地處處開墾成良田種植作物，雨水充足，收穫豐盛，百姓衣食無憂。當然，這樣的結語似乎有粉飾太平之嫌，不過倒也反映臺民在漢化後，生存資源已不單靠打獵採集，而是加上人工種植，因此在物質生活上相對富足許多。

再說保昌家十八兄「次韻卻寄」組詩，這一系列組詩共有三組，即〈臺江雜詠〉、〈再疊臺江雜詠原韻〉、〈三疊臺江雜詠〉，都是七言律詩，每組各有十二首。就性質來說，此三組的組詩是保昌家十八兄以〈滇昌雜詠詩〉見示，范咸「次韻卻寄」的酬唱詩；就內容來說，此三組的組詩和紀巡詩一樣，也是紀錄臺灣的自然景物、風土民情與漢化情形等等，可見也是范咸平日所見所聞而來。

先說自然景物，其中某些與中國內地不同，譬如〈再疊臺江雜詠原韻〉十二首之八：「金穴玉山那可到，湯泉硫井轉相煎」（見《全臺詩》第貳冊，頁277。）范咸自註：「哆囉滿社產金」、玉山「在諸羅縣東北，人跡罕至」、「淡水廳治有溫泉」、「淡水礦山有硫穴」等等，可見他對臺灣特殊的自然地景很好奇；又譬如〈三疊臺江雜詠〉十二首之四：「四時花並一時開，冬日池荷清淺洄」（見《全臺詩》第貳冊，頁280。）范咸便自註：「冬日亦有荷花」，顯然他對臺灣一年四季皆有花開，尤其冬天也有荷花覺得不可思議。

再說風土民情，其中有些也是與中國內地不一樣，譬如〈臺江雜詠〉十二首之六：「百錢猶自懶傭工，只愛兒童賤老翁」（見《全臺詩》第貳冊，頁272。）便與中國傳統的勤勞與敬老民情不同；又譬如臺民的奎星信仰，〈臺江雜詠〉十二首之五：「占風小草宛如蓂，官廨粗營有綠廳。園地慣收百日赤，林間無改四時青。聲呼晴雨籠中鳥，語學咪嘓海上伶。最怪香燈誇七夕，三家村裏祀奎星。」（見《全臺詩》第貳冊，頁272。）中的最後二句「最怪香燈誇七夕，三家村裏祀奎星」。范咸奇怪臺灣小村落，居民在七夕夜裡點香燈祭祀奎星，可見此事在中國內地並沒有。而劉良璧在《重修福建臺灣府志》中，則詳細敘述臺灣奎星祭祀的儀式「七日七日，曰七夕，為乞巧會。家家晚備牲醴、果品、花粉之屬，向簷前祭獻，祝七娘壽誕畢，則將端午男女所繫五采線剪斷同焚。或曰魁星於是日生，士子多於是夜為魁星會，備酒肴歡飲，村塾尤盛。」〔註78〕可見臺民在自然發展過程中，把漢人的七夕和奎星（即魁星）信仰作結合，而成了獨特的一種歲時節慶。

而至於以下數首則正好相反，范咸詩作中所反映的，不是臺灣所特有的自然景物或風土民情，而是臺民在接受清廷儒學教育之後，在生活方式上、知識層面上，以及道德表現上的漢化情形。譬如〈臺江雜詠〉十二首之七：

> 繞籬刺竹插天青，小草幽花未有名。
>
> 冷食裸人占夏雨，水田黎婦盡春耕。
>
> 插秧鳥語知聲吉，懸穗禾間遍室盈。
>
> 風起簫琴緣底急，破瓜嬌女倍多情。──（見《全臺詩》第貳冊，頁272～273）

此首為七言律詩，此詩范咸反映番民在生活方式上的漢化情形。第一、二句敘述當時番民居住環境的清幽靜謐；第三、四句敘述番民靠著祖先遺留下來

〔註78〕見劉良璧：《重修福建臺灣府志・卷六・風俗・歲時》，臺灣文獻叢刊第七四種，頁97。

的古老方法，一方面占卜夏天雨水情形，另方面婦女們皆忙著下田春耕；第五句延續第三、四句之情境，敘述番民一面插秧、一面藉著鳥叫聲，預測今年會是一個豐收年；第五句敘述稻米豐收，番民將禾穗掛得滿屋都是的情景。由此詩，吾人知道當時本來不知耕作的番民，在漢化之後闢地成田，依照時節播種插秧，按時刈割收藏，他們的生活方式，在這方面看來已儼然與漢人頗爲相似。

又譬如〈臺江雜詠〉十二首之八，以及〈三疊臺江雜詠〉十二首之十，則是反映臺民在知識層面上的漢化情形。〈臺江雜詠〉十二首之八：

> 解讀周南第一篇，更加鑿齒締良緣。
>
> 花叢並蒂誇三友，草繡雙紋弄七絃。
>
> 珍重耳邊消息到，生憐額上畫眉煎。
>
> 難窮物理裁新語，瘴雨蠻煙別有天。 ——（見《全臺詩》第貳冊，頁 273）

此首爲七言律詩，范咸自註：「番童有能背誦〈關雎〉者」。〈關雎〉是《詩經》十五國風第一篇，詩中所敘述者爲一對青年男女，從初次見面到交往，從交往再到結婚，過程中雙方都以誠心相待，樂而不淫、哀而不傷，可作爲他人模範，因此詩序謂〈關雎〉乃在詠后妃之德。

此詩中第一、二句敘述番民受儒學教育能背誦〈關雎〉，更把〈關雎〉中的精神實踐到實際生活中，少年、少女行禮如儀地在親友祝福下鑿齒締結良緣；第三、四句敘述婚禮隆重而自然，勝過松竹梅三友的並蒂盛開花叢，而番民忙碌地編繡草葉成爲吹彈的樂器；第五、六句敘述將出嫁的少女，耳邊不斷傳來親友對她珍重道別的祝福聲，而爲了要在額上畫出最美麗的眉形，少女甘心忍受長時間的煎熬。

清廷領臺之後，積極以儒學教育臺民，從村塾、社學、義學、縣學、書院，整個教育體系都架構在儒學經典的學習上，期能讓臺民澈底有漢人的表現。然而人事可以藉外力改變，臺灣特殊的花草和瘴雨蠻煙之自然景物，終是無法強求改變而自成一格，難怪范咸要說「難窮物理裁新語，瘴雨蠻煙別有天」。

而〈三疊臺江雜詠〉十二首之八，范咸也是在反映臺民在知識層面上的漢化情形：

> 懷柔頻誦典謨篇，省識黃農與古緣。
>
> 象物已新皇夏鼎，阜財更拂有虞絃。

中官投藥泉猶潔，狂虜游魂膏自煎。

極目雲山多北向，彩霞深處是中天。──（見《全臺詩》第貳冊，頁281）

此首爲七言律詩，敘述臺地番民在清廷懷柔政策下，逐漸走上文明教化情形。第一、二句敘述番民接受儒學教育，不斷反覆背誦《尙書》中的典謨諸篇，以了解黃帝、神農與上古時期的關係；第三、四句敘述番民在接受漢化之後氣象一新，頗顯出物阜民豐的皇夏景象；第五、六句敘述臺灣自鄭成功開闢蠻荒，到清廷接續治理以來，海賊流寇已逐漸銷聲匿跡；最後兩句則是范咸以朝廷使臣身分，向臺地番民宣示：北向極目雲山，在彩霞深處的那個政權，才是你們的眞正統治者。

懷柔是清代歷任皇帝的治臺策略，遠在康熙剛底定臺灣的二十三年（1684）五月十八日，康熙便對被任命爲臺灣總兵官的楊文魁說：「爾莅任，務期撫輯有方，宜用威者儦之以威，宜用恩者懷之以恩，總在兵民兩便，使海外晏安，以稱朕意。」〔註79〕康熙的「儦之以威」、「懷之以恩」，不但成了後來歷任皇帝的治臺策略，也成爲宦臺文武官的工作準則。武官不斷用兵力鎭壓臺民的抗議行動，文官則努力用儒學經典教化臺民，讓臺民行爲表現合於禮教標準，此詩透露了上述訊息。《書經》一書內容包括有六種文體，即典、謨、訓、誥、誓、命。其中「典」有〈堯典〉、〈舜典〉，所言爲自黃帝、神農等古帝王受天命而治天下，乃不變之常道；「謨」有〈大禹謨〉、〈益典〉、〈稷典〉，內容爲大臣所獻之計策，目的在輔助國君治理國家。宦臺儒官教導學生背誦《書經》典謨篇，正是要強化臺民君君臣臣的觀念。至於〈三疊臺江雜詠〉十二首之十：

椎髻圍花一色紅，尤憐雉尾晚搖風。

也諳禮讓非關學，纔讀詩書便不同。

大耳祇因娛美婦，細腰未許過成童。

笑他女作門楣好，眞個吾翁即若翁。──（見《全臺詩》第貳冊，頁281～282）

此首爲七言律詩，此詩爲以上二詩之統合。詩中敘述番女一身原始打扮，頭上椎髻圍了一圈紅花，還插上漂亮的雉雞尾毛作裝飾，耳朵被長期用竹圈穿出大大的耳洞，腰部也長期用竹籠圈圍，而塑造出細細的腰支，她們雖然穿著裝飾都顯得原始，但是卻都懂得禮讓，尤其是在接受儒學教育，讀了詩書之後，更是與以前大不相同。

〔註79〕見張本政主編：《清實錄臺灣史資料專輯》，頁65。

　　周鍾瑄《諸羅縣志》說：「論曰：『夫《詩》、《書》之氣漸染甚於丹青。不患才之不及，而患志之不立。年盛質美，始涉學庭，講修典訓，志道據德之基也。積分優補，久列膠庠，力學不倦，依仁游藝之漸也。古者之學，自一年以至七年謂之小成，九年謂之大成，故能經術湛深，時務明達，本末貫通，紹休聖緒。敷奏以言，則文章可觀；明試以功，則盤錯皆利；出為家國天下之禎祥，處亦學術人心之倚賴也。』」〔註80〕

　　儒官教導臺民誦讀《詩經》、《書經》來潛移默化之，自是，臺民雖然在穿著打扮上仍維持原來風貌，重視生女的習俗還是不變，但已知曉禮讓的道理，也難怪范咸要說「也諳禮讓非關學，纔讀詩書便不同」。

　　其實，除了清代臺灣詩作反映了臺民在接受儒學教育後所呈現的漢化現象外，其他如清代臺灣方志和雜記，也都不約而同反映了同樣的現象。以下筆者試舉黃叔璥、劉良璧、六十七等三人之相關資料以補充之，先說黃叔璥。

　　黃叔璥作有《臺海使槎錄》一書，時間大約在康熙六十一年（1722）。黃氏在《臺海使槎錄》說：「余與黃巖顧敷公過大洲溪，歷新港社、加溜灣社、麻豆社，雖皆番居，然嘉木陰森，屋宇完潔，不減內地村落。顧君曰：新港、加溜灣、歐王（即蕭瓏）、麻豆於偽鄭時為四大社，今其子弟能就鄉塾讀書者躅其徭，欲以漸化之。四社番亦知勤稼穡、務蓄積，比戶殷富。又近郡治，習見城市居處禮讓，故其俗於諸社為優。」〔註81〕筆者按：黃叔璥此處所說為北路諸羅番一：地區包括新港、目加溜灣（一名灣裏）、蕭瓏、麻豆、卓猴。

　　又說：「東螺、貓兒干間，有讀書識字之番。有能背誦毛詩者，口齒頗真；往來牌票，亦能句讀。阿束番童舉略讀下論，志大、諳栖俱讀上論，并能默寫。蒙師謂諸童聰慧，日課可兩頁；但力役紛然，時作時輟，不能底於有成耳。」〔註82〕筆者按：黃叔璥此處所說為北路諸羅番三：地區包括大武郡、貓兒干（一作麻芝干）、西螺、東螺、他里霧、猴悶、斗六（一名柴裏）、二林、南社、阿束、大突、眉裏、馬芝遴。

〔註80〕　見周鍾瑄：《諸羅縣志・卷五・學校志・總論》，臺灣文獻叢刊第一四一種，頁81。

〔註81〕　以上見黃叔璥：《臺海使槎錄・卷五・番俗六考・北路諸羅番一・附載・稗海紀遊》，臺灣文獻史料叢刊第二輯，頁99。

〔註82〕　見同上，黃叔璥：《臺海使槎錄・卷五・番俗六考・北路諸羅番三・附載》，頁109。

又說：「半線番童楚善讀下孟，大眉、盈之俱讀下論，宗夏讀上論，商國讀大學。」〔註83〕筆者按：黃叔璥此處所說為北路諸羅番六：地區包括南投、北投、貓羅、半線、柴仔阬、水裏。

以上為北路諸羅番之漢化情形，至於南路鳳山番之漢化情形又是如何？

黃叔璥又說：「土官有正副，大社五、六人，小社三、四人，各分公廨（管事頭目亦稱公廨）。有事則集眾以議。能書紅毛字者號曰教冊，掌登出入之數；削鵝毛管濡墨橫書，自左而右。」〔註84〕筆者按：黃叔璥此處所說為南路鳳山番一：地區包括上澹水（一名大木連）、下澹水（一名麻里麻崙）、阿猴、搭樓、茄藤（一名奢連）、放縤（一名阿加）、武洛（一名大澤機、一名尖山仔）、力力。

又說：「南路番童習漢書者，曾令背誦默寫。上澹水施仔洛讀至離婁；人孕礁巴加貓讀左傳鄭伯克段于鄢，竟能默寫全篇；下澹水加貓、礁加里文郎讀四書、毛詩，亦能摘錄；加貓讀至先進，礁恭讀大學，放縤社呵里莫讀中庸，搭樓社山里貓老讀論語，皆能手書姓名；加貓於紙尾書「字完呈上、指日榮陞」數字，尤為番童中善解事者。」〔註85〕

又在〈馭番〉說：「肄業番童，拱立背誦，句讀鏗鏘，頓革味離舊習。陳觀察大輦有司教之責，語以有能讀四子書、習一經者，復其身，給樂舞衣巾，以風厲之。癸卯夏，高太守鐸申送各社讀書番童，余勞以酒食，各給四書一冊，時憲書一帙，不惟令奉正朔，亦使知有寒暑春秋番不記年，或可漸易也。」〔註86〕

黃叔璥，生於康熙五年（1666），卒於乾隆七年（1742），字玉圃，晚號篤齋，大興縣（今北京市）人。在康熙六十一年（1722），以首任巡臺御史身分東渡來臺，雖然當時尚未有巡臺御史兼提督學政之職稱名目，因此不必肩負教育臺民之責，但是他一路巡視臺灣各地，看到了臺灣原始住民入鄉塾讀書，居處禮讓，番童也有會讀《毛詩》、《論語》、《孟子》、《大學》等的漢化現象。

〔註83〕見同上，黃叔璥：《臺海使槎錄‧卷五‧番俗六考‧北路諸羅番六‧附載》，頁117。

〔註84〕見同上，黃叔璥：《臺海使槎錄‧卷七‧番俗六考‧南路鳳山番一‧附載‧鳳山志》，頁148。

〔註85〕見同上，黃叔璥：《臺海使槎錄‧卷七‧番俗六考‧南路鳳山番一‧附載》，頁149。

〔註86〕見同上，黃叔璥：《臺海使槎錄‧卷八‧番俗雜記‧馭番》，頁171。

　　次說劉良璧。劉良璧作有《重修福建臺灣府志》一書，時間在乾隆六年
（1741）。劉良璧在《重修福建臺灣府志》中也記載了臺民漢化情形，他說：
「數十年來沐聖化之涵濡，漸知揖讓之誼，頗有尊親之心。多戴冠、著履，
身穿衣褲。凡近邑之社，亦有知用媒妁聯姻行聘；女嫁於外、媳娶於家，大
改往日陋習。又多剃頭留鬚，講官話及漳、泉鄉語，與漢民相等。……今則
簿籍皆用漢字。每至一社，番童各執所讀經書文章，背誦以邀賞，且有出應
考試者。其與曩時大不相同。」〔註87〕

　　再說六十七。六十七，生卒年不詳，號居魯，滿洲鑲紅旗人，與范咸先
後宦臺（在乾隆九年（1744）以戶科給事中奉命巡視臺灣）。他雖然不是提督
學政，但是平日在工作之餘，既關心臺灣殊俗，又對文教問題相當注意。他
在〈社師〉一文中，便提到提督學政在各社巡視，督察各社學政之事，而說：
「南北諸社熟番，於雍正十二年始立社師，擇漢人之通文理者給以館穀，教
諸番童。巡使按年巡歷南北路，宣社師及各童至，背誦經書。其後歲科，與
童子試，亦知文理，有背誦《詩》、《易經》無訛者，作字亦有楷法。番童皆
薙髮冠履，衣布帛如漢人。」〔註88〕

　　由以上黃叔璥、劉良璧、六十七等三人之臺灣方志及雜記，吾人回看范
咸記錄臺灣原始住民受儒學教化之表現情狀，實有讀史詩之感。

（六）覺羅四明

　　覺羅四明，生卒年不詳。字朗停，號松山，滿洲正藍旗人，內閣中書。
清乾隆二十四年（1759）年任臺灣知府，乾隆二十六年（1761）任臺灣道兼
提督學政。在任期間總裁《臺灣府志》；知府任內疏浚鳳山縣茄藤港，並明定
歲修一次，增建府城城隍廟。〔註89〕

1. 在臺文教事功

　　覺羅四明在臺文教事功，表現在興建學校和勘定學規以訓示臺灣本土士
子方面。先是乾隆二十四年（1759）在知府任內設崇文書院，有〈新建崇文
書院記〉一文以記當時之事。後來在乾隆二十七年（1762），在巡道任內奏請

〔註87〕見劉良璧：《重修福建臺灣府志》，臺灣文獻叢刊第七四種，頁105。
〔註88〕見滿洲六十七居魯：《番社采風圖考・社師》，臺灣文獻叢刊第九〇種，臺北：
　　　　臺銀經研室，1961年（民50），頁1。
〔註89〕參考《全臺詩》（第貳冊），頁346，以及劉寧顏：《重修臺灣省通志・卷六・
　　　　文教志・教育行政篇（第一冊）・臺灣提督學政兼職表》，頁41。

分巡臺灣道楊景素,將舊臺灣縣署改建的海東書院再予以重修一番,而有〈改建海東書院記〉一文以記當時之事。並且有〈勘定海東書院學規〉以訓示臺灣本土士子處世為學之道。

(1) 新建崇文書院

覺羅四明在〈新建崇文書院記〉碑記中首敘為何新建崇文書院之緣由,乃因當時在崇文書院上課的生童,由於向來經費不敷而僑寄在學舍之旁。次敘因此之故,於是奏請新建,准之,於是同官捐俸、紳士醵金,而得以庀材鳩工而完成之。三敘完成後的規模,有講堂、有書齋、有膳堂、有廊廡器具;並有倡捐來的學田供作書院膏火之資。四敘延聘內地名儒授課,挑選文行優良之士子就讀其中。

最後,覺羅四明勉勵士子們,「願執經請業者虛懷集益,勵志潛修,勿始勤而終怠,勿騖華而失實,以備國家楨幹良才,庶幾不負所以創建之意。」〔註90〕

(2) 改建海東書院

海東書院最早由巡道梁文煊建於康熙五十九年(1720),後來作為作為歲、科考的校士所,書院幾廢。乾隆四年(1739)提督學政單德謨別建校士院於東安坊。隔年(1740),巡道劉良璧修之,書院復振,後來御史楊二酉奏請,以府學教授為掌教,選諸生肄業其中,當時府學教授為福州薛士中。乾隆十五年(1750),新建縣署於紅毛樓右,於是修東安坊舊署為書院,將原來書院遷過去,並在十七年(1752)詔示巡道兼提督學政,其後歲、科考校士皆在道署,作為校士院的海東書院遂廢。〔註91〕

乾隆二十七年(1762),覺羅四明任巡道,修曠院為海東書院,復徙焉。因此而有此〈改建海東書院記〉碑記之記事。碑記中首敘改建海東書院之緣由,次敘改建之經過,三敘完成後的規模,有講堂、有吟廬、有廚舍、而且器用畢具。四敘延聘內地名宿授課。

最後,覺羅四明勉勵學生:「諸生以時絃誦其中羣體惓惓造就之意而尊聞行知日征月邁勿勤始怠終,勿騖華失實,以馴至乎行成名立;將他日之獻諸廷者,即今日之修於家也。予蓋有厚望焉,因勒於石。」〔註92〕

〔註90〕見余文儀:《續修臺灣府志・卷二十二・藝文(三)・記・覺羅四明〈新建崇文書院記〉》,臺灣文獻叢刊第一二一種,頁810～811。

〔註91〕見謝金鑾:《續修臺灣縣志・卷三・學志・書院・海東書院》,臺灣文獻叢刊第一四○種,頁165。

〔註92〕見余文儀:《續修臺灣府志・卷二十二・藝文(三)・記・提督學政覺羅四明

（3）勘定海東書院學規

〈勘定海東書院學規〉乃覺羅四明改建海東書院之後，爲訓示海東書院諸生而續作的。在此篇學規之前，早已經有一篇劉良璧的〈海東書院學規〉存在。〈海東書院學規〉爲劉良璧於乾隆五年（1740）陞分巡臺灣道兼提督學政時，也是爲訓示海東書院諸生而作。這兩篇學規相距大約二十年，由內容上來看，一簡一密；從精神上來說，則有相通之處，要皆包括爲修品德、研文藝二端（請詳見本論文第六章）。

2. 敘述督察學政之詩作

覺羅四明宦臺期間，其詩作中有關儒學教化議題者，主要表現有兩類，即敘述督導學政以及巡視全臺之情形。

覺羅四明以提督學政身分宦臺，自然免不了必須巡視臺灣各地，督察各級學校的學政。因此除了對官署所在地的臺灣府之學政，包括海東書院、崇文書院之學政加以督察外，他照例也必須到其他各縣巡視學校，以下這首〈泮水荷香〉，便是他巡視鳳山縣學之記事詩。〈泮水荷香〉出自他的〈鳳山八景〉詩，鳳山八景詩共有八首，依順序即〈丹渡晴帆〉、〈岡山樹色〉、〈淡溪秋月〉、〈泮水荷香〉、〈球嶼曉霞〉、〈瑯嶠潮聲〉、〈翠屏夕照〉、〈鳳岫春雨〉。此詩反映了鳳山縣學的特殊景致與良好學術氣氛。〈泮水荷香〉八首之四：

> 新荷出水古錢同，吐蕊迎秋曲鑑東。
>
> 芳氣半涵斜日淨，清標一抹晚霞紅。
>
> 浮沉微裏疏疏雨，掩映輕翻澹澹風。
>
> 敧影頖宮無限好，何須泛艇涉江中。——（見《全臺詩》第貳冊，頁352）

此首爲七言律詩。詩中前六句都在敘述圍繞鳳山縣學的那一窪天然蓮花池中的荷花美景，首先由新冒出水面的新荷說起，覺羅四明說它們像古錢一般典雅；接著說它們慢慢吐出花蕊，迎著秋風搖曳在曲折的東面水邊；又接著說它們所散發的香氣，以及與一抹紅色晚霞相映照的美姿；再接著說荷花在疏雨澹風中微裏輕翻的脫俗景。而最後兩句，覺羅四明點出他此行來到這裡的目的，原來並不是爲嚮往這裡美景，而想來此泛艇涉江暢遊一番，乃是爲要督察鳳山縣學的學政之故，因此藉學宮敧影，說他看到學宮敧影就已經覺得無限美好，又何必一定要泛艇涉江才算是不虛此行。

〈改建海東書院記〉》，臺灣文獻叢刊第一二一種，頁 811～812。

此首詩亦見於盧德嘉《鳳山縣采訪冊》，表面上看來只是一首寫景詩，寓情成分不高，詩風平實無華，詩境靜謐祥和，憑實而論，並非絕妙好詩。但是吾人若用儒學教化角度看這首詩，這首詩所代表的意義則頗深。由覺羅四明這首詩的詩題，吾人知道這首詩描寫的景色是當時鳳山縣儒學（在今日高雄市左營區蓮池潭畔）。鳳山縣儒學當時獨據形勝之美景，在高拱乾《臺灣府志》和周元文《重修臺灣府志》中，對它也都有過如此敘述：鳳山縣學的學前有天然泮池，荷花芬馥，香聞數里，鳳山拱峙，屏山插耳，龜山、蛇山旋繞擁護，池中盛產魚和蓮，所產經販售，所得歸學宮所掌管。覺羅四明身為提督學政，督察學政至鳳山縣儒學，看到儒學四周景致優美，氣氛安祥；尤其學宮在經過歷任知縣和學官不斷重修下，規模形制完備，適合諸生在此修習士子業。吾人可以想像他詩句中的「敧影頻宮無限好，何須泛艇涉江中」，絕非為醉戀美景而發，而是因為學宮的儒學教化情形讓他很放心之下，所發出來的滿足之語。

覺羅四明在今日吾人可見到的詩作中，雖然看不到與儒學教育主題緊密相連的詩句，但是臺灣儒學教育的進程方式，由點而面，由面而至成為普遍。覺羅四明任臺灣提督學政是在乾隆二十六年（1761），此時距離康熙二十二年（1683）領臺已有七十八年。臺灣在這七十八年當中，儒學教育成效已累積到某種程度，也因此乾隆二十六年才宦臺的覺羅四明詩作中，雖然看不到與儒學教育主題緊密相連的詩句，但是由他詩作的題目，吾人卻可清楚看到臺灣實施儒學教育之成果。

3. 敘述巡視全臺之詩作

覺羅四明以臺灣道兼提督學政身分宦臺，當然除了督察學政外，也必須照例巡行全臺，督察臺政各事，因此他也有紀巡詩。覺羅四明的紀巡詩是組詩，詩題為〈春日按部北路即事〉，全是七言絕句，共有六首。

在這六首詩中，覺羅四明反映了番民在生活方式上與禮教表現上的漢化，同時也透露出當時清廷在臺灣的統治勢力，乃是文武雙管齊下，由南部往北方，一步一步延伸進行。先說生活方式上的漢化，譬如第一首「更喜西疇時雨足，蔥蘢彌望長苗秧」，反映了番民漢化後，開田闢地有成，加上雨水充足，秧田望去四處一片青蔥翠綠。六首之四則進一步寫道番民與清廷使者間的互動，禮教上的表現：

拈香負弩致殷勤，童叟喧傳舊使君。

　　　番社久安耕耨業，糍盤競獻倍含欣。——（見《全臺詩》第貳冊，頁 347）

此首為七言絕句。此詩反映了番民久經漢化，長期以來安於從事種植工作，生活安定富足，因此對清廷派來的使者，即使是滿籍的覺羅四明不但不排斥，反而不論老少皆奔相走告，恭敬殷勤地迎接招待，還爭先恐後獻上一盤盤糍粑表示感謝，而讓覺羅四明心中倍感欣慰。當然，這種景象也只是一部分番社如此，其實當時尚有許多番社不肯接受清廷招撫，而清廷也毫不妥協，鎮之以威加以壓制，譬如六首之五：「大甲溪深未易過，尤憎虎尾聚奸多。年來設戍勤持護，一道長光映綠莎。」覺羅四明在詩中很清楚道出在乾隆二十六年（1761）前後，也就是他任職臺灣道兼提督學政期間，大甲溪以北的虎尾一帶，番民抗拒不願歸化，而清廷派兵戍衛之情形。

（七）楊廷理

　　楊廷理，生於乾隆十二年（1747），卒於嘉慶二十一年（1816），字清和，一字半緣，號雙梧，晚號更生，廣西柳州府馬平縣（今柳州市）人。〔註 93〕分別於乾隆五十二年（1787）任臺灣知府、乾隆五十五年（1790）陞臺澎兵備道兼提督學政。嘉慶十一年（1806）再任臺灣知府，三度來臺，前後長達十六年。

　　楊廷理乾隆二十一年（1756），十歲，即開始誦讀《四書》，未竟，僅認字五千餘，其父督課素嚴。二十二年（1757），十一歲，兩兄入泮，楊氏昕夕在塾。不到二年而《四書》、《五經》，並古文時藝四百餘篇，熟貯胸中，下筆也能完篇。二十三年（1758），十二歲，以默《五經》出應童子試，當時歲科試初增詩，楊氏作詩，末二句「世人只訝高聲價，那識良工費苦心」，學使南安陳桂洲拍案說：「小子後來必以詩成名」，遂錄取府庠。二十五年（1760），十四歲，食廩餼。四十二年（1777），三十一歲，才受知於青陽學使王懿修。四十三年（1778），三十二歲，以拔貢生入都，秋七月，朝考一等一名。引見，奉旨以知縣用，簽發福建。以上是楊廷理在自著年譜──〈勞生節畧〉中，所記錄的自己之學習歷程。

　　由此，吾人知道楊廷理的學術背景，一如當時每位儒學士子，《四書》、《五經》並古文時藝之學習無一缺少；也一如當時科舉出身的士子一般，楊廷理開始接受清廷派令，轉宦各地。

〔註93〕參考全臺詩編輯小組：《全臺詩》第參冊，頁 207。

1. 在臺文教事功

乾隆五十年（1785）八月，三十九歲，楊廷理以卓異卸侯官縣任，旋奏陞臺灣府南路理番同知。隔年，五十一年（1786）秋八月，四十歲，到任，當時全臺不靖，搶劫頻聞，謠言四起。五十二年（1787）五月，四十一歲，賞戴花翎，九月，因平林爽文有功，陞臺灣府知府。五十五年（1790），四十四歲，陞臺澎兵備道兼提督學政。五十七年〔五十八年〕，清廷特加按察使銜，楊氏除弊日力，歲科試五次，一秉至公倍圖報稱，後因遭忌，被清廷「一併革職拏問」。直到嘉慶十一年（1806），六十歲，才又四處告貸湊挪，遞呈降捐知府。適當時臺灣府缺出，遂再任臺灣知府，臨行受召見，奏對移時，並垂詢噶瑪蘭地方，楊廷理因已知大概情形，因此直奏當開。嘉慶當面諭示「稟商督撫」。及至臺灣，噶瑪蘭地區的開發及教化，成了楊廷理最重要的工作，也是他宦臺最大的事功。〔註94〕

楊廷理宦臺期間，除了靖平地方亂事而有名於當時之外，對清代臺灣儒學教育發展功勞尤著，因此他宦臺期間，亦有多首與儒學教化相關議題之詩作。以下茲依其事功之時間先後，敘述他督導學政以及設立學校之事。

2. 敘述督察學政之詩作

楊廷理在乾隆五十二年（1787），四十一歲時，因平靖林爽文之亂有功，〔註95〕陞臺灣知府，初陞，便主持歲試，並委託海東書院主講曾中立編輯優等文章，親自校訂，作為課藝範例，計有《臺陽試牘》初集、二集、三集，重刻《柳河東先生集》。並有〈試院感懷示生童〉二詩，記錄他在考場對應試生童之期許，先說〈試院感懷示生童〉二首之一：

> 纔脫兜牟卸短兵，忽教持筆秉文衡。〔註96〕
> 曩時自竭征誅力，此日深慚藻鑑明。
> 亂後士風宜振作，海濱文體望裁成。
> 祇因躬被天恩厚，愈矢臣心似水清。

〔註94〕見楊廷理，《知還書屋詩鈔·卷十·勞生節署》，臺灣歷史文獻叢刊，南投：臺灣省文獻委員會，1996 年（民 85），頁 299～302。以下本論文各章所引用此書皆為同一版本，不再贅敘出版地、出版社與出版年。

〔註95〕林爽文亂起，楊廷理以臺灣府南路理番同知身分，參與靖亂工作，事後作《東瀛紀事》記之，述之甚詳，頗具史料價值。見楊廷理，《知還書屋詩鈔·附錄·東瀛紀事》，頁 343～367。

〔註96〕此處楊廷理自註：「時大兵凱旋，予護道篆。福公相令即舉行歲試。」

——見《知還書屋詩鈔‧卷九‧拾遺草（乾隆丙午以前至癸丑賸纂）》，頁292）〔註97〕

此首爲七言律詩。楊廷理在詩中一開始便敘述自己當時的工作狀況，剛平靖林爽文事件，接著便主持生童入學考試。第三、四句是楊氏自謙。後面四句則是期望與自許，在第五、六句中，他勉勵生童在歷經亂事之後，士風更應該努力提振，期望臺灣士子之文藝能力有成；在第七、八句中，他則自許要公正不偏，在此次考試中拔擢眞正人才。再說〈試院感懷示生童〉二首之二：

> 廿載雞窗時刺股，十年花縣日勞形。
>
> 何期秉教持冰鑒，更被殊恩挂雀翎。
>
> 學校風清心自爽，苞苴路絕眼俱清。
>
> 欣逢鵬翼雲程近，試目扶搖上帝廷。

——（見《知還書屋詩鈔‧卷九‧拾遺草（乾隆丙午以前至癸丑賸纂）》，頁292～293）

此首亦爲七言律詩。詩中前六句言己，後二句勉人。詩中以順敘法敘述自己經歷：二十年苦讀之下終於考上拔貢，之後有十年時間在廣東花縣任官。後來被拔擢爲臺灣知府，對臺灣之學校教育特別重視，務期去除敗壞份子，使學校風氣清平。最後二句，他勉勵考場生童，欣逢有這個可以展翅高飛之機會，希望大家能一飛直上朝廷，貢獻心力給國家。

此二首詩十足表現出楊廷理君臣觀念之濃厚；而更值得注意的是，他秉公取才，以及廓清學風之決心，對清代臺灣學校教育發展之幫助實爲不小。

3. 敘述興建學校之詩作

楊廷理在臺灣知府任內，因鑒於當時林爽文之亂方平，臺灣府文廟殘破，遂發起修廟之舉，一時宦臺官吏、肄業諸生，紛紛解囊助修，廟成，乾隆五十六年（1791）歲次辛亥三月，楊廷理勒石作碑記，而有〈重新文廟碑記〉一文。

碑文中，他說：「且斯廟之立也萬世師表之所在，而王政之所本也。古者黨庠遂序，所以養智、仁、聖、義、忠、和之士，取備公卿、大夫、百執事之選，以治天下、國家。爲治者無變今之俗，而又不循乎古人之舊，將焉用之？……臺雖僻在島夷，而一遵聖天子之聲教，將人才盛而文運昌，誰謂

〔註97〕見楊廷理：《知還書屋詩鈔‧卷九‧拾遺草（乾隆丙午以前至癸丑賸纂）》，頁292～293。此詩《全臺詩》未收。筆者依詩中「纔脫兜牟卸短兵」、「曩時自竭征誅力」、「亂後」、「海濱」、「更被殊恩挂雀翎」五句，判斷楊廷理此詩作於因平靖林爽文之亂有功，陞臺灣府知府，主持生童歲試之時。

海隅日出之地不盡如古所云耶？是余之惓惓於是，誠望夫親炙羹牆者，皆以道學發爲經濟，咸拜獻之，登於天府，眞足爲千古之一大盛事。後之牧斯民者，皆厚以培養而修葺之，謀更相承忽替，則此興教之區，庶將垂於無窮也已。」〔註98〕吾人由楊廷理此段話，尤其是「誠望夫親炙羹牆者，皆以道學發爲經濟，咸拜獻之，登於天府，眞足爲千古之一大盛事。」一語，知道他在臺灣惓惓建校興學，乃是希望臺地學子，能將此儒學轉化成經世致用的有用之學，以便爲國效勞。

而此次修建參與捐助者，其身分有福建臺灣海防分府、臺灣縣署、府學教授、縣學教諭、訓導、舉人、拔貢、廩生、武生、生員、歲貢、恩貢。人數除楊廷裡外，總計有一百十七人。由此也讓吾人看到，當時無論是宦臺官吏，或是臺灣本土士子，對發展臺灣文教熱烈參與之一斑。

嘉慶十一年（1806），楊廷理第三度宦臺，再任臺灣知府，對當時臺灣文教尚未能全面開展，明顯有著盼望與期許。因此而有以下這首〈臺郡迎春口占〉：

> 再來海國喜逢春，暖日和風綵仗新。
> 四野已霑三日雨，千家重見六旬人。
> 民經盜寇心多梗，郡撫番夷化未馴。
> 但願歲豐仍節儉，興仁講讓自還淳。——（見《全臺詩》第參冊，頁208～209）

此詩爲七言律詩，此詩出於他的《知還書屋詩抄・卷八・東游草嘉慶丙寅冬至癸酉》中。楊廷理在嘉慶十一年（1806年），六十歲，九月二十日降任臺灣府知府，二十五日出京，十一月冬至日抵閩，十二月十一日到臺任職，此詩便是作於丙寅年（即嘉慶十一年）的歲末年初之時。〔註99〕詩中他自己作註，當時「臺郡久缺雨。予入境，甘霖適沛」，生命活力的再現，讓他心情愉悅。因此眼中之景，無一不沾上濃濃喜氣，「春」與他喜相逢、「日」溫暖照人、「風」和煦吹人、「綵仗」嶄新迎人；盜寇初靖，上年紀的長輩也敢出來在路上行走了。唯一讓他心中記掛的，明顯還是文教問題，所謂「郡撫番夷化未馴」。因此身爲臺灣知府身分，楊廷理的迎春盼望，便是希望百姓雖然歲豐仍能節儉，接受儒學教化，彼此興仁講讓，那麼社會風氣自然可以回復以前的淳樸。

〔註98〕見《臺灣南部碑文集成（上冊）》，臺灣文獻叢刊第二一八種，頁 150～153。
〔註99〕見楊廷理，《知還書屋詩鈔・卷十・勞生節署》，頁 304。

　　不過楊廷理的盼望與期許畢竟還是落空，因為噶瑪蘭先後有洋匪李培、蔡騫之亂，久為賊眾窩藏淵藪。而他臨蒞臺之前，奉嘉慶之命，對噶瑪蘭負有「稟商督撫」之責，到任不久，嘉慶十二年（1807）秋七月，又有海寇朱濆滿載農具收泊蘇澳，擬佔溪南地（即東勢）為根據地。楊氏訪聞得實，趕赴艋舺緝捕，與王得祿合力水陸夾攻，朱濆敗走。平靖朱亂後，楊氏仍極力主張將噶瑪蘭收入版圖，並實際參與噶瑪蘭的清查田甲、分畫地界工作，力排有心人士從中取利之奸詭，終於順利按畝陞科、分別正雜租額，民番稱便。而他數首以噶瑪蘭為詩題的詩，正記錄了當時的實際狀況。〔註100〕

　　譬如〈相度築城建署地基有作〉二首之二：「度阡越陌到溪洲，溪水湯湯忽淺流。天道難窺原不測，人心易動合為讎。奸民鳥散須防聚，佳士雲騰定寡儔。藏事料需三載後，敢辭勞勩憚持籌。」〔註101〕便道出當時楊廷理在築城建署初期，除要辛苦執行任務，又要承受人事上壓力之一斑。

　　又譬如〈噶瑪蘭坐西向東經相度築城建署地址申報茲勘與梁章讀請改坐北向南因復履勘果成大觀喜而有作〉的後四句：「三月綢繆占既濟，數年議論快初伸。斜陽獨立頻搔首，綠畝青疇大有人。」〔註102〕便道出他在築城建署工作終於定調，又看到荒地盡都開闢成良田，處處綠畝青疇之後的心中喜悅。

　　另外又如〈重定噶瑪蘭全圖偶成〉二首之一的最後兩句：「籌邊久已承天語，賈傅頻煩策治安」；二首之二的第一、二句：「三農力穡趁春晴，雨霽煙消極望平」〔註103〕便道出在這一片新開發土地上，官吏努力維持地方治安，百姓辛勤耕種田地，各司所職，生活安靜平穩之情狀。

　　而以前凶悍不馴的民番，如今因儒學教化，逐漸漢化之情形，則記錄在他的〈噶瑪蘭道中口占〉二首之一之中：

　　　五入深山敢憚遙，開雲屢喜見三貂。

　　　獰猙漸化民番習，澹泊能為屬吏標。

　　　照眼野桃紅細細，濕衣曉霧白飄飄。

　　　嗟余孤立無將伯，冀把涓埃報聖朝。——（見《全臺詩》第參冊，頁233）

〔註100〕見楊廷理，《知還書屋詩鈔・附錄・議開臺灣後山噶瑪蘭（即蛤仔難）節略》，頁375。

〔註101〕見同上，《全臺詩》第參冊，頁220。

〔註102〕見同上，《全臺詩》第參冊，頁222。

〔註103〕見同上，二首俱見《全臺詩》第參冊，頁232。

此首為七言律詩。第一、二句敘述他不辭路途遙遠，五度直入深山，並且屢次在天晴雲開之時，看到最遠處的三貂角；第三、四句敘述番民在長期接受儒學教育後漸漸開化，過著澹泊淳樸的生活；第五、六句敘述山中的絕佳自然美景，與自己穿梭在深山中的萬般辛苦；最後兩句則回歸到自己的使臺身分與職責，忠誠地向朝廷表白，將盡心竭力回報朝廷的厚待之恩。此詩寫出了噶瑪蘭民番納入清廷版圖，接受儒學教化之後，逐漸改變原有習性之情形；同時也寫出了一個宦臺儒官，本著儒家忠君愛民精神，鞠躬盡瘁的高尚情操，可謂十足表現了儒官之儒學精神。

所謂「富而後教」。楊廷理治噶瑪蘭有方，除民食、民安，更進一步建學教民，因此而有〈蘭城仰山書院新成志喜〉一詩之成。在詩中，楊廷理反映出噶瑪蘭開發教化有成之果效，即使當時只是簡陋三楹而已：

龜山海上望巍然，追溯高風仰宋賢。

行媲四知留榘範，道延一線合眞傳。

文章運會關今古，理學淵源孰後先。

留與諸生勤努力，堂前定可兆三鱣。——（見《全臺詩》第參冊，頁234）

此詩為七言律詩，楊廷理敘述自己創建仰山書院之緣由。第一、二句說看到巍然矗立海上的龜山，就追仰起高風亮節的宋賢楊龜山；第三、四句讚美楊龜山行事風格已成為別人的典範，學術道統則是承襲自二程子的眞傳；第五、六句則就著楊龜山文章作敘述，說楊龜山的文章會關今古，得理學淵源之先；第七、八句則勸勉諸生要勤於學業，並希望藉由仰山書院之創建，使諸生得到最好的儒學教育。

陳淑均《噶瑪蘭廳志·卷四（上）·學校·書院》說：「仰山書院，在廳治西文昌宮左，以景仰楊龜山得名。嘉慶十七年委辦知府楊廷理創建，三楹，旋圮。」〔註104〕在〈蘭城仰山書院新成志喜〉詩中，讓吾人知道，楊廷理不只通《四書》、《五經》、古文時藝，對宋理學也是尊崇有加，尤其對楊龜山，認為他是「道延一線合眞傳」之儒者。因此陳淑均在上述蘭志〈附考〉中，為此詩作註，說：「按楊文靖時，字中立，將樂人，與游定夫立雪程門，為二程高弟。其學以身體心驗為主，一傳羅豫章，再傳李延平，延平傳子朱

〔註104〕見陳淑均：《噶瑪蘭廳志·卷四（上）·學校·書院》，臺灣文獻叢刊第一六〇種，臺北：臺銀經研室，1963年（民52），頁139。以下本論文各章所引用此書皆為同一版本，不再贅敘出版地、出版社與出版年。

子，實爲閩學宗倡，學者稱龜山先生。而楊守取以錫書院，蓋即隱以之自況。觀詩中四知、三鱔兼及楊伯起事可知。」〔註 105〕楊廷理的宋理學淵源與自身的學術背景自此吾人明矣。

至於仰山書院。因著當初楊廷理立下的基礎，後來通判呂志恆在道光五年（1825），借文昌祠東廂房作爲書院講學授課之地，並於東首臨街建一門樓，額曰「仰山書院」。至十年（1830）夏，署倅薩廉因其舊址重建，廳、房、廚竈俱有，連著曠地，蒔花樹果，編以枳籬；西接敬字亭，南連行香官廳，外又護以板踏門，圍以短牆，砌石鋪甎，愜疏明爽。〔註 106〕又設膏火田，提供書院各項開支之用。使得一時之間讀書風氣大爲提升，生童聚集蔚然可觀。

雖然當時因蘭地生童不及百人，未能立學；又因經費不敷，事難中止。但後來附入淡水廳學者也有兩、三人，由淡水廳學負責送考。這對當時蘭地的莘莘學子而言，實得到極大鼓勵。而創此事之首舉者，即是當時的臺灣知府——楊廷理。

而〈蘭城仰山書院新成志喜〉一詩所表現的，正是楊廷理當時積極開發及教化噶瑪蘭地區，所總結出來之努力成果。

（八）徐宗幹

徐宗幹，字伯楨，號樹人，江蘇通州人。生於嘉慶元年（1796），卒於咸豐五年（1866），嘉慶二十五年（1820）進士，歷任山東曲阜、武城、泰安知縣，遷高唐、濟寧知州，擢四川保寧知府，兼署川北道改福建汀漳龍道。道光二十八年（1848）四月授福建臺灣道，乃續姚瑩之後到任，凡所規劃多繼成之。在臺灣期間，循名核實，振興文教，汲汲以育才爲務。又整頓綠營班兵，變通船政，清理人犯，語多可行。爲臺灣遭英人窺擾之事，著防夷之論；爲水沙連六社番內附之事上書總督，從之。水沙連六社後遂設官焉。咸豐三年（1853）鳳山林恭起事，陷縣治攻府城，徐宗幹與紳民守禦，命知縣鄭元杰以兵平之。咸豐四年（1854）陞福建按察使。同治元年（1862）夏四月，任福建巡撫彰化戴潮春已起事，全臺震動，徐宗幹即檄前署臺灣鎮曾玉明渡臺，又奏簡丁曰健爲臺灣道，會辦軍務。卒後，宗棠偕將軍英桂奏「宗幹循良著聞，居官廉惠得民，所至有聲。」優詔褒卹，諡「清惠」，祀福建

〔註 105〕見同上，陳淑均：《噶瑪蘭廳志·卷四（上）·學校·書院·附考》，頁 140～141。
〔註 106〕見同上，陳淑均：《噶瑪蘭廳志·卷四（上）·學校·書院》，頁 139。

「名宦」。〔註107〕著有《斯未信齋全集》，又曾輯《治臺必告錄》，以授丁曰健，丁氏刊之。即今之《治臺必告錄》一書。

1. 在臺文教事功

徐宗幹在臺文教事功，最重要的是廓清考試弊端，整頓士習。他訂出考試規則，一方面要求學官，另方面要求學生共同遵守；至於自己，則隨時向上級長官報告處理情形。

徐宗幹著有《斯未信齋全集》，此全集內容分成三個部分，依序為軍書、藝文、官牘。完整記錄了徐宗幹宦臺期間治臺之過程，保存許多珍貴的清代臺灣相關資料，對從事研究清代臺灣的學者來說，是一本重要參考資料；而就徐宗幹來說，此全集也是他畢生的努力成果。他在〈癸丑日記〉一文中，〔註108〕提到此全集對自己的重要性。他說：「《斯未信齋全錄》，三十餘年心血所聚也。鞅掌道途，必攜挈不離左右。」又說：「宦游二十餘年無長物，所積蓄者，此耳。」又說：「《斯未信齋全集》數百卷，皆以臺產雞皮紙為面底，削樟木為夾板，分冊繫之以帶。彰能辟蠹，故年久無殘損，乃一朝而為塗炭。然以紅絲格書者皆無害，蓋硃砂之氣不能近也。」為了保存這本全集，徐宗幹著實煞費苦心。此全集雖也曾一度被海盜誤劫，幸而片紙未失。

徐宗幹整頓士習，由最根本的考試問題開始，訂出考試規則，一方面要求學官，另方面要求學生共同遵守；至於自己，則隨時向上級長官報告處理情形。這些資料現都保存於丁曰健《治臺必告錄》以及徐宗幹《斯未信齋文編》中。先說學官方面，他用〈考試示諭〉、〈致各學官〉二篇、〈通飭各學官〉等四篇文告，要求學官務必謹慎從事。

（1）學官方面

甲、〈考試示諭〉 〔註109〕

〈考試示諭〉是一篇文告，文告中列出十三條要學生遵守的考試規則，

〔註107〕參考《清史稿臺灣資料集輯》，臺灣文獻叢刊第二四三種，頁 840～841。又參考連橫：《臺灣通史·卷三十二·列傳四·姚、徐》，臺灣文獻叢刊第二輯，頁 865～867。

〔註108〕見徐宗幹：《斯未信齋文編·癸丑日記》，臺灣文獻叢刊第八七種，頁 101～102。

〔註109〕丁曰健：《治臺必告錄·卷五·徐宗幹〈斯未信齋文集〉》，臺灣文獻叢刊第一七種，臺北：臺銀經研室，1959 年（民 48），頁 377～380。以下本論文各章所引用此書皆為同一版本，不再贅敘出版地、出版社與出版年。

要求學官配合遵行，因篇幅關係，試簡述每條要點以示之：

一、各學官於被控生員，應該察明事實真相，「不得附和地方官」，也不得「徇庇干咎」。

一、「生童免試經解，其取古者免招覆」。

一、「童生取進，多備一、二十名」考試前先「傳諭原保廩生認明本童」；考試時，不可攜帶自備的文具紙筆；「未經入選各童，可及早回籍，免致逗留。」

一、「歲試，各屬生員有應次年出貢者，准其預考，以省跋涉。」

一、「歲試武生未取，有願闈試者，准其預考遺才。」

一、放榜時，將二三等名單先行發府，「由各學官赴府開單傳知，俟一等覆定，再拆彌封榜示。未經取錄者，可免守候。」

一、「生員有事故及被控暫革者，造冊交送考學官賫呈內地學政查考，以杜蒙混。」而犯規各生另行處理。

一、「文武分起於覆試榜後，隨堂簪挂；不必全俟試畢示期，以免守候。」

一、「幼童默三經以上者，除取進外，餘選取若干，另冊發書院註冊，按期飭學官背誦後作文；或全篇、或半篇，各從其便。佳者，給外課膏伙。」

一、「武科以箭為准」，不必拘定五箭；「其步箭脫空者，免校刀石」。

一、「未取武童，於默經原卷面填明卷眼發閱，以昭公允。」

一、「取進無分文武，皆為門牆中人，望其將來為國家出力」、「文有書院，武亦宜課習」。

一、各屬生童雲集道、府連試，寓郡日久，易受不肖份子勾搭嬉遊。「除飭府行縣會營，派撥營弁督飭兵役分段巡查」外，如發現那些不肖份子，也要立即拏究。若致因此有不法情事發生，「並坐其父師並該廩保失察之咎」。

由以上徐宗幹的十三條考試規則看來，它的約束範圍包括文、武生童；它的責任歸屬，追究及於父兄、廩保、學官；它講求考試的公平性；它注重出榜時效，以免生童逗留出事；它體諒生童跋涉之苦，准其預考。

乙、〈致各學官〉〔註110〕

此文內容產生之緣由，亦是有關歲、科考試之事。清代的臺灣，提督學

〔註110〕見莊金德：《清代臺灣教育史料彙編》，頁111～112。

政與府縣廳、學官三者，同時負有教化人民之責，在考試工作上，亦各有所司之事，三者若其中一環出現問題，則弊端即產生。徐宗幹以福建臺灣道兼理學政身分，在文中呼籲各學官，在考試之前，便須「督同各廩保於報名之始認眞稽查，有無冒考頂替等弊」，不能等廳、縣都已錄送考生名單，又發生互相攻訐情事。而在考試時，學官也不能故意推稱不知情，而縱容冒名頂替之人，若果如此。徐宗幹在文中嚴詞對學官說：「整頓士習自廩保始，整頓廩保自學官始。廩保匿喪矇混，如學官知而不究，是天理滅絕，遑論品學，設學明倫，根本何在耶？」

丙、〈通飭各學官〉〔註111〕

此文內容產生之緣由，也是有關歲、科考試之事。原因是當時考試，如果「實廩應貢，延久不到，即以次名送考」，於是這個空缺變成奇貨可居的爭搶對象，而學校也變成交易場所，所頂補者，不必出自殷實之家，只以利作益考量。徐宗幹對此也嚴厲痛斥學官說：「倘明知故縱，或有所聞而不切實報究，任其含混，實屬天理滅絕，遑論品學耶？」

丁、〈致各學官〉〔註112〕

此文內容產生之緣由，也是與考試有關。爲的是各屬應試生童，爲考試而從各處聚集道、府連試，却被不肖份子勾搭，滋事犯罪，敗身招辱。爲此，徐宗幹要求學官要約束考生在外行爲，並嚴詞痛斥說：「如在外游蕩生事，惟其父兄、尊長及廩保是問；並由該學詳請扣考，仍發地方官究辦。」

學官固然必須負起詳察及監督之責，而學生當然也必須自我要求，遵守考試規矩。以下再說學生方面，徐宗幹以〈試院諭諸生〉、〈庚戌歲試手諭〉、〈諭書院生童〉等三篇文告諭示之。

（2）學生方面

甲、〈試院諭諸生〉〔註113〕

徐宗幹有〈試院諭諸生〉一文，所謂試院，即相當於現在的考場。此論文共分六條，依序是要保身、要敦行、要積德、要養氣、要篤志、要專心。今轉錄原文如下：

一要保身：讀書上進，將來爲國家出力，須要精神。若謂年力方強，任

〔註111〕見同上，頁112。
〔註112〕見同上，頁113。
〔註113〕見丁曰健：《治臺必告錄·卷五·徐宗幹〈斯未信齋文集〉》，臺灣文獻叢刊第十七種，頁355～357。

意游蕩，習為佻達，即學問優良，場中精神不到，必犯規被黜。

一要敦行：家道素殷者，切勿內聽婦言，外交損友，以致兄弟不和，貽父母憂。貧苦者須守分安命，果能孝友無虧，天必不負也。顯親揚名，先固根本：故曰『君子務本』。

一要積德：恃有護符，扛幫詞訟、挾制官長、結交胥役，甚至與棍徒為密友，不但剝喪功名，久且身家不保。天上主司有眼，單看心田，借文章為去取。

一要養氣：幸為四民之首，遇事逞忿，愚民相效，而爭鬥之風日甚。十室之邑，必有忠信，能令一鄉之人，皆董其德而化為善良，排難解紛，保全多少身家性命。此莫英大陰隲，天必報之。

一要篤志：實力用功，非徒求名；正心養心，終日對聖賢書，則邪僻之心自少，且無暇干預外事，而品行自端。須先窮經為根抵之學，或專治一經，務熟不務多，兼看註疏及先儒說經精義，則作文可以貫通，而二場工夫亦並及之矣。暇時兼觀史書，不但為策問之學，並可增長識力；不是讀幾篇時文、鈔幾本類典，便詡通才也。

一要專心：或理家務，或教生徒，不能不分心兼顧。須自訂課程；或十日內，某日讀經、某日課文；或一日內，某時作詩、某時寫字。當此日此時，萬事撇開，盡此一刻精力，自有長進。試帖須平日講究，場中因詩黜落，可惜。且得甲科後，尤必工詩、善書。(見《清代臺灣教育史料彙編》，頁105～106。)

　　由此論文，吾人可看出徐宗幹對學生的訓示，不只要他們「專心」一致，有計畫的「讀書上進」而已。更多的，他告誡學生要「務本」以顯親揚名；要行為端正；要董德化為善民；要正心、養心讀聖賢書，以少邪僻。簡而言之，他要求學生必須要從外到內，澈底將自己改變，以成為一位「君子」。

乙、〈庚戌歲試手諭〉〔註114〕

　　〈庚戌歲試手諭〉是一篇文章，此文也是緣由於臺地學生習於作弊，雖然之前對那些違法學生已分別處分，而本年又屆歲試，為杜絕歪風，故徐宗幹以手諭方式，告誡考生「如有不法之徒，或頂冒鎗替、或舞弄作奸；兩年以來，本學政熟悉情形，斷不容此鬼蜮也。」

──────────

〔註114〕見同上，頁357～359。

丙、〈諭書院生童〉 〔註115〕

〈諭書院生童〉是一篇論文，此論文也是緣由於臺地學生，常有懵懂者，不知不覺中受不肖份子誘惑，致行為失當。為此，徐宗幹告誡書院生童說：「書院之設，非徒課文詞也，所以造人才，敦士品也。」又說：「披枷帶鎖，人人指視曰：『此某某之子弟也』。爾父兄能無赧然？受刑坐牢，人人指視曰：『此考試時所取錄之生徒也』本司道能無愧然？思之！慎之！」

（3）自己方面

至於徐宗幹，他在〈庚戌歲試手諭〉中對學生說：「今之顯達者，多由先世為官清白。本學政即不為聲名計，未有不為子孫計者。在內地各省歷任縣、府考錄，一秉至公，豈至海外而初心忽變乎？」〔註116〕因為一秉公正，因此在他道光二十八年（1848）四月授福建臺灣道兼理學政後，在其任內，即使因為言語不通，無法以口勸戒，但他仍積極以筆代口，不斷用文告通令學官及學生，要求共同遵守考試規則，並將該處理，以及處理的結果向長官稟明。也因此而有〈上兩院書〉（一）、〈上兩院書〉（二）、〈學政議〉、〈上彭詠莪學使書〉、〈上彭詠莪學使書〉等五篇書信。

甲、〈上兩院書〉 〔註117〕

〈上兩院書〉（一）（二）是兩篇官牘，乃起因於嘉義縣職員劉思忠（即劉思中），囑託渡海來臺依親的徐宗幹姻戚，並同鄉李英成，及內地來臺游慕之福州舉人劉崇慶（即劉鐵嶺），為其子劉鋒元圖謀進取情事。徐宗幹為此，除因姻戚受託陷於其中，自己理應迴避本次考試之外，又向福省學院入奏，自請處分。

乙、〈學政議〉 〔註118〕

〈學政議〉也是一篇官牘，此議中共有三小議。第一議起因於道光二十九年（1849）年冬間，查出彰化縣有已被革除武生冒內地冒混錄遺中式之案。徐宗幹為杜絕此弊端，提議「所有科試文冊繕造需時，擬於本年送考學官附省時，先將斥革及游學患病各生另具清冊一分，齎送內地學政衙門查考。即

〔註115〕見同上，頁353～354。
〔註116〕見同上，頁357～359。
〔註117〕見徐宗幹：《斯未信齋文編・二、官牘》，臺灣文獻叢刊第八七種，頁64～66。
〔註118〕見丁曰健：《治臺必告錄・卷五・徐宗幹〈斯未信齋文集〉》，臺灣文獻叢刊第一七種，頁338～340。

可無從冒混，似亦清場規而端士習之一方也。」

第二議起因於臺灣粵籍生，雖然人數不及閩籍十分之一，近亦漸見增多，文風轉優於閩，但一直以來只額進九人。徐宗幹爲此事，提議可用撥府的方式，增加粵籍生取進人數，即至十二名亦不爲多。

第三議起因於粵籍貢生沒有另編字號保障，而是和入閩籍，一體選取，是以歷科拔貢有閩無粵。爲此，徐宗幹提議「必須另准選拔一名，有缺無濫；並廩、貢亦剔出，單歸粵籍，方爲公允。」

由此三議，可明顯看到徐宗幹對臺灣學生，一方面努力拔除學生們的投機行爲，另方面積極爲學生們爭取最大權益。

丙、〈上彭詠莪〔註119〕學使書〉〔註120〕

此書信緣於臺地儒生人數，雖然在當時（指道光二十八年前後），閩、粵文童已將近三千人，生員中亦有習經古，工楷書者；但是考試弊竇孔多，使得士風日壞，更有甚者，恃有護符，作奸犯科。徐宗幹爲此，施出鐵腕，於童試時當場糾舉一名頂冒鎗手，考畢之後，一方面力排眾議，「仍發臺灣縣收禁，勒提廩保及本童分別嚴訊，革究擬辦。」另方面「所有錄取諸生及新進各童，剴切勸諭，兩月以來，似覺稍知自愛。」此書信便是徐宗幹向彭詠莪學使報告處理過程的。

丁、〈上彭詠莪學使書〉〔註121〕

〈上彭詠莪學使書〉是一篇書信，此書信則是緣於臺地官吏與士、民三者之間關係的緊張，遇事三者互相推諉，官吏大半皆與士、民爲仇。而學校習染亦日壞，不容易一時之間挽回。因此徐宗幹修此書信，認爲應該先得賢良的官吏培養士氣，那麼地方自有起色，不然「民以士而益悍，士以民而益刁；未牖民、先課士，自有隱隱相通之理。」

2. 論儒學或儒家精神之詩作

徐宗幹自道光二十八年（1848）四月，授福建臺灣道兼理學政來臺後，因對臺灣儒學教育著力甚深，因此屢用文章針對臺灣學校教育弊端提出其論

〔註119〕徐宗幹在《斯未信齋雜錄·退思錄》曾說：「彭詠莪學使寄育嬰三善說及二十一史、感應錄等書。……并編輯爲斯未信齋叢書。」可見二人除部屬關係，應該也是朋友關係。
〔註120〕見莊金德：《清代臺灣教育史料彙編》，頁105。
〔註121〕見同上，頁111。

述，已如前述。另外，他也常利用試作論儒學或儒家精神，一則自勵；二則勉勵學生，並作爲教導學生寫作試帖詩之範本。今亦論析如下：

（1）在論儒學方面

徐宗幹在嘉慶二十五年（1820）中進士之後，歷任山東曲阜、武城、泰安知縣，時間長達 20 多年，他在《瀛洲校士錄序》中說：「憶自道光紀元，服官東魯二十餘年」，也因此他對孔門儒學有深刻認識與學習，又在〈伏生新學始山東〉中，他說：

> 書教昌明日，山東學始新。講由曾氏盛，訓自伏生遵。
>
> 四海文宗魯，千年劫避秦。秀良鍾此地，祖述賴斯人。
>
> 壁簡通今古，中經辨僞眞。篇殘重削竹，口吃許傳薪。
>
> 家令身親受，歐陽義夙陳。聖朝儒術重，洙泗尚斷斷。
>
> ──（見《全臺詩》第肆冊，頁 267）

此首爲五言十六句長律。此詩徐宗幹在論述清代學術的來源，乃來自曾經在洙、泗二水間聚徒講學的孔子，以及孔門學派的傳承。曾子傳孔子之學，經過秦火，至漢而有伏生延續命脈。清代重視儒術，以洙泗之學作爲國家正統學術。徐宗幹此詩之義，完全符合有清一代的學術傳統，也暗合康熙、雍正以儒學經典爲教化之本之聖諭。又如〈汲古得修綆〉：

> 汲盡文千古，難容短綆求。逢原尋妙悟，自得識眞修。
>
> 玉甃盈涓滴，金繩細引抽。理從觀水溯，知豈挈瓶侔。
>
> 墳典其能讀，泉源不擇流。淵淵勤丐液，井井許探鈎。
>
> 尺寸三餘積，波瀾一線收。韓潮如可及，學海任優游。
>
> ──（見《全臺詩》第肆冊，頁 268）

此首爲五言十六句長律。此詩徐宗幹在教導學生爲學的方法。綆指汲水所用之繩，徐氏告訴學生，若想要吸盡千古好文，就必須如放長金繩細細引抽一樣，一步一步地深入，持之以恆，追根究柢，在源頭處尋求，體悟它的妙處，自然就能識得當中眞諦。如果能讀通《尚書》起源的三墳，便能使自己的思維如泉源不擇地而流；又如果能涉入韓愈學說，便能讓自己在浩瀚學海中優游自得。又如〈學古有獲〉：

> 有獲非無自，端由學古勤。居今惟考業，建事在多聞。
>
> 志本爲徒切，情恒弗慮屢。敏求思一德，念典及三墳。
>
> 漁獵多爲富，搜羅用不紛。知羞謀野得，功比力田芸。

著述兼謨訓，光陰惜寸分。緝熙欽聖主，千載仰崇文。

——（見《全臺詩》第肆冊，頁 269）

此首爲五言十六句長律。由「有獲非無自，端由學古勤」及「著述兼謨訓，光陰惜寸分」看來，此詩很明顯是徐宗幹在自述爲學心得與工作職責。學問的獲得，來自勤於學古，而在惟考試是問的時代，要有建樹更必須多聞方能見長。而敏於求古乃是爲求得到「德」，而學古則追溯至伏羲、神農、黃帝的三墳。至於在工作職責上，除了著述傳世外，更重要的是將朝廷所頒的訓謨，傳遞出去及於士民。在此詩，徐宗幹表達了他的領悟：學古乃爲求德，著述傳世乃兼化民。此中亦是暗合了康熙、雍正、乾隆訓謨的精神。又如〈遜志時敏〉：

尚書言學始，務敏著謨猷。遜以持其志，時哉慎厥修。

鳥飛成德象，娥術化民由。道至依仁篤，心緣好古求。

師傳徵鼓篋，漸進習箕裘。惜寸稽於夏，程功穫有秋。

自新懷祖訓，無逸荷天休。念典昭文治，儒林澤被周。

——（見《全臺詩》第肆冊，頁 253）

此首爲五言十六句長律。此詩之意含有兩方面所指，一是自述爲學之方，二爲教導學生亦應該由《尚書》入門進學，就如他當年「師傳徵鼓篋，漸進習箕裘」一樣，那麼學生久而久之，當也自能漸進其中，而且再傳承下去，如此儒林之恩澤將能被於周遍之境。又如〈文以意爲車〉：

意匠經營出，成詞始不虛。能將文作馬，若以德爲車。

載道薪傳後，凝思蕊結餘。遣驅皆典籍，工巧即輪輿。

鉅製宜行遠，陳言務剪除。謀篇看合轍，問友造穹廬。

藝苑爭傾蓋，詩衢好曳裾。雄師能左右，拔幟擅奇譽。

——（見《全臺詩》第肆冊，頁 257）

此首爲五言十六句長律。此詩明顯是針對儒師而說的，所指可能是徐宗幹本人，也可能是負責學校教學工作的學官。前此，吾人已看到他告誡書院生童說：「書院之設，非徒課文詞也，所以造人才，敦士品也。」現在他用詩作告訴學官，「意」是詩文的根本，而「意」的內涵爲「德」，必須先學習德，「載道薪傳」而後詩文才能如花蕊結苞開花，又學習「遣驅典籍」，而後詩文才能工巧。而爲人師者，只要能掌握這個要領指導學生，那麼學生有朝一日便終能拔幟擅譽矣。徐宗幹這種以「載道薪傳」、「遣驅典籍」作爲詩文根本的思

想，完全符合清代的樸學風氣，也暗合康熙、雍正、乾隆所倡導以儒學經義為文體正軌之上諭。

（2）在論儒家精神方面

徐宗幹除了用理論談儒學，他也論儒家精神，希望藉由儒家精神之講求，砥礪學生有良好的品德表現，他在〈聽德惟聰〉中說：

> 聽聞惟廣遠，宥密見深功。茂矣宣三德，欽哉達四聰。
>
> 辰猷昭政績，寅亮代天工。納自形諸坎，明毋蔀以豐。
>
> 無稽當戒謹，有蘊悉旁通。韜鐸咨詢切，輶軒採取公。
>
> 敢將規作瑱，詎謂耳如充。謨與垂彝訓，淵涵仰聖躬。

——（見《全臺詩》第肆冊，頁 253）

此首為五言十六句長律。在此詩中他告訴學生，聽師長訓講品德之事，必須要能把它聽得廣遠深長；要能宣揚三德，通達四聰；要能使政績昭然，公正光明足以代替天道；無稽之事應當戒懼謹慎，有內涵自然能觸類旁通；對人民之事要能深切垂詢，巡視所到之處要秉公處事。由此詩，吾人可見徐宗幹對學生之教導，並非只有理論性之學說而已，對於品德教育亦已深矣。又如〈砥礪廉隅〉：

> 功修深砥礪，廉角舉其隅。利器加磋琢，成材愛瑾瑜。
>
> 事同居肆者，象異大方無。攻辨真如木，雕刓詎不觚。
>
> 藏刀宜善用，韞玉肯求沽。當及鋒而試，應知屬以須。
>
> 脫硎新拂拭，疊矩細規摩。倘與圭璋達，懷珍待聘儒。

——（見《全臺詩》第肆冊，頁 254）

此首為五言十六句長律。在此詩中徐宗幹教導學生，要深自砥礪自己，將身上稜稜角角不和順之處，加以切磋琢磨；讓自己成為有用之材，待價而沽；要及時表現自己，找到可發揮自己長才之處。由此詩，吾人可以感受到，徐宗幹是一個積極入世的儒家思想奉行者。又如〈循名責實〉：

> 綜實懸金鑑，推循秉玉衡。豈為嚴責備，藉以去浮名。
>
> 捫本須中美，披根匪外榮。觀瞻宜井辨，升進受離明。
>
> 尚綱風之自，無源水不盈。闇修求在己，揆度後於庚。
>
> 始信翩翩失，何妨嘯嘯鳴。甄陶欽盛世，多士快蜚聲。

——（見《全臺詩》第肆冊，頁 254）

此首為五言十六句長律。循名責實為儒家學說中一個很重要的思想重點，孔

子所說：「名不正，則言不順；言不順，則事不成；事不成，則禮樂不興；禮樂不興，則刑罰不中；刑罰不中，則民無所措手足。」徐宗幹就著孔子這個主題作發揮，他說，為人師長者豈愛嚴厲責備學生，只是藉著它要讓學生去除虛誇之浮名；必須讓自己有美好的內在實質，而非只求外在之榮美；視聽言動皆要清楚分辨；而這一切修為皆靠自己；與其虛張聲勢而有差錯，不如低調保守而無過。由此詩，吾人可看出徐宗幹奉行儒家思想之一斑。

除了以上反映學校教育者外，在今日吾人可看到的徐宗幹詩作中，有一部分是屬於他歷次參加歲、科考的試帖，這些作品沒有事實背景作為基礎，乃憑空想像的理想。譬如〈披沙剖璞〉〔註122〕為戊子（1828）山東考廉之作，當時他三十二歲。主旨在勸勉人平日好自修德，終有一日必能「爾音無久悶，天府貢群英」，被發掘而揚眉吐氣。又如〈百川學海〉四首，〔註123〕與前詩為同一次考試之擬作，主旨為在告訴世人學問的根本在「德」，做學問必須尋原探本，所謂「道脈須沿溯，修途矢勉旃」；並且要觸類旁通，融會貫通，如此才能眼界寬闊，所謂「支流須一貫，眼界到無邊」；最後，這樣的學問才足以教化世人，同登安康世界，所謂「化澤咸漸被，瀛洲指顧前」是也。諸如此類之作，千篇一律，歌功頌德意味濃厚。不過，却讓吾人知道，一位術德兼備的宿儒，原來是來自於自我的不斷淬煉與陶鑄。

3. 敘述巡視全臺之詩作

相對於夏之芳巡視臺灣時「人海無聲馬不嘶」，尊重臺灣原始住民的一切生活方式。徐宗幹所到之處，則不但在學校教育方面大力整頓士習；在社會教育方面，也是大力改革，所到之處立公約要求人民遵守。因此而屢有針對臺灣社會教育問題所提出論述的文章與詩作。

徐宗幹以上國使臣的高姿態來臺，對臺灣反清行動採取鎮壓剿平方式，手段不免粗糙。不過他對約束閩、粵二籍互鬥、嚴禁鴉片等方面的努力，則使當時的臺灣社會，一時之間相對安定許多。

先說閩、粵二籍互鬥之事。徐宗幹在〈諭粵民〉中呼籲粵莊的總理、義首、紳董人等，能夠儘速撤堆（註：粵民自立各營曰堆），以免閩莊人心有疑慮而紛紛控告。而為釋出官方的善意，徐宗幹在論文中說：「本司道不日親臨，爾總理等即先遵諭撤堆。俟本司道到地，或至埤城，或定適中地方來見，或

〔註122〕見施懿琳：《全臺詩》（第肆冊），頁261。
〔註123〕見同上，頁261。

必須親往爾等莊內，即先稟知無誤，本司道尚有面諭幫辦之件。閩粵皆爲子民，善惡自有公論也。」〔註124〕又因他在巡視臺灣的沿途，收閱閩、粵互控的呈狀多達數百紙，所起之因莫非雙方假借捕賊之名，焚毀對方莊鄰，於是徐氏在〈與閩粵紳士〉的文告中告誡雙方，若遇匪賊自當合力協剿，但「不得焚毀莊鄰，以報私仇。如有不遵，鬼神誅殛。」〔註125〕

再說嚴禁鴉片。早在徐宗幹宦臺之前，英人已強行在臺灣設立碼頭，上岸居住、傳教，從事非法貿易，更有甚者，販售鴉片給臺灣百姓吸食，賺取暴利。臺灣百姓反彈而屢屢與英人發生衝突。徐宗幹爲此，與紳民訂立公約。在〈全臺紳民公約〉（一）中，他訂出六條臺民共同防禦英人侵犯的方法，一爲勤瞭望、二爲聯聲勢、三爲查奸細、四爲選壯丁、五爲籌經費、六爲備器械。最後他說：「而其要在先清本原，唯共嚴鴉片之禁。我百姓有吸煙者，與爲娼同；有賣膏者，與爲盜同；有販土者，與謀反同。大家齊心告戒，勒限禁止，萬人一心，奸民絕而夷鬼遁，我臺地百姓子子孫孫萬年太平之福也。」〔註126〕後來又在〈全臺紳民公約〉（二）中，再次申明他禁菸的決心，而貼出文告：「公議：自本年十一月初一日起，立限兩月，大眾洗心改悔，咸與維新。限滿以後，先請文武官長查察衙門內外人等，次及紳商士民。聞夷人吸食，夷酋即殺之，如不戒斷，並夷鬼不如。而中其利己害人之計，至死不悟，爲國家大患，人人得而誅之也。」〔註127〕

除此，其他又譬如論郊行商賈要立心行事、預爲防患爭訟；〔註128〕論民要「各宜守家安業」，莫爲錢債細故即入公門興訟；〔註129〕論臺地紳民倡捐收養澎湖幼孩，使不致被違例轉販，或成餓莩。〔註130〕

諸如以上，徐宗幹在臺灣出任福建臺灣道兼理學政期間，都加以大刀闊斧興革；然而他最直接移植清廷儒學教化到臺灣的事蹟，則是廣布雍正之〈聖諭廣訓〉。前此，徐宗幹在任職山東州縣，以及蜀地、閩地時，便都刊發〈聖諭廣訓衍義〉一書以教民。巡臺後，番民言語不通，則以土音譯誦。如今重

〔註124〕見徐宗幹：《斯未信齋文編·諭粵民》，臺灣文獻叢刊第八七種，頁14。
〔註125〕見同上，《斯未信齋文編·與閩粵紳士》，頁15。
〔註126〕見同上，《斯未信齋文編·全臺紳民公約（一）》，頁31。
〔註127〕見同上，《斯未信齋文編·全臺紳民公約（二）》，頁31～32。
〔註128〕見同上，《斯未信齋文編·諭郊行商賈》，頁85～87。
〔註129〕見同上，《斯未信齋文編·勸息訟示》，頁108～109。
〔註130〕見同上，《斯未信齋文編·諭收養幼孩》，頁114～115。

加刊訂，分送僚屬行之。

　　徐宗幹除了有上述敘述社會問題之文章者外，在他的詩作中，也有一部分是敘述他巡視全臺時，勸農耕稼的詩作，譬如〈荷鋤成雲〉(見頁266)、〈耕田欲雨刈欲晴〉(見頁270)、〈稼穡爲寶〉(見頁275) 等三首詩便是。此三首詩內容相似，因此筆者僅引〈荷鋤成雲〉一首以見之：

> 舉鋤來郊外，農民負荷勤。白渠方集雨，綠野更如雲。
> 笠戴煙痕重，蓑披翠影分。一肩隄具築，眾力草其耘。
> 耒擁豐盈象，田開刻鏤文。午陰看聚散，酉熟盼鋪紛。
> 鴉觜交芳陌，龍鱗漾夕曛。登臺書大有，鑄劍頌仁君。

　　　　　　——〈見《全臺詩》第肆冊，頁266〉

此首爲五言十六句長律。此詩所敘述者爲他巡視全臺時，見到農民荷著鋤頭在田間努力耕耘之情形。清代宦臺提督學政因爲都是兼任性質，其本身還有分巡臺灣道，或漢籍巡臺御史，或福建巡撫，或臺灣兵備道，或臺灣巡撫等之身分，因此當時宦臺提督學政詩作中，偶而會出現如上引徐宗幹〈荷鋤成雲〉一類屬於勸農耕稼之作，便是這個原因。這類作品雖然與學校儒學教育沒有直接關係，但卻是儒家的社會教化中之一環，所要宣導的是國家重農耕、重稼穡，關心民食之政令。

　　另外在今日吾人所可看到的徐宗幹詩作中，還有幾首類似上述三首關心農耕之詩，是他歷次參加歲、科考試的試帖詩。譬如〈惠澤成豐歲〉爲庚辰（1820）會闈試帖、〈臨民思惠養〉爲庚辰（1820）覆試、〈分秧及初夏〉爲庚辰（1820）朝考等三首，〔註131〕便都是徐宗幹二十四歲時的作品。這些作品沒有事實背景作爲基礎，乃是憑空想像的理想，主旨都是藉著人民豐衣足食的景象，歌頌朝廷盛德。雖然是千篇一律、浮華過實，不過，卻也讓吾人看到一位能眞正關心民瘼的良吏，一定是來自於他肯長期務實地觀察人民生活狀況而來。

4. 敘述個人感懷之詩作

　　徐宗幹在他離開臺灣之後十多年，仍然念念不忘他當年在臺期間的一切措施政策，而在〈七十述懷〉五首之四中說：

> 報最曾無尺寸功，三年海上白頭翁。

〔註131〕見施懿琳：《全臺詩》第肆冊，頁260～261。

安瀾路遠鯤身穩，柔遠情聯象譯通。

孝悌壯丁修暇日，文章多士盼秋風。

告天夜夜焚香祝，人壽期頤歲屢豐。──（見《全臺詩》第肆冊，頁284）

此首為七言律詩。這首詩雖然是寫於徐宗幹離臺之後十多年，但是此詩之內容全是他回顧當年在五十二歲知天命之齡，以福建臺灣道兼提督學政身分入臺，在臺灣三年的作為。他自己自豪地說，他不但教導人民修孝悌、鼓勵士子仕進，還曾為臺灣而夜夜誠心祝禱平安豐收。

此詩雖然是回憶之作，但因內容都是有關他宦臺任提督學政時之事，因此筆者亦一併收錄於此，以見他的個人感懷。

（九）吳大廷

吳大廷，字桐雲，湖南沅陵人。生於道光四年（1824），六歲，入塾讀書。二十八年（1848），二十五歲，得府學拔貢生。咸豐四年（1854），三十一歲，向友人借《王文成公集》、《朱子全書》，稍稍識得「良知」之學，而對於「四子書」仁、義、禮、智字，也因朱子之書略有會通。然入之太淺，未久而旋輟。五年（1855），三十二歲，登順天鄉薦。八年（1858），三十五歲，妻、子、女回本籍，獨妾王氏相伴在京，閒暇看《名臣言行錄》及《性理精義》，知養生在治心主敬，遂暗中以理學自繩。九年（1859）三十六歲，因友人易笏山孝廉喜研經書、四子、先儒語錄，殷殷相與商訂之故，而開始朝夕取宋、元、明諸大儒書，尋譯浸灌，彼此有疑相質，遂得味頗深。同治三年（1864），四十一歲，治《易經》，冬十二月，《讀易隨筆》成。〔註132〕四年（1865），四十二歲，治《孝經》，春二月，《孝經古今文輯論》成。〔註133〕

吳氏一生撰述甚富，除《小酉腴山館主人自著年譜》二卷外，有《小酉腴山館文集》十二卷、《詩集》八卷及其他專著（分詳《自著年譜》），就有關

〔註132〕吳大廷在《小酉腴山館主人自著年譜》，同治三年中說：「先是，自辰州登舟，日閱《易經》，少有論著，已積數十條：至是，乃專力為之。」臺灣文獻叢刊第二九七種，臺北：臺銀經研室，1971年（民60），見頁30。以下本論文各章所引用此書皆為同一版本，不再贅敘出版地、出版社與出版年。

〔註133〕吳大廷在《小酉腴山館主人自著年譜》，同治三年中說：「二十八日，《讀易隨筆》成；嗣後擬《孝經》。先是，二年過三山峽（繁昌縣境），購得《知不足齋叢書》，有日本所傳古文《孔傳》：茲柳範吾大使（徽桐；長沙人）復送今文《鄭註》，遂決意為之。……除夕，約余蓉初司馬度歲。是日，百感交集，因細考古今文《孝經》及山陽丁儉卿（宴）所輯唐元宗及司馬溫公、范祖禹三家之註以克之。」見臺灣文獻叢刊第二九七種，頁32～33。

閩臺者言，有《福建票鹽志略》、《臺灣進退志》等書。然《臺灣進退志》今已未見。至於與臺灣教育有關的，則是《東瀛訓士訓民錄》一種，乃是輯自藍鼎元《棉陽學準》、方苞《禮闈示貢士》及王守仁公移告示等文件，今國立中央圖書館臺灣分館存有抄本。〔註134〕吾人從此處可以清楚看出，吳大廷儒學教育傳承的軌跡：孔孟→朱子→王守仁→藍鼎元、方苞→吳大廷。

　　《自著年譜》擷取時間：起於同治五年（1866），四十三歲，冬十月，赴臺灣任，十七日抵臺灣，是月，奉旨調補臺灣兵備道，兼理學政；止於同治七年（1868），四十五歲，二月十八日，奉准交卸。（見《自著年譜》頁1～50）

1. 在臺文教事功

　　吳氏初以拔貢，例得內閣中書；繼由軍功，簡放福建鹽法道。調臺灣後，在臺灣道任內，除了同治六年（1867）有美船「羅妹」（Rover）號在臺灣南部海岸遭難等涉外事件，以及諸多措施外，在教育方面，就吳大廷在年譜中所記載：同治五年十一月初二日，月課。初八日，調取觀風月課優等生童面試。十一日，出榜。撰〈訓士告示〉。十二日，坐堂，獎賞生童。二十日到十二月初某日，〔註135〕訪施瓊芳進士，定明年海東書院主講之約，前人所屢請而未肯從者。十二月初，〈諭彰化舉人蔡鴻猷生員陳玉盤札稿〉。

　　同治六年，正月，成〈新修道山朱子祠記〉、〈義學章程〉。二月，作〈訓士訓民錄自序〉，調取書院超等生員陳月三、施學珍、孫如林、盧元亨、方炘至內署面試，黜去陳、施二生之文理不符者，而抄襲之風少減。五月，每月十一日，新添詩課，皆面試，親為指點，自此臺灣諸生詩學大進，差為一快。冬月初四日，赴彌陀寺、城隍廟、上杭街、保安宮各義塾面閱捐設義塾幼童工課。十八日，獎賞各塾幼童，各歡欣叩頭而去。十二月十三日面試教讀楊元鴻取課幼童亦多能成誦者；孰謂臺人獨愚亦由無好官勸導於上無明師益友切劘於下，故墮於荒陋耳。次日，復召幼童，當堂獎賞之。

　　如上述，吳大廷在同治六年二月作〈訓士訓民錄自序〉。《東瀛訓士訓民錄》是吳大廷在臺期間，為教導臺民而編輯的一本小書，編輯緣由，據其〈自序〉所言，乃因當時臺灣「以海外荒服之地，又值刑政久弛之餘」，而他「自

〔註134〕見同上，吳大廷：《小酉腴山館主人自著年譜・弁言》，頁1。
〔註135〕筆者按：吳大廷在十一月二十日條下，所記載計有作〈祭徐樹人中丞文〉、奉左公札以籌餉出力、蒙恩賞加二品頂戴、作〈調補臺灣道並賞二品頂戴謝恩〉、〈到任日期〉、〈奉上諭責成鎮道實力經理條陳大概情形〉各奏摺，以及訪施瓊芳進士等七件事；接著便是十二月初條。而當中這七件事，都未有日期之註明。

惟德薄，時兢兢以不克稱職爲懼」。爲此，他檢擇藍鼎元《棉陽學準》之要者，以及方苞《代禮闈示貢士》纂輯而成《訓士錄》；又採王陽明公移，於告示中擇取數篇，纂輯而成《訓民錄》。

在《訓士錄》方面，吳氏所檢擇的綱領有四：「一曰澄品類，重始進也；二曰嚴過失，戒怙終也；三曰謹學行，求所謂聖域也；四曰密操存，將升堂而入室也。而又於四篇中詳爲條目，使學者易知易從焉。」在《訓民錄》方面，吳氏在王陽明告示中所檢擇者有〈告諭各府父老子弟〉、〈告諭新民〉、〈告諭浰頭巢賊〉、〈告諭頑民〉、〈告諭村寨〉五篇。

吾人若由吳大廷《訓士錄》、《訓民錄》所擇取的資料來看，則知他所教導於士子者，在端正士習，要求士子成爲一個品學兼備、行事嚴謹的儒士；教導於庶民者，則在砭愚訂頑，使其能各安生理、各守家業。〔註136〕

2. 敘述個人感懷之詩作

吳大廷儒學詩內容，主要在敘述他在學校方面建廟修學以教導士子；在社會方面巡視全臺除弊興利、宣講教化之事，譬如〈臺陽書事〉、〈書懷〉、〈憶臺灣〉。先說〈臺陽書事〉：

> 去冬莅東寧，踰春及秋社。匪必無微勞，施濟亦已寡。
> 固緣制錦疏，實乏斧柯假。誓將謝朝簪，歸隱衡門下。
> 父老前致詞，官無遽我捨。自官今巡臺，政始去害馬。
> 絃誦遍宮牆，農商樂郊野。我民雖曰愚，豈盡無知者。
> 願留活我民，萬間依廣廈。我聞益自慚，默默淚如瀉。
> 輾轉不成眠，漏盡殘燭炧。——（見《全臺詩》第捌冊，頁 541）

此首爲五言二十二句長律。此詩一開始，吳大廷謙虛自言宦臺後，由冬經春到秋，雖然不無辛勞，但是助益不大，因此萌生退意準備辭官返鄉隱居。但是因臺地父老請求，希望他繼續留下來造福萬民。遂使得吳大廷益發慚愧，不禁潸然淚下，輾轉反側不能能眠。由詩中「自官今巡臺，政始去害馬。絃誦遍宮牆，農商樂郊野」，吾人可見當時吳大廷以臺灣兵備道兼提督學政身分宦臺，一面督察學政，一面巡視全臺宣講教化，積極爲人民去弊除害之一斑。再說〈書懷〉：

> 誰謂天處高，禱祈無不應。誰謂臺民頑，施令固弗聽。

〔註136〕見吳大廷：《東瀛訓士訓民錄》，臺北：國立中央圖書館臺灣分館縮影資料，臺灣分館攝製，1920 年（民 9）。《訓士錄》頁 1～15，《訓民錄》頁 1～6。

山海本奧區，南北各底定。徐當洗澆漓，鄒魯化可證。

秋風昨夜生，忽動蓴鱸興。自恐蹈浮沉，匪曰忘報稱。

蠻獠苦扳轅，十室無一勝。番峒今桐鄉，冥情豈不佞。

我行有深衷，要未安獨醒。去去別蓬壺，萬里波光瑩。

——（見《全臺詩》第捌冊，頁 541）

此首爲五言二十句長律。此詩和上首詩前後互爲關聯，雖然是一首吳大廷臨去臺地之前的感懷詩，但其中也透露出他在宦臺期間，全力爲臺民奔波之情。當南北局勢已安定，下一步便是教化百姓、富裕民生。「徐當洗澆漓，鄒魯化可證」，慢慢使他們變化氣質，讓臺地也成爲儒學興盛之地；「番峒今桐鄉」，教導番民墾荒闢地，種植作物改善生活。由此詩吾人亦可見出吳大廷宦臺期間，在學校方面的士子教育，在社會方面的教育百姓，都是不遺餘力之狀。

而與此詩一樣，都是抒發宦臺感懷的，吳大廷還有〈憶臺灣〉一詩：

猶記牽帷駐海濱，巡方問俗勵忠恂。

但添黌舍爲興學，豈忍舟車苦算緡。

番社少奸三尺法，君恩分作萬家春。

別來恨乏攀援計，孤負兒童竹馬迎。——（見《全臺詩》第捌冊，頁 542～543）

此首爲七言律詩。此詩乃是延續前二首而來，爲吳大廷離臺後的憶臺之作。和上首詩一樣，雖然也是感懷詩，但也透露出他在宦臺期間，在學校教育方面「但添黌舍爲興學」，積極修建學校只是爲了興學；在社會教育方面「巡方問俗勵忠恂」，而努力巡視全臺，爲的是要了解鄉俗，獎勵忠懇厚實之人。

以吳大廷上述三首詩內容，對應他在《小酉腴山館主人自著年譜》中的自述在臺所行事蹟。此三首詩除了反映吳大廷的在臺事蹟外，更讓人看見一位權高位重、日理萬機強者背後的溫厚與體恤。

四、小　結

吾人由《清史稿》知道，清代之提督學政各省設置一人，在設置上，某些地區時而分設，時而裁併，名稱有時也會改變，頗不一定。他們掌管學校政令和歲科兩試，必須巡歷全省，以考覈儒師之優劣、學生之勤惰，並依此獎勵或處罰之。

至於臺灣，臺灣在清代因隸屬福建省，學校政令和歲科考試之事，原本應該由福建省提督學政負責，但因臺灣地處邊陲，遠隔重洋，提督學政無法

隨時渡海監理，因此向來由分巡臺灣道，或漢籍巡臺御史，或福建巡撫，或臺灣兵備道，或臺灣巡撫等兼任，總計清廷領臺的 212 年間，臺灣之提督學政歷經了以上六階段之變動更易。

又至於在宦臺提督學政之人次方面，212 年間便大約更換了 99 人次之多，平均每 2.14 年就更換一位，比實際明文規定的三年還短了將近一年。在如此短暫的任期內，能順利完成歲、科兩次考試工作都已屬不容易，更何況還必須跑遍全臺，巡視各地學政，考覈儒師優劣與學生勤惰，而在必要的情況下，還必須呈報上級爭取設置或修建學校，其沉重之工作壓力可想而知。

然而吾人由筆者所例舉之陳璸等九位提督學政之詩作來看，卻可發現他們都服膺儒家之學說，對儒學教育之功效深信不疑；因此他們不畏辛苦，對自己的儒學教育工作充滿使命感，譬如在興建學校方面，陳璸不但多次向上級提出興建學校之建議，而且有實際興建學校之舉，共計修建了臺灣縣儒學與臺灣府儒學；楊二酉則興建了海東書院；楊廷理則興建了噶瑪蘭仰山書院等等。

而在督察學政方面，陳璸對當時臺灣府學之儒生肯努力向學，便表現出極大欣慰；張湄則在督察鳳山縣學時，對當地惡勢力伸入學校，表現出捍衛不妥協態度，而在督察臺灣府學時，對府學儒生的優異表現便讚美有加；范咸則在督察學政時，利用機會教育學生，叮嚀他們必須不辜負眾望好好學習，期待以後能有好表現；楊廷理則在試院督察生童考試時有感而發，希望臺灣士風能夠提振，生童也能把握這個機會好好表現，一飛直上朝廷，貢獻心力給國家；覺羅四明則在督察鳳山縣學時，對學校的天然美景以及安祥氣氛，表現出滿意之輕鬆感。

而在巡視全臺方面，他們則不約而同都記錄了臺灣人民在經過長時間儒學教育後，在生活各方面逐漸漢化情形。

而在個人感懷方面，徐宗幹與吳大廷則也是不約而同，他們都表達自己在臺灣努力以儒學教育人民之原因，乃是爲了教導人民孝悌忠信，也鼓勵士子仕進。

第二節　宦臺地方行政首長之儒學詩

清代地方文職官吏中，負有施行地方學校教育與社會教育工作職責的是地方行政首長，以府來說就是知府，以州來說就是知州，以縣來說就是知縣，以廳來說就是同知。清廷領臺後，在臺灣亦先後設置府、州、縣、廳等地方行政區域，因此也有知府、知州、知縣、同知等地方行政首長。

一、清代之地方行政首長

《清史稿》:「府:知府一人。初制，正四品。乾隆十八年，改從四品。同知，正五品。通判，正六品，無定員。……知府掌總領屬縣，宣布條教，興利除害，決訟檢姦。三歲察屬吏賢否，職事修廢，刺舉上達，地方要政白督、撫，允廼行。」〔註137〕

《清史稿》:「縣:知縣一人。正七品。縣丞一人。正八品。主簿無定員。正九品。典史一人。未入流。知縣掌一縣治理，決訟斷辟，勸農賑貧，討猾除姦，興養立教。凡貢士、讀法、養老、祀神，靡所不綜。」〔註138〕

清代知縣與教職之間有其一定之改用制度，《欽定大清會典》說:「凡舉人授職，近省;竢會試三科後，遠省。會試一科後，呈部注冊以知縣用;如願就教職，注冊以教職用，均序科銓選。以知縣用者，屆選咨取赴部時督撫覈驗，如年力已衰即改用教職。」〔註139〕

二、清代臺灣之地方行政首長

由以上，吾人已知清代地方行政首長之職掌與任用制度，而至於清代臺灣之地方行政首長又是如何?以下筆者茲參考清代臺灣各方志對地方行政首長之敘述，進一步說明當時臺灣地方行政首長設置情形。

(一)地方行政首長之設置

清廷領臺後，康熙二十三年（1684）在臺灣設置一府三縣，即臺灣府、臺灣縣、鳳山縣、諸羅縣。後來爲了因應局勢變化，在雍正、乾隆、嘉慶三朝，清廷又陸續在臺灣增設州、縣、廳。

直到光緒十三年（1887），臺灣正式改設行省，新任巡撫劉銘傳會同閩浙總督楊昌濬合奏，籌議臺灣郡縣分別添改裁撤問題。最後經清廷批可後，臺灣行政區域改成三府一州十一縣三廳，示之如下:1. 臺南府:安平縣、嘉義縣、鳳山縣、恆春縣、澎湖廳;2. 臺灣府:苗栗縣、彰化縣、臺灣縣、雲林縣、埔里社廳;3. 臺北府:淡水縣、新竹縣、宜蘭縣、基隆廳。4. 東部增設臺東直隸州。

〔註137〕見《清史稿校註·卷一百二十三·志九十八·職官三·外官》，頁3328。
〔註138〕見同上，《清史稿校註·卷一百二十三·志九十八·職官三·外官》，頁3329。
〔註139〕見《景印文淵閣四庫全書·欽定大清會典·卷五·吏部·文選清吏司·銓政》，頁619-64。

光緒二十年（1894），邵友濂爲進行開山撫番，在桃園大溪增設南雅廳，而成三府一州十一縣四廳，隸屬臺北府。

清代宦臺文職官，若依其行政系統，自上而下順序，其中組織架構如示：第一層爲總轄，總轄下分巡撫、布政司、按察司、撫墾大臣、巡視臺灣監察御史等五種官職；第二層爲道，道下分巡道、臺灣鹽道庫大使等二種官職；第三層爲府，由知府統領府事；第四層爲縣、廳，由知縣、同知統領縣、廳事；另外還有一個獨立的臺東直隸州，由知州統領州事。

（二）地方行政首長之職掌

清代宦臺地方行政首長之職責，與中國內地相同，亦如前述《清史稿》中所示。而若總歸之，則爲「教」與「養」兩件大事。在「教」方面，譬如在乾隆三十一年（1766）任澎湖通判的胡健，他在任澎湖通判時，聘請馬明經主講文石書院；又在任滿臨離去澎湖時，作詩叮嚀馬明經，要確實做到分齋教學法，而在〈留別馬明經掌教〉中說：「莫忘治事分齋法，須記窮經按日功。明日滿船辭海國，慇懃不盡話匆匆。」〔註140〕由此詩，吾人可知清代宦臺地方行政首長一如內地，對轄區內之學校學官，具有監督之任及教導之責。在「養」方面，譬如在嘉慶二十年（1815）任鳳山知縣的吳性誠，在其〈九日登高〉十首之四〔註141〕中說：「雞犬桑麻眞庶富，休忘教養棄頑愚。」吳性誠自述，他對百姓不但須盡到「教」之責，也要盡到「養」之責。由此詩，吾人可知，清代宦臺地方行政首長一如內地，對轄區內之百姓要負責「教」，也必須負責「養」。

至於地方行政首長任期問題。周鍾瑄在《諸羅縣志》說：「康熙三十年奉旨：『臺灣各官，自道員以下、教職以上，俱照廣西南寧等之例，將品級相當，現任官員內揀選調補，三年滿即陞。如無品級相當堪調之員，仍歸部選。著爲令。』」〔註142〕由此可知，臺灣地方行政首長之任期是三年。

（三）地方行政首長人次統計

前述清代宦臺文職官之第三層爲府，由知府統領府事；第四層爲縣、廳，由知縣、同知統領縣、廳事；另外還有一個獨立的臺東直隸州，由知州統領

〔註140〕見施懿琳：《全臺詩》第貳冊，頁 438～439。
〔註141〕見同上，《全臺詩》第肆冊，頁 51。
〔註142〕見周鍾瑄：《諸羅縣志・卷三・秩官志・秩官》，臺灣文獻叢刊第一四一種，頁 47。

州事。而所謂之知府、知縣、同知、知州，他們便都是地方行政首長。在此筆者試依據劉寧顏《重修臺灣省通志·卷八·職官志·文職表篇》資料，將清廷領臺 212 年間，宦臺之地方行政首長人次作一統計，以知當時清廷地方行政首長宦臺之情形。

簡表十：宦臺地方行政首長人次〔註143〕統計

1. 府

府　　名	職稱	起始人及年份	迄止人及年份	人　數	頁　碼
臺灣府（建省前）	知府	蔣毓英（康熙二十三年）	吳本杰（光緒十二年）	129 人次	頁 28～38
臺南府	知府	程起顎（光緒十四年）	忠滿（光緒二十一年）	9 人次	頁 67
臺北府	知府	向燾（光緒三年）	俞鴻（光緒二十一年）	13 人次	頁 68～69
臺灣府（建省後）	知府	雷其達（光緒十四年）	蔡嘉穀（任期不詳）	8 人次	頁 71～72

總計以上，清代之臺灣三府——臺灣府、臺南府、臺北府，自康熙二十三年（1684）至光緒二十一年（1895）的 211 年間，共有 159 人次之宦臺知府。

2. 直隸州

州　名	職　稱	起始人及年份	迄止人及年份	人　數	頁　碼
臺東直隸州	知州	吳本杰（光緒十四年）	張儀春（光緒二十一年）	9 人次	頁 73～74

總計以上清代臺東直隸州，自光緒十四年（1888），至光緒二十一年（1895）的 7 年間，共有 9 人次之宦臺臺東直隸州知州。

3. 廳（散廳）

廳　名	職　　稱	起始人及年份	迄止人及年份	人　數	頁　碼
淡水廳	臺灣府淡水撫民同知	張弘章（雍正九年）	陳星聚（光緒四年）	114 人次	頁 75～83
埤南廳	臺灣府南路撫民理番同知	袁聞柝（光緒元年）	吳本杰（光緒十四年）	10 人次	頁 98～99
埔裏社廳	臺灣府中路撫民理番同知	傅若金（任期不詳）	鄒鴻漸（光緒十年）	11 人次	頁 99

〔註143〕筆者按：此表以人次計算，而不以人計算，乃是因爲其中部分地方行政首長有被重複回任原職，或是被轉任至其他府縣廳任職之情形。

基隆廳	臺北府撫民理番同知	林桂芬（光緒十四年）	黎景嵩（光緒二十一年）	8人次	頁102
澎湖廳	臺灣府糧捕海防通判	王仁（雍正六年）	李春榮（光緒十三年）	115人次	頁103～111
噶瑪蘭廳	臺灣府撫民理番海防糧捕通判	楊廷理（嘉慶十七年）	陳□〔註144〕（同治十二年在任）	48人次	頁112～115
花蓮港廳	臺東直隸州州同	陳英（年份待考）	孫張鸞（光緒二十一年在任）	2人次	頁119

筆者按：清代臺灣之「廳」，乃隸屬在「府」下，只有花蓮港廳，因爲地理位置特殊，由臺東直隸州管轄。而總計以上清代臺灣曾經設置過的7散廳，自雍正九年（1731），至光緒二十一年（1895）的164年間，共有308人次之宦臺同知、通判、州同。

4. 縣

縣名	職稱	起始人及年份	迄止人及年份	人數	頁碼
臺灣縣	臺灣府臺灣縣知縣	沈朝聘（康熙二十三年）	沈受謙（光緒十三年）	123人次	頁119～128
同上	（建省後）臺灣府臺灣縣知縣	范□〔註145〕（光緒十四年）	史濟道（光緒二十一年）	5人次	頁253～254
安平縣	臺南府安平縣知縣	沈光綏（光緒十三年）	鄭文海（光緒二十一年）	11人次	頁149～150
鳳山縣	臺灣府鳳山縣知縣	楊芳聲（康熙二十三年）	饒書升（光緒十二年）	132人次	頁150～160
同上	臺南府鳳山縣知縣	吳元韜（光緒十三年）	吳桐林（光緒二十一年）	9人次	頁161
諸羅縣	臺灣府諸羅縣知縣	季麒光（康熙二十三年）	陳良翼（乾隆五十二年）	49人次	頁188～192
嘉義縣	臺灣府嘉義縣知縣	陳良翼（乾隆五十二年）	羅建祥（光緒十一年）	61人次	頁201～205
同上	臺南府嘉義縣知縣	羅建祥（光緒十四年九月初二日以前撤任，押交淡水縣看管）	孫育萬（光緒二十一年）	5人次	頁205
彰化縣	臺灣府彰化縣知縣	談經正（康熙二十九年）	李榮棠（光緒十二年）	121人次	頁213～221

〔註144〕僅知姓，名字已佚。
〔註145〕僅知姓，名字已佚。

同上	（建省後）臺灣府彰化縣知縣	李榮棠（光緒十四年九月二十四日以前撤委，十二月初一日以「徇隱庇匪」奉旨革職）	梁成枏（光緒二十一年）	12人次	頁221～222
恆春縣	臺灣府恆春縣知縣	周有基（光緒元年）	何如謹（光緒十二年）	12人次	頁245
同上	臺南府恆春縣知縣	何如謹（光緒十二年）	盧肇經（光緒二十一年）	11人次	頁246
淡水廳	臺北府淡水縣知縣	傅德柯（光緒三年）	凌汝曾（光緒二十一年）	16人次	頁247～248
新竹縣	臺北府新竹縣知縣	向燾（光緒三年）	梁成枏（任期不詳）	20人次	頁249～250
宜蘭縣	臺北府宜蘭縣知縣	邱峻南（光緒四年以前）	汪應泰（光緒二十一年）	12人次	頁252
雲林縣	臺灣府雲林縣知縣	陳世烈（光緒十四年）	李郁華（光緒二十一年）	9人次	頁255～256
苗栗縣	臺灣府苗栗縣知縣	林桂芬（光緒十四年）	李烇（光緒二十一年）	3人次	頁257

　　總計以上清代臺灣曾經設置過的 17 個縣，自康熙二十三年（1684），至光緒二十一年（1895）的 211 年間，共有大約 611 人次之宦臺知縣。

　　而若將四者，即知府、知州、同知等，以及知縣加起來，則當時清代宦臺之地方行政首長，總數多達大約 1087 人次。

三、地方行政首長之儒學詩

　　宦臺地方行政首長，亦如提督學政，因著他們的地方行政首長身分，由於工作職掌關係，所表現出來與儒學相關議題之詩作，依筆者分析歸納，其主題約可分為五類：即敘述興建學校、敘述教導士子、敘述勗勉教師、敘述巡視轄域，以及敘述個人感懷。

　　而以上這些內容之敘述，皆反映了當時清代臺灣儒學教育之某些現象。譬如興建學校之敘述，所反映的是清廷欲透過學校之儒學教育以教化臺灣人民；教導士子之敘述，所反映的是宦臺地方行政長官對臺灣本土士子之儒學教導；勗勉教師之敘述，所反映的是清代地方行政首長對轄區儒學教育之推動；巡視轄域之敘述，所反映的是清代儒學教育對臺灣住民之深度延伸與正面果效；敘述個人感懷，所反映的是地方行政首長對臺灣全面儒學化之努力與期望。以下筆者茲取季麒光等七位為代表，以論述宦臺地方行政首長儒學

詩之內容與特色，姑依他們宦臺時間先後順序排列，先列表簡介他們之生平。

簡表十一：七位宦臺地方行政首長生平簡介

首長＼概述	出生地	科　名	到任時間	任職地及職稱
季麒光	江蘇無錫人	順治十七年（1660）舉人	康熙二十三年（1684）	諸羅縣知縣
宋永清	山東萊陽人	漢軍正紅旗監生	康熙四十三年（1704）	鳳山縣知縣
孫元衡	安徽桐城人	貢生〔註146〕	康熙四十五年（1706）	諸羅縣知縣
譚垣	江西龍南人	乾隆十三年（1748）進士	乾隆二十九年（1764）	鳳山縣知縣
胡建偉	廣東三水人	乾隆四年（1739）進士	乾隆三十一年（1766）	澎湖通判
楊桂森	雲南石屏人	嘉慶四年（1799）進士	嘉慶十五年（1810）	彰化縣知縣
何如謹	廣西灌陽人	同治六年（1867）舉人	光緒十二年（1886）	恆春縣知縣

筆者註：此表參考陳文達《鳳山縣志》、盧德嘉《鳳山縣采訪冊》、周鍾瑄《諸羅縣志》、周璽《彰化縣志》、胡建偉《澎湖紀略》、屠繼善《恆春縣志》、劉寧顏《重修臺灣省通志》、全臺詩編輯小組《全臺詩》等資料製作。表列總計有季麒光、宋永清、孫元衡、譚垣、胡健、楊桂森、何如謹等七位宦臺地方行政長官。

又以下，筆者再由上述地方行政首長之詩作中，披尋其中有書寫及於與儒學相關議題之詩作，並依他們宦臺時間先後順序排列，一一分析其詩作，以管窺清代宦臺地方行政首長在臺灣推動儒學教育之一斑。而下面簡表所顯示者，即為筆者所擇取之上述地方行政首長之詩作類型。

簡表十二：七位宦臺地方行政首長儒學詩類型

首長＼儒學詩	興建學校	教導士子	勗勉教師	巡視轄域	個人感懷
季麒光				∨	
宋永清	∨			∨	
孫元衡		∨			
譚垣				∨	
胡建偉		∨	∨		∨
楊桂森		∨			∨
何如謹		∨			∨

〔註146〕見黃仲裏：〈孫元衡的家世〉，引《桐城志》之說：「以貢生出知新城，潔己率屬，政俗一變。」黃仲裏此文收於中國方志叢書，臺灣地區90臺北市，臺北文獻（四），第十、十一、十二期合刊，1965年（民54）出版，頁1356。

（一）季麒光

季麒光，生卒年不詳，字聖昭，號蓉洲，江蘇無錫人。康熙十五年（1676）丙辰進士。由內閣中書出知梅縣。二十三年（1684）八月，由閩清任命諸羅縣知縣。十一月八日抵達；九日，沈光文在鹿耳門與他見面，先住在今臺南市大天后宮，〔註147〕隔年到諸羅縣接任。當時臺灣初建，原始居民普遍缺乏教育。季氏既任知縣，積極欲提升臺灣文教。二十四年（1685）卻以丁父憂去。

1. 在諸羅縣之文教治績

季麒光在諸羅縣之文教治績，大約可分為三方面來說，一為建議興建儒學教育學生，二為親自教導臺灣學童；三為首創臺灣郡志。

先說第一方面。季麒光在臺灣任諸羅縣知縣時，以諸羅縣偏僻，曾進呈上級，而有〈條陳臺灣事宜文〉一文，其中一條言及教育，極力建議興建學校以提升臺灣文教。他說：「崇建學校之宜議也。從來士居民首，為詩書禮讓之原，不可不優崇而鼓舞之。今臺灣自道府涖任以來，即搜羅□鄭時業儒之人，試以文藝，行見士類可風也。但不崇學校無以敦絃誦，不行考試無以勵功名；則學宮與學官不可不設也，進學之額不可不定也，廩膳序貢之例不可不行也。且通省學政，未便涉洋臨試，而生童亦難使之往返波濤；請歸臺灣本道，如廣東瓊州之例可也。既有儒生，自當送試省闈；請另編號中式，如遼東宣府之例可也。如此，則教育作興，菁莪棫樸之休，庶幾可望於東寧僻壤矣。」〔註148〕

季麒光此篇公移，可謂是今日吾人可見，清代宦臺官吏中最早有關振興臺灣文教之文件，它的時間比康熙四十一年（1702）宦臺，任職臺灣縣知縣的陳璸之〈條陳臺灣縣事宜〉還早18年；更比康熙六十年（1721）隨族人藍廷珍渡臺，綏靖朱一貴事件的藍鼎元所作之〈臺灣近詠十首呈巡使黃玉圃先生〉四首還早37年。

在公移中，季麒光認為士為四民之首，也是詩書禮讓所從出之源，因此不能不優崇而鼓舞之。由是，他提出五項具體振興臺灣教育之方案：興建學

〔註147〕大天后宮建於康熙二十三年（1684）八月，為留鎮臺灣總兵吳英鳩工募修，康熙皇帝曾派禮部致祭，加封媽祖為天后，御賜「輝煌海澨」匾額，稱廟為大天后宮，俗稱臺灣大媽祖廟。

〔註148〕見陳文達：《臺灣縣志・卷之十・藝文志・公移・季麒光（諸羅令）・條陳臺灣事宜文》，臺灣文獻叢刊第一○三種，頁230。

校、行科舉之制、定進學之額、助以廩膳之優遇、臺灣學政歸由臺灣本道擔任，以及另編字號保障赴省試之臺灣儒生。季麒光這五項方案，後來一一成為後來宦臺儒官努力向清廷爭取之目標，對臺灣儒學教育制度的建立，有莫大指引作用。

次說第二方面，周鍾瑄《諸羅縣志》說：「時縣治初設，人未向學；麒光至，首課儒童，拔尤者而禮之，親為辨難。士被其容光者，如沐春風。」〔註149〕可見當時季麒光並非只有建議上級而已，而是將建議事項真正落實在自己行動中，以振興臺灣儒學教育。

再說第三方面，周鍾瑄《諸羅縣志》又說：「（季麒光）博涉群書，為詩文清麗整贍。工臨池。在任踰年，首創「臺灣郡志」，綜其山川、風物、戶口、土田、阨塞；未及終編，以憂去。三十五年，副使高拱乾因其稿纂而成之。人知「臺郡志」自拱乾始，而不知始於麒光也。」〔註150〕季麒光此舉對保存臺灣史料有相當大貢獻，也有莫大引導作用，因為後來宦臺儒官，也紛紛效法他，編纂臺灣各地方志。

2. 敘述巡視轄域之詩作

清代宦臺地方行政首長，如同中國內地之地方首長一樣，須掌理一縣之事，「決訟斷辟，勸農賑貧，討猾除姦，興養立教。凡貢士、讀法、養老、祀神，靡所不綜。」雖然「立教」、「貢士」，只是當時宦臺地方行政首長職責中的一部分而已，但當時很多行政首長卻將此事視為當務之急，譬如季麒光便是。試看他的

〈視事諸羅〉一詩：

> 西風輕拂使臣車，諭蜀相如舊有書。
> 細譯番音誠異域，喜看野俗尚皇初。
> 自來窮海無飛雁，從此荒村有市魚。
> 漫向空天長倚望，黃雲晚日接扶餘。──（見《全臺詩》第壹冊，頁182）

此首為七言律詩。詩中季麒光以知縣身分巡行諸羅縣，對諸羅縣原始風貌感到好奇，進而對開發與教育諸羅縣抱持很大責任感，他此處用司馬相如使巴蜀之典故，自喻是西漢司馬相如，奉朝廷之命來臺進行教化工作，手中早就如司馬

〔註149〕見周鍾瑄：《諸羅縣志・卷三・秩官志・列傳》，臺灣文獻叢刊第一四一種，頁51。

〔註150〕見同上，頁51～52。

相如一樣擬好計畫，準備讓諸羅縣也成爲一塊文明之地。吾人細讀此詩內容，會發現它正好解釋了當時季麒光在臺灣，爲何要上呈〈條陳臺灣事宜文〉，爲何要親自課童，爲何要首創編纂臺灣縣志，原來他帶著朝廷使命，也自許是司馬相如，希望能像司馬相如對巴蜀有貢獻一樣，自己對臺灣也有貢獻。

　　雖然在季麒光現存之詩作中，筆者只找到一首與儒學議題相關者，但是因爲他是清廷領臺（康熙二十二年（1683））後，最早一批被派任到臺灣的地方行政首長之一，和蔣毓英被派任爲臺灣府知府、沈朝聘被派任爲臺灣縣知縣，同樣都是在康熙二十三年（1684），而具有其歷史上的重要意義，也是三人中唯一尚留存有宦臺儒學詩者，因此筆者亦將其列入本論文之論述中。

（二）宋永清

　　宋有清，生卒年不詳，原籍山東萊陽人，以漢軍正紅旗監生。康熙四十三年（1704）秋由武平知縣，調任鳳山知縣。三年任滿，陞任直隸延慶知州。

1. 在鳳山縣之文教治績

　　宋永清任鳳山縣知縣期間，力意振興學校，凡所做之事，莫不爲學校教育著想。盧德嘉《鳳山縣采訪冊》說他：「爲政期年，新學宮、建衙署、創義學、百廢具舉，聽斷平允，尤雅意文教。」譬如呈請上局薄賦稅，召民耕種硫磺水官田充作文廟香燈；將龍目井廍移充義塾膏火，延師教導；捐出己貲資助學生月課之獎賞；暇日則召集師生講論文藝。由以上諸事已足見宋永清對鳳山縣教育之著力，因此《鳳山縣采訪冊》又說：「邑文教振興，自清始。」〔註151〕

2. 敘述興建學校之詩作

　　宋永清在任期間，對鳳山縣學著力很深，甚至捐貲助月課之資，而其實他的重建文廟之功，亦不可磨滅。以下即是他在康熙四十三年（1704）重建文廟之後，爲文廟落成所記錄之詩。〈興建文廟恭記〉：

　　　　荷花十里地，喜建聖人居。泮壁流天際，圜橋架水渠。

　　　　千秋陳俎豆，萬國共車書。巍煥今伊始，英才自蔚如。

　　　　　　——（見《全臺詩》第壹冊，頁359）

此首爲五言律詩。詩中，宋永清對鳳山縣文廟得以重新興建表示欣慰。其實鳳山縣文廟之興建時間甚早，康熙二十三年（1684），知縣楊芳聲首建，在

〔註151〕見盧德嘉：《鳳山縣采訪冊·庚部·列傳·宦蹟》，臺灣文獻叢刊第七十三種，臺北：臺銀經研室，1960年（民49），頁255～256。以下本論文各章所引用此書皆爲同一版本，不再贅敘出版地、出版社與出版年。

縣治興隆莊（按：今高雄市左營），後面是啓聖祠，學宮前面有一天然泮池，荷花芬馥，香聞數里。四周有鳳山、屏山、龜山、蛇山環繞，形家以爲人文勝地。池中所產之魚、蓮，經府、縣批示，歸學宮掌管。因年久傾壞，僅存數椽，以棲先師之神，而風雨不蔽。遇春秋丁祭，張篷行禮，祭畢撤去。直到二十年後，也就是康熙四十三年（1704），宋永清知鳳山縣時，行釋菜禮，愴然念之而說：「鳳山自有君天下以來，版圖未入，文教不施；今聲名人物，得與中土媲美稱爲盛事。苟廟宇猶然卑陋，無以體聖天子尊師崇儒之至意，其誰之責哉？」於是乎捐俸又加以重建，擴大原來形制，啓聖祠在後增加兩廡、欞星門，三者具備，頗爲壯觀。〔註 152〕

　　除了臺灣方志對宋永清此次重建鳳山縣文廟紛紛加以記載外，本縣康熙六十年（1721）貢生出身，赴內地出任南靖訓導的李欽文，也對宋永清對鳳山縣儒學教育之貢獻予以肯定，他在〈縣義學田記〉說：「邑侯宋公從武平調補鳳山，甫下車而修建文廟，自大成殿、啓聖祠、兩廡以及欞星門，次第具舉。乃復置義學，擇邑士鄭應球爲師，日有試、月有課，頑者秀之、陋者文之。士之登其堂者，彬彬乎盛矣。又慮其久而輒廢也，捐俸購田以供脩脯，以其半給膏火費。」〔註 153〕

　　由以上，吾人知道了宋永清興建鳳山縣文廟之緣由，也知道後人對他此舉之重視。現在再回頭看此詩作，必定可以深切體會宋永清詩中之言矣。前四句宋永清就鳳山縣文廟之天然形勝作敘述，其中由第二句「喜建聖人居」，可見他對自己能重建鳳山縣文廟，讓先師之神得以有遮風避雨之處感到欣慰。後四句宋永清勉勵鳳山縣學之學生，在學校要尊崇孔門儒學，奮力向上；希望而今而後，英華之才倍起。

3. 敘述巡視轄域之詩作

　　宋永清身爲鳳山知縣，職責之一便是例行之巡視轄域工作，因此他有一系列紀巡詩，其中又以巡社詩爲最具特色。譬如〈力力社〉、〈下淡水社〉、〈上淡水社〉、〈大澤機〉、〈放䋈社〉、〈阿猴社〉、〈茄藤社〉、〈倒咯嘓夜雨〉、〈埤

〔註 152〕以上同時參考高拱乾《臺灣府志・卷二・規制志・學校》、周元文《重修臺灣府志・規制志・學校》、陳文達《鳳山縣志・卷之二・規制志・學宮》、陳文達《鳳山縣志・卷之九・藝文志・記・鳳山教諭施士嶽撰〈重修鳳山文廟記〉》等之資料。

〔註 153〕見王瑛曾：《重修鳳山縣志・李欽文〈縣義學田記〉》，臺灣文獻叢刊第一四六種，臺北：臺銀經研室，1962 年（民 51），頁 368。

頭店〉、〈渡淡水溪〉、〈番社〉、〈番社夜賦〉、〈搭樓社〉這些紀事詩都以敘述
番社風土民情，或是藉番社之景抒情為主，對於番社儒學教化情形較少著
墨，只有〈茄藤社〉一詩，反映康熙四十三年左右，〈茄藤社〉番民雖歷經
明鄭滿清的改朝換代，但仍然保持他們原來的生活方式之情形：

　　策馬茄藤社，霜蹄破綠苔。亭亭橫野樹，漠漠擁沙堆。

　　蠻女騎牛去，番童逐鹿來。聖朝恩澤闊，墨齒不為災。

　　——〈見《全臺詩》第壹冊，頁355〉

此首為五言律詩。鳳山縣在清代時屬南路。黃叔璥《臺海使槎錄》中記載了
清代臺灣當時的南路鳳山縣各番社，總計南路鳳山番共有三個聚落，每個聚
落又包括有數量不等的番社。

　　南路鳳山番一：包括上澹水（一名大木連）、下澹水（一名麻里麻崙）、
阿猴、搭樓、茄藤（一名奢連）、放縤（一名阿加）、武洛（一名大澤機、一
名尖山仔）、力力，共八社。（見卷七，頁143）

　　南路鳳山傀儡番二：包括北葉安、心武里（北葉分出）、山豬毛、加蚌（一
作泵）、加務朗、勃朗（一名錫干）、施（一作系）汝臘、山里老（一名山里
留）、加少山、七齒岸（一云即施汝臘，未知孰是）、加六堂、礁嘮其難（一
名陳那加勿）、陳阿修（一名八絲力；以上熟番）、加走山、礁網曷氏、系率
臘、毛系系、望仔立、加籠雅、無朗逸、山里目、佳者惹葉、擺律、柯覓、
則加則加單（以上新附番），共二十五社。（見卷七，頁150）

　　南路鳳山瑯嶠十八社三：包括謝必益、豬嘮捒（一名地藍松）、小麻利
（一名貓籠逸一名貓蘭）、施那格、貓裏踏、寶刀、牡丹、蒙率、拔蟯、龍
鑾、貓仔、上懷、下懷、龜仔律、竹、猴洞、大龜文（或云傀儡）、柯律，
共十八社。（見卷七，頁155～156）

　　宋永清在此詩中，即是敘述自己騎馬巡視南路鳳山番一之茄藤社時的所
見，當時距離清廷領臺只有二十年。詩中第一、二句敘述騎馬進入茄藤社，
馬蹄一路踏破結著薄霜的綠苔之情形；第三、四句敘述看到茄藤社到處長滿
高挺筆直的野樹，這些野樹圍繞著廣大沙堆之原始景象；第五、六句敘述看
到原始番女騎著牛隻走過去，番童則一路追著野鹿跑過來之悠閒野趣；最後
兩句回歸到自己的身分與職責作敘述，表明自己的治縣理念。

　　由此詩，吾人可以看出當時清廷及漢人勢力，尚未全面侵入原始番民部
落，因此番民之生活猶保存其原來傳統面貌。而身為知縣身分的宋永清，似

乎對番民此種原始生活方式也沒有想要去打擾之意，反而說「聖朝恩澤闊，墨齒不爲災」。

宋永清的與宦臺儒學教育議題相關之詩作，雖然筆者只找到兩首，但是這兩首各具代表性，一首讓吾人看到他在派任鳳山縣知縣期間，致力建校興學之一斑；另一首則讓吾人看到他對轄域民番不多加強力干預的寬容敦厚。

（三）孫元衡

孫元衡，生卒年不詳，字湘南，安徽桐城人。康熙四十四年（1705）任臺灣府海防同知，適巧遇上大旱，他命令商船都要協助運米，拒載者罰，多載者獎以重賞，於是米糧充足，米價頓減，人民得以免除飢餓。康熙四十五（1706）至四十七年（1708）任諸羅縣知縣。

1. 在諸羅縣之文教治績

孫元衡在臺灣任職期間，最大文教事功，除了修文廟、立義學、置義田之外，便是創作了《赤嵌集》四卷，三百六十篇詩作，替臺灣保存了當時很多珍貴自然景物、風土民情之文字資料，對清代時期臺灣歷史有補白作用。因此後代研究《赤嵌集》之學者很多，對他的評價也很高；〔註154〕至於流傳版本，據許俊雅在《全臺詩》第壹冊〈孫元衡提要〉中的彙整，總共也有六種版本之多。〔註155〕

2. 敘述教導士子之詩作

據黃仲襄說法，孫元衡家族在桐城也屬有名望巨族，世代以孝義、詩禮傳家。祖父孫臨，號武公，身當明末時期，年輕時便以慷慨尙氣著譽鄉梓。及長，加入復社，志在中興。後因不降滿清，被追殺殞命。孫臨子孫輩皆能文，其中，孫中楚，字肖武，元衡之父，孫臨之長子，爲明末太學生，倜儻豪邁，善騎射，力辭康熙之邀，隱居著書。孫元衡受家族薰陶，詩文俱佳，《桐城志》說他：「少沉靜，有檢局，姿致閑美，敏於詩書。」《大清一統志》說他：「康熙四十二年爲臺灣同知，性剛正，諸不便民事，悉除之。」〔註156〕

〔註154〕許俊雅在《全臺詩》第壹冊，列舉了王漁洋、連橫《臺灣詩乘》等二篇讚譽評語，見頁 251；黃仲襄在〈孫元衡的家世〉一文，羅列了黃叔璥《臺海使槎錄》、蔣陳錫〈赤嵌集序〉、張實居〈赤嵌集序〉、陳詩尊〈邠室詩話〉、莊金德〈清初旅臺學人著作評介〉等五篇讚譽評語，見頁 1356～1357。

〔註155〕見施懿琳：《全臺詩》第壹冊，頁 251。

〔註156〕見黃仲襄：〈孫元衡的家世〉，頁 1356～1365。

以上孫元衡之家世背景，反映在其〈因海客言勗文士〉一詩，他在詩中氣勢豪邁俊逸，卻嚴守儒家傳統入世精神，斥責服食鍊丹之不當以勗戒士子：

　　　　七尺乘時思建勳，偶然失路隨人群。

　　　　有生最樂獨良友，與世不死惟高文。

　　　　柟幹始萌裂地骨，鵬雛初奮垂天雲。

　　　　沙蟲猿鶴從所化，雌伏雄飛誰與分。──見（《全臺詩》第壹冊，頁 307）

孫元衡詩作中有四首與海客相關者，除此首外，另有〈贈海客〉、〈聽海客言寄嘲北莊友人〉、〈海客與文士談仙〉。海客究竟爲何人，今不得而知，但吾人由另外這三首詩的「頭白不須憐，安居已是仙」（〈贈海客〉），知道此位海客一頭白髮，應該年紀已頗大，又從「潮視盈虧月，風隨順逆船」（〈贈海客〉），知道海客長年隨風船在海外來去，歷盡艱難，四處尋求仙道。而此番到了臺灣，也還是「千條歧路迷銀礦，一片晴雲想玉山。貪把龍涎乘莽葛，競驅墨豹逐蜂蠻。」（〈聽海客言寄嘲北莊友人〉），也還是「非關海客談言妄，縱到瀛洲未肯閒」（〈聽海客言寄嘲北莊友人〉），知道海客到了臺灣也是不肯得閒，艱辛攀爬傳說中的銀山、玉山，滿口妄言財利與仙術。

而或許是海客對臺灣文士滿口妄言財利與仙術，灌輸文士令人心晃神迷的「八解池邊觀定水，九篇丹經洞生死。世間小別二千年，空裏孤行九萬里。渴時吮玉饑嚙芝，鹿盧蹄下風雲馳。匏魁統管含宮徵，熟簧生觱雲中吹。舉舉弄文人，揮手聊相謝。雲霓隨飄風，攀爾鳳凰駕。」（〈海客與文士談仙〉）虛幻仙境。孫元衡身爲一縣之守，有其督導學校士子之責，因此他在詩中，由此而下，緊接著出言諷刺海客的荒誕不經說法，他說「丹丘常明不知夜，未遑偃息勞精神。縱令懷英吸微液，那能醇粹還天眞。骨肉斷恩愛，煆煉腦與腸。徒然息心侶，萬劫眞茫茫。雲旂玉軟空相望，回視九州非舊鄉。」

也因此他在〈因海客言勗文士〉一詩中勗勉士子，詩中用「七尺乘時思建勳」、「與世不死惟高文」、「柟幹始萌裂地骨，鵬雛初奮垂天雲」、「沙蟲猿鶴從所化，雌伏雄飛誰與分」等儒家積極入世精神的話語來激勵士子。而此正符合清廷所認可的學術正統，也證明康熙四十五年時期的臺灣，學校士子的教育，除儒學之外，其他學派之思想皆被斥爲不倫。

3. 敘述巡視轄域之詩作

孫元衡身爲諸羅縣知縣，自是有巡視轄域之責，因此在他詩作中，也出

現一些紀巡詩，譬如〈茄留社〉、〈山行書所見有感〉、〈過他里霧〉二首、〈吼尾溪〉、〈西螺北行〉、〈野宿馬芝麟社見新月有感〉、〈過漁塭〉、〈山家〉、〈還過他里霧〉、〈裸人叢笑篇〉等等。

在這些詩作中，孫元衡有的敘述巡行所見到之自然景色，譬如經過吼尾溪，看到吼尾溪的溪水，秋天與春天之時，景象大不相同，而有〈吼尾溪〉的「是時秋旱井泉涸，蕩潏盤湓旋爲渦。方春一雨黿鼉舞，縱有班匠無輕艖。」（見《全臺詩》第壹冊，頁 270）之作；經過漁塭，看到一片無際樹林，而有〈過漁塭〉的「嘉木十餘里，陰森接蔚藍」（同上，見頁 272）之作等等。看到番民之穿著裝飾之特殊，而有〈裸人叢笑篇〉的「鑿困貫竹皮，括輪象日月兮衛其身，圓景雙擔色若銀。」（同上，見頁 281）。看到山家居民辛勤工作之狀，而有〈山家〉的「農叱輕車虛兩服，婦障大笠荷長鑱。惟嫌竹笋無佳味，千畝胸中不解饞。」（同上，見頁 273）等等。

而在這些紀巡詩中，有提及番民漢化情形者並不多，這或許是因爲當時距離清廷領臺只有 20 多年之故。以下這首乃敘述茄留社番民者。〈茄留社〉：

　　自有蠻兒能漢語，誰言冠冕不相宜。

　　叱牛帶雨晚來急，解得沙田種芋時。——（見《全臺詩》第壹冊，頁 269）

此首爲七言絕句。第一、二句敘述番民中也有能說漢語的，這讓孫元衡也不禁要肯定這些番民各個都是可造就之材；第三、四句敘述番民在逐漸漢化過程中，也開始懂得利用土地特質，並在適當的季節與時間，種植合適的農作物。

此詩原來收於黃叔璥：《臺海使槎錄・卷五・番俗六考・北路諸羅番一・附載》中。黃叔璥《臺海使槎錄》中記載了清代臺灣當時的北路諸羅縣各番社如下：

北路諸羅番社分布情形。北路諸羅番共有十個聚落，每個聚落又包括有數量不等的番社。

北路諸羅番一：新港、目加溜灣（一名灣裏）、蕭瓏、麻豆、卓猴，共五社。（見卷五，頁 94）

北路諸羅番二：諸羅山、哆囉嘓（一作倒咯嘓）、打貓，共三社。（見卷五，頁 100）

北路諸羅番三：大武郡、貓兒干（一作麻芝干）、西螺、東螺、他里霧、猴悶、斗六（一名柴裏）、二林、南社、阿束、大突、眉裏、馬芝遴，共十

三社。（見卷五，頁 103）

　　北路諸羅番四：大傑巓、大武壠、噍吧年、木岡、茅匏頭社（即大年哖）、加拔（一作茄苳）、霄裏、夢明明（自頭社以下皆生番），共八社。（見卷五，頁 110）

　　北路諸羅番五：內優（一作內幽附大武壠納餉）、壠社、屯社、綱社、美壠（自壠社以下俱生番），共五社。（見卷五，頁 113）

　　北路諸羅番六：南投、北投、貓羅、半線、柴仔阬、水裏，共六社。（見卷五，頁 115）

　　北路諸羅番七：阿里山五社（踏枋、鹿堵、唣羅婆、盧麻產、干仔務）、奇冷岸、大龜佛、水沙連思麻丹、木武郡赤嘴（一名刺嘴籠）、麻咄目靠、挽鱗倒咯、狎裏蟬、巒蠻、干那霧，共十四社。（見卷六，頁 119）

　　北路諸羅番八：大肚、牛罵、沙轆、貓霧捒（麻霧捒）、岸裏、阿里史、樸仔離、掃悚、烏牛難，共九社。（見卷六，頁 124）

　　北路諸羅番九：崩山八社（大甲東社、大甲西社、宛里、南日、貓盂、房裏、雙寮、吞霄）、後壠、新港仔、貓裏、加至閣、中港仔（以上四社俱附後壠納餉）、竹塹礁、磅巴，共十五社。（見卷六，頁 129）

　　北路諸羅番十：南嵌、坑仔、霄里、龜崙（以上三社附南嵌納餉）、澹水、內北投、麻少翁、武嘮（俗作勝非）灣、大浪泵、擺接、雞柔（以上六社附澹水納餉）、大雞籠、山朝、金包裏（以上二社附雞籠納餉）、蛤仔難、哆囉滿（附蛤仔難納餉）、八里分、外北投、大屯、里末、峯仔嶼、雷裏、八芝連、大加臘、木喜巴壠、奇武卒、秀朗、里族、答答悠、麻（一作毛）里即吼、奇里岸、眩眩、小雞籠，共三十三社。（見卷六，頁 135～136）

　　孫元衡上述之詩，反映了兩項番民漢化情形，一爲在語言使用上能說漢語，二爲在生活方式上不再完全依靠採集，而懂得種植農作物。至於下面〈過他里霧〉二首，合起來看，則反映了當時番漢雜居的現象：

　　　　翠竹陰陰散犬羊，蠻兒結屋小如箱。
　　　　年來不用愁兵馬，海外青山盡大唐。
　　　　舊有唐人三兩家，家家竹徑自迴斜。
　　　　小堂蓋瓦窗明紙，門外檳榔新作花。──（見《全臺詩》第壹冊，頁 270）

此二首皆爲七言絕句。第一首言番民之生活方式，豢養牛羊，房屋形狀小如箱籠。第二首言漢人之生活方式，每家都有迴斜的竹間道路，用瓦蓋屋，有

小廳堂，有糊著紙的窗戶，門外還種植檳榔樹。吾人將此二詩合起來看，會發現原來這兩種相當不同的景象，其實是存在同一個空間裡，反映了當時他里霧地區是一個番漢雜居之處。而下面之〈秋日雜詩〉二十首之十，則反映臺灣平埔族初步漢化情形：

> 殊方今樂國，襁負自成鄰。
>
> 餳釀酬田祖，蠻謳賽水神。
>
> 蕷苗田鹿喜，蔗葉野牛馴。
>
> 經術能師古，豳風屬此人。——（見《全臺詩》第壹冊，頁311）

此首爲五言律詩，詩中孫元衡所敘述者大約是秋天季節的平埔族生活樣貌。第一、二句敘述他們老幼聚居自成聚落，安樂過日子的生活方式；第三、四句敘述他們在秋天豐收之後，準備各種酒食酬謝田祖、高歌謳頌水神的情形；第五、六句敘述平埔族人與大自然和平共處的情形，田鹿可以在苗田中快樂地覓食，乖馴的野牛也可以在蔗田中自由咬食蔗葉；最後兩句則是孫元衡嘆服臺地這些平埔族人的淳樸勤勞生活方式，簡直就是《詩經·豳風》中，上古時期夏朝人民生活的再現。

臺灣平埔族在長期與漢人雜居下，受漢人影響，雖然民俗活動仍然保存番民傳統，但生活方式已明顯漢化，他們聚集而居，馴養野牛農耕，而且學習誦讀詩書，孫元衡此詩正反映了康熙四十五年（1706）前後，平埔族的初步漢化情形。

（四）譚 垣

譚垣，生卒年不詳。題名碑作譚莊，[註157] 字牧亭，號桂嶠，江西龍南人，乾隆十三年（1748）進士。乾隆二十九年（1764）年四月，由政和知縣調任鳳山知縣，五月到任。三十二年（1767）四月任滿，晉秩卸任。

1. 在鳳山縣之文教治績

盧德嘉《鳳山采訪冊》對譚垣在鳳山縣任內之事蹟，記載頗爲詳盡。大約說來可分爲三方面，第一方面爲地方治安：由於鳳山縣東倚傀儡山，故成爲盜賊窩藏之地，宵小出入，閭閻恒有戒心。譚垣一到任，馬上展開搜緝工作，一網打盡悉置之法，從此之後，「陰陽和、風雨節、年穀順成，俗敦禮讓，迄全郡逾南至瑯嶠二百餘里之內，桑麻蔽野，絃歌相聞，熙熙然也。」爲求

[註157] 見劉寧顏：《重修臺灣省通志·卷八·職官志·文職表篇·第三項鳳山縣·第一目臺灣府鳳山縣知縣·譚垣》，頁153。

好心切,日過午猶未食,有時通宵達旦,必使案件解決爲止。第二方面爲地方文教:在任三年,依次興建講學書院,修廳事前後堂,改建天后宮,皆由自己捐廉俸倡之。第三方面爲水利邊防:凡是農田水利、險隘關塞之尤急於國計民生者,皆優先爲之。秩滿當遷,士民愛戴,捨不得讓他離去,相率走郡城,請求大憲,乞聞於朝廷。大憲以格於例,無法准之,人民遂退而伐石紀績,以示不忘。〔註158〕

紀念譚垣之碑記題名爲〈邑侯譚公德碑〉,碑立於舊治天后宮左壁。高六尺五寸,寬一尺九寸。正書十六行,行四十五字。按:碑記內容與列傳相同,文字亦大同小異,故筆者不再贅述,僅由碑記中錄出一段文字,以接續下面詩作內容:「以邑之地廣、民雜,生熟番黎介其間,宰斯邑者輒三年一易,而宿弊多矣。」〔註159〕

2. 敘述巡視轄域之詩作

譚垣於乾隆二十九年(1764)年調任鳳山縣知縣,身爲鳳山縣知縣,他當然也負有巡視轄域之責,因此他也有一系列紀巡詩。譚垣〈巡社紀事〉由八首巡社詩組成,八首依先後順序分別是〈搭樓社〉、〈武洛社〉、〈阿猴社〉、〈上淡水社〉、〈下淡水社〉、〈力力社〉、〈茄藤社〉、〈放綵社〉。這八首若以內容作大略區分,應可分爲兩大類,第一大類爲藉事勸勉番民者;第二大類爲敘述番民在各方面之漢化情形者。

先說前者。吾人由上述譚垣列傳以及碑記中,已知鳳山縣東倚傀儡山,土地廣闊,人民雜處,生番、熟番亦居其中,加上三年一任之官制,而使得積弊很多。而也就是這個原因,譚垣在巡社時不免發現許多需要解決的重大問題,而他也總是藉由這些問題,進一步勸勉番民曉知事理。譬如他在〈上淡水社〉〔註160〕說:

〔註158〕見盧德嘉:《鳳山采訪冊‧庚部‧列傳‧宦績‧譚垣》,臺灣文獻叢刊第七三種,頁257。

〔註159〕見同上,盧德嘉:《鳳山采訪冊‧壬部‧藝文(一)‧扁額‧碑碣》,頁381～382。

〔註160〕朱仕玠在其《小琉球漫誌‧上下淡水》中說:「臺灣有二淡水。在北路者名上淡水,設一同知、一巡檢治其地。巡檢駐箚八里坌,爲臺灣極北境,相距府城,爲程半月。在南路者名下淡水,設一縣丞,一巡檢。而下淡水又分上、下番社。《諸羅舊誌》云:『南北淡水均屬瘴鄉,而北淡水尤甚』。今南路下淡水水泉甘美,居民輻輳;即北路上淡水,舊傳水泉惡毒,今服食如內地。蓋聲教廣被,生齒日稠,木拔道通,人氣坌集,山嵐海霧不能爲屬矣。」見黃哲永、吳福助:《全臺文》(五十三),臺中市:文听閣圖書,2007年(民96),頁104。

　　我與番眾謀，非可一言決。相度宜周詳，經費宜樽節。

　　暫施隄防功，且待秋潦竭。秉燭坐中庭，勸諭均曉徹。

　　老番共扶攜，幼番各持挈。惇龐誠可嘉，整肅尤可悅。

　　憂勞長善心，此理信前哲。——（見《全臺詩》第貳冊，頁426）

此首爲五言二十四句長律，此處所引爲第十一句至第二十四句。此詩譚垣敘述自己在巡視上淡水社時，發現上淡水溪之溪道淤淺紆折，社民依溪道築屋而居，卻籬破見溪光。面對番民極力請求遷社，譚垣經過諸多考量，決定不採番民遷社之議，而是「暫施隄防功，且待秋潦竭」，暫時先修築隄防應急，等待秋水乾竭之後再說。而他的勸諭終於得到眾番民認同，扶老攜幼，秩序井然，讓譚垣頗受鼓舞。由此詩，吾人看到當時譚垣與臺灣原始住民間之良好互動。又譬如他在〈下淡水社〉中說：

　　試觀生息多，誰非被化者。番老不言壽，番女亦云姹。

　　由來沾雨露，亦自謀弓冶。我爲番目言，社丁不患寡。

　　衣食所必需，犁鋤正堪把。行見爾番庶，擊鼓吹豳雅。

　　——（見《全臺詩》第貳冊，頁426）

此首爲五言二十二句古詩，此處所引爲第九句至第二十二句。在詩中，譚垣自述巡視下淡水社時，番民擔心人口滋繁迅速無法生養得起；爲此，譚垣勸勉番民，可以從事農耕之事，以供應衣食所需。由此詩，吾人看到譚垣對番民之勸勉，並非只有道德禮義之教導，凡是番民生計問題的解決之道，也是他教導的內容。又譬如他在〈阿猴社〉說：

　　城門固魚鑰，修篁如列雉。編茅備堂奧，削土崇階陛。

　　天使持節來，驄馬歷至止。番目爲我陳，此社非他比。

　　素稱物力饒，眾社歸經紀。年來生齒繁，不復追前趾。

　　我爲番目言，物盛難可恃。應須敦儉約，慎勿踵奢侈。

　　——（見《全臺詩》第貳冊，頁425）

此首爲五言二十句古詩，此處所引爲第五句至第二十句。詩中，譚垣自述巡視來到阿猴社，社中番目看到知縣來到，遂來陳情說，本社本來物力豐饒，但因最近幾年人口增加，物力已經無法再和以前比較；爲此，譚垣勸勉番目，物盛既然難以依靠，更應該崇尚節儉，切勿奢侈。由此詩，吾人看到譚垣對臺灣原始住民之殷殷告誡。又譬如他在〈茄藤社〉說：

　　升堂細諮詢，一一訴貧苦。眾番叩頭說，番愚爲人侮。

　　我謂番本愚，聖朝所安撫。誰歟或侮之，我能爲爾剖。

　　　慎勿學奸刁，貧苦乃自取。老番共點頭，少番首亦俯。

　　　開道至再三，不覺日亭午。——（見《全臺詩》第貳冊，頁 427）

此首爲五言二十句古詩，此處所引爲第七句至第二十句。詩中譚垣自述在巡視茄藤社時，番民衣衫襤褸簇擁著他，一一向他訴說貧窮之苦，以及因爲太單純而屢次受騙時。爲此，譚垣勸慰諸番民說，就是因爲你們太單純容易受騙，朝廷才更需要撫慰你們；究竟是誰欺侮你們，我會爲你們主持公道；但你們切記不要去學奸詐刁鑽，否則貧窮乃是咎由自取。而番民對譚垣之勸諭，不論老少也都願意接受。由此詩，吾人再次看到當時譚垣與臺灣原始住民間之良好互動。

　　再說後者。譚氏宦臺時距離清廷領臺已有 81 年之久，鳳山縣番民在清廷持續恩威並施下漢化日深，以故在譚垣巡社詩中，已明顯反映鳳山縣番民各方面漢化現象，譬如〈搭樓社〉：

　　　堂中列圖鼎，典則猶可數。帝德決雕題，覆育時煦嫗。

　　　番黎沾化久，愛戴深且固。童子四五人，能誦詩書句。

　　　諮詢實可欣，獎勵不妨屢。眾番亦欣然，笑請軒車駐。

　　　——（見《全臺詩》第貳冊，頁 424～425）

此首爲五言十八句古詩，此處所引爲第七句至第十八句。在詩中，譚垣自述到搭樓社巡視，社中議事廳堂擺列著朝廷頒布之圖鼎典則，番民受到長期薰染，對朝廷已深度認同；有四、五位兒童能背誦詩書的句子；譚垣覺得很欣慰，多給予獎勵；眾番也很高興，笑請多留駐。由此詩，吾人看到當時的搭樓社，漢化程度確實已很深刻。又譬如〈武洛社〉：

　　　土目跪前迎，庶番互聯絡。社丁雖稀少，勇壯俱超躍。

　　　昔在大澤機，舊址連巖崿。日與生番伍，趨走類猿玃。

　　　自從歸化來，薰蒸銷獰惡。移社向中田，婦子安耕穫。

　　　我來宣皇仁，毋使逢不若。山鬼應從風，祥和遍村落。

　　　——（見《全臺詩》第貳冊，頁 425）

此首爲五言二十句古詩，此處所引爲第五句至第二十句。在詩中，譚垣自述巡視平埔族部落武洛社，社中壯丁雖然稀少，然而都勇壯有力；以前住在大澤機，與生番雜處；自從歸化以來，移住到平地；婦女小孩都安於耕種生活，祥和之氣遍及整個村落。由此詩，吾人看到當時鳳山縣平埔族部落之漢化情形。又譬如〈力力社〉：

> 諮訪聽語音，通曉更嫻熟。聖治開文明，光被及番族。
>
> 應知久漸摩，秀發此先卜。拱手進番童，經書果能讀。
>
> 忠信自有基，禮義須涵育。勸勉且丁寧，披月前村宿。
>
> ——〔見《全臺詩》第貳冊，頁 427〕

此首爲五言二十句古詩，此處所引爲第九句至第二十句。在詩中，譚垣自述巡視力力社，細聽他們語音，對漢語已更加嫻熟，兒童也能誦讀經書。譚垣對此很欣慰，認爲忠信禮義自此有很好的開始。由此詩，吾人知道當時的力力社也是漢化已深。

　　由以上譚垣諸詩，吾人看到他對轄區內番民的治理，不論是居住環境的安全考量、生計問題的解決、農耕工作的勸勉、生活習性的教導、生命財產的保護，都面面俱到去進行，並且站在他們的立場，體諒他們的辛苦，替他們著想，與他們再三作良性溝通。除此，在教育方面則用多獎勵的方式，推動番民儒學教育，勸勉加上叮嚀，希望忠信禮義從此在此地生根滋長。

　　亦由譚垣以上諸詩，吾人看到當時宦臺儒官爲改善臺灣番民之生活環境所作之努力，也看到清代臺灣番民在清廷長期恩威並施政策下的漢化情形。

（五）胡　健

　　胡健，生卒年不詳，字建偉，以字行，又字式戀，號勉亭，廣東三水人。乾隆四年（1739）進士。乾隆十四年（1749）選授直隸無極縣，紀大功二次。後又歷任、福寧、福鼎、永定、閩縣等數職。乾隆三十一年（1766）任澎湖通判。乾隆三十五年（1770）補鹿港同知，在臺灣捐建澎瀛書院，作爲澎湖諸生到臺灣應試寓所，對澎湖士民貢獻很大，士民感念他，爲他立祀於文石書院。澎瀛書院在臺灣府治，內兩進各一廳二房，右邊護厝房五間，額曰「澎瀛書院」；內祀前廳通判黎溶。〔註161〕乾隆三十七年（1774）胡健陞臺灣北路理番同知。纂有《澎湖紀略》十二卷。

1. 在澎湖廳之文教治績

　　胡健在澎湖之治績大約說來有兩大端，一爲開啓澎人到臺灣參加童試之先例，二爲創立文石書院，三爲纂輯《澎湖紀略》。

　　先說開啓澎人到臺灣參加童試之先例。澎湖遠阻大洋，一向未立學宮，舊隸於臺灣縣學，童生應縣、府試及道試，必須遠渡臺灣，往返動輒

〔註161〕劉寧顏總纂：《重修臺灣省通志・卷六・文教志・學校教育篇・第五項臺灣書院設置情形・澎湖縣（澎湖廳）》，頁 139。

逾半年資斧艱難，遂使澎人裹足不前，甚至有皓首窮經卻不得一預童子試者。有鑑於此，胡健在乾隆三十二年（1767），選擇澎人文理稍優者，資其盤費，再三勸諭而有九名應試，此次入泮者計有三人，由是而給童生很大鼓舞。〔註162〕

　　次說創立文石書院。胡健任職澎湖通判期間，又鑑於澎湖百年以來，沒有學校可供學生讀書，以致人無奮志，地鮮良師，因此倡建文石書院。他在〈募創澎湖書院疏引〉中，提到自己倡建書院之因，他說，當初一到任，便召集諸生校閱他們能力，發現其中頗有秀杰者，可惜「識解梏於見聞未能遠到耳」；接著開始教導學生，月有課，季有考，公餘之暇，為學生講求讀書之法、舉業之式，幾個月下來漸有成效。然而因為沒有學校可讓學生住宿就讀，致使學生「僕僕往來，奔走道路，而無游息居學之安」。為此之故，遂有倡健書院之意。〔註163〕

　　及至文石書院建成，胡健作〈文石書院碑記〉一文以記之。此文內容大約有兩大主題，一為書院以文石命名之由，二為勗勉書院學生努力向學。他說，以文石命名書院，乃因為文石為澎湖之特產；又因為人之為學，由童蒙而至進乎聖賢之域，猶石之經過切磋琢磨過程，遂成美玉之過程。接著胡健勗勉學生在書院中求學，「春夏詩書，秋冬禮樂，以砥礪其心性，潤澤其文章，處則為有道之士，出則為有用之儒。」〔註164〕胡健創建文石書院，又擬〈學約十條〉以勸戒諸生，十條之目依序為：一曰重人倫、二曰端志向、三曰辨理欲、四曰勵躬行、五曰尊師友、六曰定課程、七曰讀經史、八曰正文體、九曰惜光陰、十曰戒好訟。

　　由於創建文石書院，而開澎湖學風，闔澎紳士感念其功績，而有〈文石書院碑記〉以記其功績。記中提到文石書院之地點、書院之設置，以及當時胡健在此講學之情形。茲概略述之如下：文石書院位於廳治右畔百武之近地，書院中崇祀五夫子春秋二祭，延聘名儒掌教，月給膏火。至於胡健本人，則是「公餘之暇，時詣院與諸生童講學論文。季考月課，循循善誘，終如其初。經公指授者，頓開茅塞，果慶連茹。丙戌、丁亥科、歲兩

〔註162〕見林豪：《澎湖廳志·卷四·文事·學校》，臺灣文獻叢刊第一六四種，頁107。
〔註163〕見同上，《澎湖廳志·卷十三·藝文（中）·引·澎湖通判胡建偉〈募創澎湖書院疏引〉》，頁449～450。
〔註164〕見莊金德：《清代臺灣教育史料彙編·第四章·書院·文石書院·胡健〈文石書院碑記〉》，頁746～747。

試，入泮者六，備卷者四。從此而掇巍科，登顯仕，人文鵲起，甲第蟬聯，皆我公樂育之公也。」〔註165〕

　　胡健對澎湖之文教工作著力甚深，在今日吾人所能見到之胡健詩作，也以在澎湖所作者為多。

2. 敘述教導士子之詩作

　　乾隆三十七年（1774）胡健陞任臺灣北路理番同知，將離開澎湖之時，有〈留別文石書院諸生〉之作：

> 學舍難忘結構深，杖藜時聽讀書音。
>
> 雖無韓子興潮化，具有文翁教蜀心。
>
> 杼柚終當成錦繡，鴛鴦尤冀度金針。
>
> 諸生勉矣終如始，文石輝煌盡國琛。──（見《全臺詩》第貳冊，頁438）

此首為七言律詩。在詩中，胡健用前四句說自己，用後四句勗勉學生。第一、二句則描述自己一手打造之文石書院建築結構，以及在書院所聽到之學生讀書聲；第三、四句，自謙雖然沒有韓愈在潮州振興教化之功，也有文翁仲在蜀地建學宮興學之勞。第五、六句胡健用杼柚成錦繡、金針成鴛鴦作比喻，希望學生能好好琢磨自己；第七、八句則進一步勉勵學生要有始有終，希望文石書院的學生將來盡成國家棟樑。由此詩，吾人可深切感受到他對文石書院諸生殷切期盼之情。

3. 敘述勗勉教師之詩作

　　當初胡健建文石書院，延聘名儒掌教，此事記於〈文石書院碑記〉中。而今任滿將離開澎湖，最讓他放心不下的還是文石書院諸生，因此胡健除了作詩留別勗勉諸生，他也勗勉教師，而有〈留別馬明經掌教〉之作：

> 絳帷家學紹裘弓，師表來從自海東。
>
> 幾度藻芹滋化雨，一蹊桃李醉春風。
>
> 莫忘治事分齋法，須記窮經按日功。
>
> 明月滿船辭海國，慇懃不盡話匆匆。──（見《全臺詩》第貳冊，頁438～439）

此首為七言律詩。在詩中，首二句胡健稱美馬明經家學淵源有自、出身海東書院；第三、四句讚譽馬明經教學經驗豐富，春風化雨、桃李滿天下；第五、六句胡健叮嚀馬明經，以後教學也莫忘持續使用北宋教育家胡瑗之「分齋教

〔註165〕見同上，莊金德：《清代臺灣教育史料彙編‧第四章‧書院‧文石書院‧閤澎湖紳士〈文石書院碑記〉》，頁748。

學」制，將教學分成「經義齋」與「治事齋」，好讓學生都能依其稟賦，發揮所長而有用於國家；〔註166〕第七、八句則爲留別抒情之詞。吾人由此詩，知道當時胡健在文石書院教導學生，並非只培養治經學之學術人才而已；他也兼顧到實用專業人才之訓練。

4. 敘述巡視轄域之詩作

胡健身爲澎湖通判，在職責下亦須巡視轄域，因此他也有〈十三澳詩〉之紀巡詩之作。〈十三澳詩〉分別是〈文澳〉、〈媽宮澳〉、〈鼎灣澳〉、〈林投澳〉、〈奎璧澳〉、〈蒔裏澳〉、〈赤嵌澳〉、〈鎮海澳〉、〈通梁澳〉、〈瓦硐澳〉、〈西嶼澳〉、〈吉貝澳〉、〈八罩澳〉。在這十三首組詩中，胡健將每一個澳之特殊景物、風土民情加以概述，珍貴保存了乾隆三十一年（1766）前後，澎湖地區之樣貌，具有重要之歷史價值。而其中之〈鼎灣澳〉、〈奎璧澳〉二首，更反映了當時儒學教育在澎湖實施之成效。先說〈鼎灣澳〉：

> 沙迴港繞錦相聯，海闊銀河落九天。
>
> 鼎峙中分盧上下，灣開四面地方圓。
>
> 潭邊月載求魚艇，水涇人耕立鶴田。
>
> 禮讓易興緣俗樸，書聲時聽和春絃。——（見《全臺詩》第貳冊，頁430）

此首爲七言律詩。詩中前四句胡健用來描寫鼎灣澳之地理形式；第五、六句則敘述百姓生活方式，有從事捕魚作業的，有從事農耕的；而第七、八句則說風土人情，因爲民俗淳樸，所以禮讓之教很容易就深入人心，時時都可聽到和著春絃之讀書聲。由此詩，吾人可以想見當時鼎灣澳文風之鼎盛。次說〈奎璧澳〉：

> 奎璧光芒本列星，化作人間應地靈。
>
> 俗尚漁樵知力穡，戶敦仁讓喜橫經。
>
> 城當北拱瞻辰極，湖自東連浴日溟。
>
> 紅罩青螺皆瑞氣，乾坤何處不清寧。——（見《全臺詩》第貳冊，頁431）

此首爲七言律詩。詩中首二句胡健先就奎璧澳之名稱作一發揮；第三句說百姓生活方式，既崇尚漁樵，又知努力農耕；第四句則說每戶人家都能講究仁讓美德，也喜開卷讀經；最後四句則用來描寫奎璧澳之地理形式。由此詩，

〔註166〕胡瑗，字翼之，北宋泰州海陵郡如皋縣人，原籍陝西安定堡，人稱安定先生。「經義齋」主要是學習六經經義等儒家經典；「治事齋」主要是學習水利、蠶桑、邊防等專業知識。

吾人亦可以想見當時的奎璧澳，應該是一個實施儒學教育很有成效，有禮儀、講仁讓，充滿書香之氣之地。

5. 敘述個人感懷之詩作

胡健乾隆三十一年（1766）任澎湖通判，乾隆三十五年（1770）補鹿港同知，前後在澎湖任職五年，臨離開澎湖，除了留別文石書院師生，對澎屬衿耆以及澎營諸公，他也同樣以詩留別，繫以一己之感懷，今姑錄〈留別澎屬衿耆〉一詩以見之：

> 海外棲遲五載身，閒曹冷署也親民。
> 横經負未勤耕讀，恤困周貧睦里鄰。
> 自古蒲鞭原有掛，於今案牘信無塵。
> 迴看島嶼優遊者，耆碩評高月旦論。──（見《全臺詩》第貳冊，頁 439）

此首為七言律詩。詩中前六句胡健自述在澎湖通判任內所做之事，雖然官小事閒，但與人民十分親近；一面橫經講學，一面勸農耕桑；周濟貧困，和睦鄉里；對部屬包容寬待，無堆積封塵之公文。第七、八句胡健對自己在澎湖五年之政績似乎頗有信心，他說：看著島嶼上優遊自在的老百姓，諸位對我應該自有一番評價。

由以上諸詩，吾人看到胡健把治理澎湖的各項工作，記錄在他詩作中之情形，尤其是教育澎湖士子方面，他一方面教導諸生要有始有終努力向學，將來成為國家棟樑；另方面勗勉教師要依學生稟賦，不但要培養治經學的學術人才，也要兼顧到實用專業人才之訓練。而對於自己在澎湖通判任內的表現，胡健似乎信心滿滿，也欣慰能看到在他的治理下，有的島嶼已經文風鼎盛，禮義教化流行，老百姓安居樂業地過著生活。至此，吾人對胡健在澎湖儒學教育上之貢獻亦已明矣。

（六）楊桂森

楊桂森，生卒年不詳。字蓉初，雲南石屏人。嘉慶四年（1799）年進士以翰林散館授南平知縣。嘉慶十五年（1810）正月，調任彰化知縣。嘉慶十六年（1811）重修學宮，始制禮樂器，手定白沙書院學規。嘉慶十七年（1812）兼署北路理番同知兼鹿港海防。以終養去，對彰化貢獻頗大。

1. 在彰化縣之文教治績

楊桂森在彰化縣知縣任內之文教治績約有四項，試例舉如下：

　　第一項是重修縣學宮。彰化縣儒學在縣治東門內南向雍正四年（1726）知縣張鎬所建。中爲大成殿，東西兩廡，前爲甬道、爲戟門，東爲義路，西爲禮門。又前爲欞星門，後爲崇聖祠，右爲明倫堂，堂後爲學廨。後來在乾隆十六年（1751）、乾隆十八年（1753）乾隆二十四年（1759）、乾隆二十七年（1761）、乾隆五十一年（1786）、嘉慶二年（1797），又陸續經過重修擴建。至嘉慶十六年（1811），知縣楊桂森治塗丹艧露臺，護以石欄；自東西廡至欞星門，增築短垣，以爲聯絡；造登瀛橋於泮池上，改建明倫堂於廟左，制禮樂器、招佾生，教之歌舞之節；自是春秋丁祭，禮樂蓋彬彬焉。〔註 167〕並因此而作〈建明倫堂記〉與〈制聖廟禮樂器記〉二文以記其事。〔註 168〕

　　第二項是購置書籍藏於學宮讓學生閱讀。楊桂森所購置之書籍共 29 部，總計 694 本。分別是：《欽定周易折中》一部（十六本）、《欽定書經傳說》一部十八本）、《欽定詩經傳說》一部（二十四本）、《欽定古文淵鑑》一部（四十八本）、《欽定朱子全書》一部（四十本）、《欽定子史經華》一部（五十本）、《欽定四書文》一部（十六本）、《易經註疏》一部（四本）、《書經註疏》一部（八本）、《詩經註疏》一部（二十一本）、《孝經註疏》一部（一本）、《論語註疏》一部（四本）、《春秋註疏》一部（二十四本）、《儀禮註疏》一部（十二本）、《周禮註疏》一部（十五本）、《禮記註疏》一部（二十二本）、《孟子註疏》一部（七本）、《爾雅註疏》一部（五本）、《公羊註疏》一部（十二本）、《穀梁註疏》一部（五本）、《通鑑綱目前編》一部（八本）、《綱目正編》一部（七十七本）、《綱目續編》一部（二十本）、《史記》一部（四十本）、《昭明文選集成》一部（三十本）、《漢魏叢書》一部（一百二十本）、《唐宋八家古文》一部（十五本）、《王步青前八集》一部（十六本）、《後八集》一部（十六本）。

　　第三項是手定白沙書院學規。白沙書院，在彰化縣邑治內，聖廟左面。乾隆十年（1745）淡水同知攝縣事曾日瑛所建。二十四年（1759）知縣張世珍重建。五十一年（1786）被亂所焚毀，知縣宋學顯改建於文祠之西。嘉慶二十一年（1816）署縣吳性誠醵貲重新之，規制較以前恢大。〔註 169〕楊桂森在嘉慶十五年（1810）正月調任彰化知縣，手定白沙書院學規，學規總計有

〔註 167〕見周璽：《彰化縣志・卷四・學校志・學宮》，臺灣文獻叢刊第一五六種，頁113～114。
〔註 168〕見同上，周璽：《彰化縣志・卷十二・藝文志・記》，頁 449～450。
〔註 169〕見同上，周璽：《彰化縣志・卷四・學校志・書院（社學附）》，頁 143。

九條：一、讀書以立行爲先；二、讀書以立品爲重；三、讀書以成物爲急；四、讀八比文；五、讀賦；六、讀詩；七、做全篇以上者之學規；八、作起講或半篇之學規；九、六七歲未作文者之學規。

第四項是重建主靜書院。主靜書院，在南門外演武廳後，即舊倉廠地。嘉慶十六年（1811）楊桂森以倉廠，而易建在縣署後，欲將此地改立爲義學，置租延師，令貧士課讀其中，但後來以終養去，中輟。〔註170〕

由以上四項文教治績，吾人可看出楊桂森對彰化縣之文教措施是全面性的，不但改善學校環境；而且更重要的，他購買書籍，讓學生學習效果可以提升；訂定學規，讓學生有可以遵循的正確方向。

2. 敘述教導士子之詩作

楊桂森以知縣身分，除了有建校興學之責外，對學生之科舉考試，也有參與拔擢之權力與義務，因此在他的詩作中也有相關之議題。譬如〈閱卷偶閒有作〉二首之一：

> 休言小試可聊聊，百仞雲梯望正高。
> 尺寸量來尋繡虎，波濤寬處得金鼇。
> 落花懼下孤寒淚，撈玉還防瓦礫淆。
> 莫恃此心眞白水，便將崑片也輕拋。——（見《全臺詩》第肆冊，頁44）

此首爲七言律詩。童試俗稱小考，是指科舉考試中之初應試者。明初，凡初應試之童子，名爲文童，由巡按、御史、布按兩司及府州縣官選取。英宗正統（1436）以後，始特置提學官，專司提督學政，由提督學政考取。清代童生考試，當督學文到，先公告周知，取鄰里作切結，必須是身家清白者才能報名。分爲縣試、府試、院試三個階段考試，每府之各州、縣關會一日同考，府試亦彙齊一日，以防重冒。雍正元年（1723）議准：童生考試，由州縣送府，由府送學政，各加印結，方准考取生員。考取者得以入學，稱爲附學、附生、生員、諸生、秀才、博士弟子員。〔註171〕

楊桂森此詩即敘述他以知縣身分當閱卷官之情形。在詩中，楊桂森自述閱卷時之心情。自我警惕不可因爲這只是最初階之童試，便草草了事，因爲百仞雲梯就由此處開始；要憑著尺寸之考卷，在眾多佳作中尋找優秀者；只

〔註170〕見同上，周璽：《彰化縣志・卷四・學校志・書院（社學附）》，頁143。
〔註171〕見劉寧顏總纂：《重修臺灣省通志・卷七・政治志・考銓篇》第一冊，頁 15～16。

怕有遺珠之憾，又擔心瓦礫混玉，而把眞正人才遺漏。由此詩吾人可見到楊桂森取才之謹愼。至於〈閱卷偶閒有作〉其二，也是同樣內容：

> 斗橫星轉四更殘，蓮炬雙開滿座寒。
>
> 銖黍不差慚眼慧，披尋屢次或心安。
>
> 丹毫揮灑看原易，一句思量作甚難。
>
> 仙海魚龍憑換骨，還期共奮九霄翰。──（見《全臺詩》第肆冊，頁44）

此首爲七言律詩。在詩中，楊桂森自敍閱卷之辛苦與心情。時間已接近凌晨三點，還點著兩支大蠟燭閱卷；希望能以慧眼識出英雄，屢次反覆披尋以求心安；原本丹毫揮灑看起來很容易，但要將評語下得準確，卻必須費盡思量；而這些應試生只要能上榜就能脫胎換骨，一飛直上九重天。與上首詩一樣，由此詩吾人可見到楊桂森取才之謹愼。

3. 敍述個人感懷之詩作

楊桂森知彰化縣事，須負責綜理全縣事務。文教是其中一項工作，〈樂耕樓記事〉〔註172〕四首，則正反映楊氏在任職彰化知縣期間所做之工作。今筆者姑舉出四首中與文教相關者，以見其個人感懷：他四首之二說：

> 畿南繡畝聖親耕，阡陌原來道德城。
>
> 共願澆蘭勤婦子，何須播穀促商庚。
>
> 兩膠造世頻觀學，三字題樓急厚生。
>
> 不爲登臨供雅眺，樂看經始即垂成。──（見《全臺詩》第肆冊，頁43）

此詩爲七言律詩。前二句爲頌揚清廷之詞。第三、四句叮嚀百姓要勤勞於稼穡農桑，不須靠官吏再三催促；第五句楊桂森則自敍爲地方教育工作，經常到縣儒學和書院視學；而建樂耕樓之目的並非爲供登臨雅眺，而是爲表示要急時造福百姓。至於四首之四說：

> 簪筆今慚事舌耕，民懷猶記夜郎城。
>
> 敢矜求治心無已，且喜陳經日在庚。
>
> 作賦昔年共仙侶，登樓此日伴諸生。
>
> 立身應在最高處，願與人同求大成。──（見《全臺詩》第肆冊，頁43）

〔註172〕根據彰化縣政府旅遊網資料：樂耕樓爲清代四座古城牆之一，其他三座分別是宣平、慶豐、拱辰，不過這四座城樓在日據初期就已被拆除。地點「大致是沿著現在的中山路、華山路與曉陽路之間、中正路構築，城外之護城河，就是現今已淤積變窄的龍喉坑、南郭支線等灌排溝渠。

此詩爲七言律詩。詩中前四句，楊桂森自謙愧於因科名而能講學教人；更不敢誇口努力求治之心始終不變；後四句楊桂森陪伴學生登樓，勉勵學生，人應該將自己立身在最高處，希望學生能彼此切磋學習而成大器。

楊桂森是今日臺灣所存臺灣文獻資料中，爲學宮諸生購置最多圖書的宦臺儒官，雖然可能是因爲官方色彩太重，而被人民利用民間傳說，虛構成破壞臺灣地理風水的惡劣官吏，不過吾人由他在彰化縣知縣任內的四項文教治績表現，以及他在儒學詩中的內容看來，楊桂森對諸生的儒學教育確實是戰戰兢兢、鞠躬盡瘁。

（七）何如謹

何如謹，生卒年不詳，字厚卿，廣西灌陽人，同治六年（1867）舉人。以壽寧知縣署恆春縣知縣，光緒十年（1884）在任，光緒十二年（1886）九月十一日任，實缺任交卸。光緒十三年（1887）閏四月二十六日再任。〔註173〕何如謹今日可查詢之資料極少，因此無法得知他在恆春縣知縣任內之文教治績如何。

1. 恆春文教發展概述

恆春在光緒元年（1875）設縣，自第一任知縣周有基開始，即用心於振興文教，依據屠繼善《恆春縣志》記載：

光緒元年（1875）七月初十日起，周有基陸續開義塾，經裁定共有十五處，並且擬定學規七條。後又增一處。

光緒十年（1884）十二月二十九日，知縣羅建祥以各塾師舞弊多端，上稟請一併裁撤；後經劉道憲批示，保留十五義塾，另設一官塾，聘師一名，收學生最多十名。

光緒十一年（1885）四月二十日，知縣胡培滋以「本年各處童孩不下二百餘人，無所事事，非終日游蕩，即另改別業，民間咋有煩言」，上稟請照舊設塾；後經劉道憲批示，並經出示招考，選取塾師十五名，設塾十五間，於六月初一日一律重新開塾教讀。

光緒十一年（1885）十月初十日，知縣武頌揚，上稟添設總義塾一處，考取別邑之生員爲總塾師，居住縣城，以便每月指導學生作文，並由知縣作最後等第評比；後經劉道憲批示，獲准。

〔註173〕見劉寧顏總纂：《重修臺灣省通志·卷八·職官志·文職表篇·第七項恆春縣》，頁 245～246。

　　光緒十三年（1887）八月十五日，知縣程邦基，以總塾師之設雖不可少，但各塾之師生，每月必須奔波於道途，曠日廢時，弊端叢生，上稟「請停止義塾月課，變通辦理」；後經劉道憲批示，同意。

　　上述筆者所列，爲以何如謹任職恆春縣知縣作基準點，恆春縣由光緒元年（1875），至光緒十三年（1887）之文教發展狀況。由以上資料，吾人可以知道，當時位居偏遠地區之恆春縣，在周有基等前後五位知縣努力下，雖然義塾設立之後，因經費不足、弊端叢生等等因素，而使得運作不盡順利，但可以確定的是，這對當時之地方文教發展，已發揮極大功能。〔註174〕

　　據《恆春縣志》資料，恆籍廩附生便有五位：依次是盧夢箕（廩生，游學，入學年分無稽）；李錫疇（附生，游學，入學年分無稽）；邱輔康（光緒十八年壬辰（1892）歲試入臺南府學）；夏汝霖（光緒十八年壬辰（1892）歲試撥入臺南府學）；沈增穀（光緒十九年癸巳（1893）科試撥入臺南府學）。〔註175〕

2. 敘述教導士子之詩作

　　清楚恆春縣之文教發展概況，吾人對以下何如謹之詩作，將更能了解其意，譬如〈試士〉二首之一：

　　　相期同上鳳池班，文字丹黃手自刪。

　　　卻笑蓬廬非廣廈，也教寒士盡歡顏。——（見《全臺詩》第拾冊，頁335）

此首爲七言絕句。詩中何如謹自敘以知縣身分，負責評定月課學生之作文等第，「文字丹黃手自刪」一句，正是描述他當時工作情形；而第三、四句則描述接受評比之學生，雖然義塾只是一間簡陋房子，但他們卻也甘之如飴。其實由此詩，吾人並沒有看到程邦基所說之諸多弊端，反而看到那些一心向學之寒士的努力。

3. 敘述個人感懷之詩作

　　何如謹雖然在試士時，看到寒士自足於固窮而不禁莞爾，但卻也慨歎科舉仕途這條路之無奈，因此他在〈試士〉二首之二說：

　　　萬事等雲過，人生對酒歌。

　　　枕戈增慷慨，投筆悔蹉跎。

　　　有感情難已，無端喚奈何。

　　　此身留報國，未許老煙簑。——（見《全臺詩》第拾冊，頁335）

〔註174〕見屠繼善：《恆春縣志・卷十・義塾》，臺灣文獻叢刊第七五種，頁195～211。
〔註175〕見同上，屠繼善：《恆春縣志・卷十二・學校》，頁228～229。

此首爲五言律詩。由此詩，吾人看到何如謹似乎心中有萬般無奈，其原因爲何吾人不得而知，但可以知道的是，他慨歎自己因爲知縣身分，必須盡忠職守、報效國家，以致不能學江上老漁夫，過著煙蓑垂釣之逍遙生活。言下之意，何如謹應該是覺得仕宦作官，對他而言是一種負擔而非樂趣。

何如謹在光緒丁亥卸篆恆春縣，丁亥是光緒十三年（1887），臨離去之前，他有〈丁亥三月下浣將卸篆留別恆春僚友士民〉四首。在這四首中，他言及自己的性格是「性格孤高山比峭，胸懷坦白月同明」（四首之二），（以下見《全臺詩》第拾冊，頁335〜336）；言及工作態度爲「廿載襟期白水盟，此心遇事總持平」（四首之二）；言及恆春百姓對他的愛戴與慰留說「攀轅未遂軍民願，借寇頻煩父老情」（四首之二）；言及此刻離別之心情說「水埭未修心未了，臨歧灑淚爲斯民」（四首之一）；言及自己未來的下一步說「泥鴻又向他鄉印，留得微名眾口評」（四首之二）、「全家骨肉思團聚，滿目瘡痍賴拊循」（四首之四）、「一官奔走老風塵，九塞歸來又七閩」（四首之四）。由以上，吾人看到清代宦臺儒官之縮影，在當時清廷三年一任之官任制度下，每位仕宦官吏都得忍受類似何如謹般之境遇。也因此，此處之離別，並非代表到另一個地方的團圓，而是他鄉的再一次漂泊。

至於對自己在恆春數年的文教貢獻，他則似乎覺得有汗顏之感，他說：

> 詩滿行囊酒滿樽，江淹南浦最消魂。
>
> 敢云時雨人皆化，爲有春風座盡溫。
>
> 惜別前宵拚痛飲，賞奇何日待重論。
>
> 興言學校吾尤愧，莫向程門說感恩。──（見《全臺詩》第拾冊，頁336）

此〈丁亥三月下浣將卸篆留別恆春僚友士民〉四首皆爲七言律詩，以上所引爲第三首。在此詩中，何如謹自謙不敢邀功能春風化雨教育人；而說到興學之事，更是尤爲慚愧，同樣不敢接受學生之感恩。憑心而論，相較於周有基等五人對恆春教育發展所作之貢獻，何如謹似乎顯得守成因循，因此他雖然已盡到春風化雨之責，卻尚未晉於興學立教之功。

雖然今日可以找到關於何如謹之資料很少，但是因爲他是恆春縣知縣的關係，爲了讓吾人亦能知道清領時期，恆春縣在儒學教育方面之發展情形，因此筆者將他也列進來論述之。而由以上詩作之中，吾人看到了當時位於臺灣最南端，地處偏僻，開發晚、文教起步亦晚的恆春縣，在何如謹詩作中所呈現出來的，是一種篳路藍縷的辛苦開拓景象，不管是學生或是宦臺儒官，在走向文明教化之過程中，都必須先忍受極度物質匱乏之苦。

四、小　結

　　吾人由《清史稿》知道，清代在府設知府一人，掌總領屬縣；在縣設知縣一人，掌一縣治理。又由《欽定大清會典》知道，知縣與教職之間有其一定之改用制度。

　　至於臺灣，自康熙二十三年（1684）清廷在臺灣設置一府三縣之後，後來爲了因應局勢變化，在雍正、乾隆、嘉慶三朝，又陸續有增設州、縣、廳。光緒十三年（1887）臺灣正式改設行省，臺灣行政區域改成三府一州十一縣三廳。至光緒二十年（1894），臺灣共設置有三府一州十一縣四廳。

　　又至於清代宦臺文職官，在行政系統上，府屬第三層，由知府統領府事；縣、廳屬第四層，由知縣、同知統領縣、廳事；另外還有一個獨立的臺東直隸州，由知州統領州事。他們的任期和提督學政一樣，在明文規定上都是三年一任，不過實際上也是和提督學政一樣，因爲其中某些因素，致都有些許出入。根據筆者統計，在清領的 212 年間，總計知府、知州、同知、知縣等四類地方行政首長人數，就多達大約 1087 人次。

　　而他們的職掌，與中國內地之地方行政首長一樣，總而歸之爲「教」與「養」兩件大事。吾人由筆者所例舉之七位宦臺地方行政首長之詩作中，便可發現他們很努力地在這兩方面積極推動。

　　就「教」這一方面來說，譬如在興建學校方面，季麒光在康熙二十三年（1684）調派來臺任諸羅縣知縣後，便進呈上級，提出五項具體振興臺灣教育之方案，這個方案對後來臺灣儒學教育制度之建立，有莫大指引作用；而宋永清在任鳳山縣知縣期間，不但捐貲助月課之資，又重建鳳山縣文廟。

　　而在教導士子方面，孫元衡堅持以儒學爲中國學術之正統，因此當海客對學生灌輸虛幻的神仙思想時，他勗勉學生，並斥責服食煉丹之不當；而胡健在臨離開澎湖廳之前，勗勉學生好好琢磨自己，好將來成爲國家棟樑，又勗勉教師要記得用胡瑗（即胡安定）的分齋教學法教育學生，好讓學生都能依其稟賦，發揮所長；而楊桂森則在彰化知縣任內擔任閱卷官，批閱童生之入學試卷時有感而發，警惕自己必須謹愼小心，以免有遺珠之憾；而何如謹則在他恆春縣知縣任內，負責評定月課學生之作文等第時，表現出自己爲了教育莘莘學子們，即使生活寒酸也甘之如飴之豁然。

　　而在巡視轄域時，他們和提督學政一樣，有的也不約而同，記錄了臺灣人民在接受長期儒學教育後，在生活各方面逐漸漢化情形；而也有的則在巡

視中有感而發，自許要將轄域治理成文教興盛之地，譬如季麒光便是；有的則在面對轄域百姓有困難或爭訟時，用儒家義理勸解安撫他們，譬如譚垣便是。

而至於個人感懷方面，不管他們對自己在任內的工作表現如何評價，他們卻都不約而同流露了與臺灣士民間的深厚情誼。

第三節　宦臺學官之儒學詩

清代史籍對教育之記載頗為詳盡，除了有《學政全書》記錄有清一代之教育外，《欽定大清會典》、《欽定大清會典事例》、《清史稿》等史書，對學官也都有詳細記載，因此筆者在敘述清代臺灣之學官之前，先將清代學官相關諸端作一概述。

一、清代之學官

清代學官之設置，《欽定大清會典》說：「司學校者府曰教授，州曰學正，縣曰教諭，其貳皆曰訓導。修四術造士以倡四民，共成治化。」〔註176〕

《清史稿》說：「初沿明制，府、廳、州、縣及各衛武學並置學官。康熙三年，府、州及大縣省訓導，小縣省教諭。十五年復置，自是教職分正副。厥後開俊秀監生捐納教職例。三十年，允江南學政許汝霖請，凡捐學正、教諭者改為縣丞，訓導主簿，縶是唯生員始得入貲，教授必由科目。三十二年，省各衛武學訓導。三十九年，頒學宮聖諭十六條，月朔望命儒學官集諸生宣讀。四十一年，頒御製訓飭士子文，命學宮鑱石。四十二年，定教職，學各二人。」〔註177〕而在學官之職掌方面，筆者試由四方面敘述之：

一為教導府州縣廳儒學之學生。《清史稿》：「儒學：府教授、正七品。訓導，從八品。州學正、正八品。訓導，縣教諭、正八品。訓導，俱各一人。教授、學正、教諭，掌訓迪學校生徒，課藝業勤惰，評品行優劣，以聽於學政。訓導佐之。例用本省人，同府、州者否。江蘇、安徽兩省通用。」

〔註176〕見《文淵閣四庫全書・欽定大清會典・卷四・吏部・文選清吏司・官制四・外官》，頁619-57。

〔註177〕以上二段見《清史稿校註・卷一百二十三・志九十八・職官三・外官》，頁3329～3330。

　　《清史稿》說：「各府、州、縣、衛儒學，明制具備，清因之。世祖勘定天下，命賑助貧生，優免在學生員，官給廩餼。順治七年，改南京國子監為江寧府學。尋頒臥碑文，刊石立直省學宮。諭禮部曰：『……爾部傳諭直省學省，訓督士子，凡理學〔註178〕、道德、經濟、典故諸書，務研求淹貫。明體則為眞儒，達用則為良吏。果有實學，朕必不次簡拔，重加任用。』」〔註179〕

　　二為考校府州縣廳儒學之學生。儒生在學期間的考試，可分為兩種：一為月課，二為季考。《清史稿》說：「教官考校之法，有月課、季考，四書文外，兼試策論。翌日講大清律刑名、錢穀要者若干條。月集諸生明倫堂，誦訓飭士子文及臥碑諸條，諸生環聽。除丁憂、患病、游學、有事故外，不應月課三次者戒飭，無故終年不應者黜革。試卷申送學政查覆。迄於嘉慶，月課漸不舉行。御史辛從益以為言，詔令整頓。嗣是教官多闒茸不稱職，有師生之名，無訓誨之實矣。」〔註180〕由此可知，月課即是每個月的考試。至於季考，宋代太學每一季末，照例舉行考試，以考核學生學習狀況，清代因之。

　　三為負責歲科考之試務工作。在府縣廳儒學之生員歲試時，學官需造格眼冊、便覽冊、提調憲綱冊等，呈送給學政。科試時需造應試生員名冊呈送給學政。

　　四為輔導學生之不良行為。《欽定大清會典事例》說：「教官有教導士子之責，如有生員罷考，是必其平日董率無方，不能約束所致，該教官照溺職例革職。儻於生童罷考之時，該教官畏懼處分。或有同城武弁，與之從中調處寢息其事者，均照私和公事例治罪。」〔註181〕另外學生如果在生活上有任何不檢點處，而教官卻失察，未能詳報上級，那麼亦依例降級或革職。以上四者大約即為清代學官之工作職責。

〔註178〕見同上，《清史稿校註・卷一百二十三・志九十八・職官三・外官》註36，引《世祖實錄》順治十二年三月二十七日壬子，以及《清朝文獻通考・學校考》。認為「理學」二字，應該作「六經諸史」或是「經書」，頁3149。

〔註179〕見同上，《清史稿校註・卷一百二十三・志八十八・選舉一・學校上》，頁3148～3149。

〔註180〕見同上，《清史稿校註・卷一百二十三・志八十八・選舉一・學校上》，頁3149～3150。

〔註181〕見《續修四庫全書・史部・政書類・欽定大清會典事例・卷三八三》，頁122。

二、清代臺灣之學官

清代臺灣學官之設置與學官職掌，比照中國內地方式，因此以下亦分兩方面敘述之。

（一）學官之設置

府、縣、廳儒學教師統稱爲學官，屬文官。教師有教授、教諭、訓導等職別。各府、縣學各以一名爲數，即府學駐教授一名、訓導一名；縣學置教諭一名、訓導一名。教授由省派遣，而教諭則隸屬於學政之下〔註 182〕。而他們的任職，都以三年爲期，期滿依例推陞〔註 183〕。

清廷在臺灣設學官時間甚早，《欽定大清會典事例·學校設官》說：「康熙二十四年，設福建臺灣府府學教授一員，臺灣、鳳山、諸羅、彰化〔註 184〕四縣教諭各一員。」〔註 185〕

至於訓導，則遲至雍正十一年（1733）才在各府縣廳設置，共設福建臺灣府學，及臺灣、鳳山、諸羅、彰化四縣學訓導各一員。到了同治十一年（1872），改福建臺灣府淡水廳，復設訓導爲復設教諭，增噶瑪蘭廳復設訓導一員。到了光緒四年（1878），「又設福建臺灣臺北府教授一員，改噶瑪蘭廳復設訓導爲宜蘭縣復設訓導，改淡水廳復設教諭爲淡水縣復設教諭。」〔註 186〕

而關於三學之學官，以及三學之生員彼此之間關係，劉寧顏說：「在職責方面，教授、學正、教諭都直屬學政，所以三者沒有隸屬關係。三學訓導分別爲教授、學正、教諭之佐，所以也沒有相互隸屬關係。至於三學之生員，也沒有隸屬關係，並非縣學生員畢業後需就讀府學。」〔註 187〕

〔註 182〕連橫《臺灣通史·卷十一·教育志》說：「翌年（按：康熙二十四年），巡道周昌、知府蔣毓英就文廟故址，擴而大之，旁置府學。由省派駐教授一員，以理學務。而縣學置教諭，隸於學政。其後各增訓導一員。」臺灣文獻叢刊第二輯，頁 269。

〔註 183〕見劉良璧：《重修福建臺灣府志·卷十三·職官一（文職）·官制》：「佐雜、教職，俱照例三年報滿，咨部推陞。」臺灣文獻叢刊第七四種，頁 350。

〔註 184〕此處原書記載有誤，彰化之設縣，係雍正元年以後之事。

〔註 185〕見《續修四庫全書·史部·政書類·欽定大清會典事例·卷三百六十六·禮部學校·學校設官》，頁 694。

〔註 186〕見同上，（《欽定大清會典事例·卷三百六十六·禮部學校·學校設官》，頁 703。

〔註 187〕見劉寧顏總纂：《重修臺灣省通志·卷六·文教志·教育行政篇（第一冊）·第三項儒學設官與學官職責·第一目儒學設官》，頁 53。

（二）學官之職掌

一如中國內地之學官，清代宦臺學官之職責，也是大約就是教導府縣廳儒學之學生、考校府縣廳儒學之學生、負責歲科考之試務工作、輔導學生之不良行為等。其對教育所負之責任可謂大矣。

也因此，臺灣本土學官陳震曜，在道光六年（1826）赴中國內地任福建同安縣訓導，他感於學官之重要性，便曾經說：「安上治民，有司之職也；造士徵文，教官之責也。余位雖卑，亦一邑之木鐸，豈堪見誚於儒宗哉？」〔註188〕

（三）歷任學官里籍

清廷既領臺灣，施琅在其奏疏中建議：其防守總兵、副、參、游等官，定以三年或二年轉陞內地，無致久任，永為成例。康熙核可後，從此武官宦臺，三年一任成為定制。

到了康熙三十年，臺灣的文官自道員以至教職，開始依照廣西南寧等府之例，由品級相當的現任官調補，也是三年一任，三年俸滿即陞，如果沒有相當者仍歸部選。至於晉陞的等級，乾隆八年議准，訓導三年報滿，調回後即分別以縣丞、府經、學正、教諭任用。而到了道光四年，「教授等亦由內地調補，府學、四縣教諭、訓導缺出，先儘晉江、安溪、同安、龍溪、漳浦、平和、詔安等七學調補，倘有不敷或人地未宜，仍於通省教職內來一體揀調。」〔註189〕

終有清一朝領臺的 212 年期間，單就臺灣的各府、縣、廳儒學來說，教授、教諭、訓導的總人數，於今日史冊尚能見到者就至少多達約 646 人次（其中有 13 人再任，因此實際人數 633 人），〔註190〕符合清廷宦臺官吏，自道員以下至教職三年一任的派任原則。而這中間並不包括遍佈在臺灣各地的書院、義學、社學、私塾的教師。

據筆者根據劉寧顏《重修臺灣省通志》〔註191〕所提供的資料作統計，當

〔註188〕見連橫：《臺灣通史・卷三十四・列傳六・鄉賢・陳震曜》，臺灣文獻叢刊第二輯，頁 962。

〔註189〕見鄭鵬雲：《新竹縣志初稿・卷四・職官表・官制》，臺灣文獻叢刊第六一種，1959 年（民 48），頁 130～131。以下本論文各章所引用此書皆為同一版本，不再贅敘出版地、出版社與出版年。

〔註190〕筆者按：臺南府儒學教授名錄不可考，因此無法得知究竟有多少人？里籍又為何？見劉寧顏：《重修臺灣省通志・卷八・職官志・文職表篇》，頁 68。

〔註191〕見劉寧顏總纂：《重修臺灣省通志・卷八・職官志・文職表篇》，頁 59～258。

時清代宦臺學官，事實上並不是僅由晉江、安溪、同安、龍溪、漳浦、平和、詔安等七學調補而已，而是遍及福建省的各府、州、縣，其總數多達 62 個。茲以簡表排列如下。

簡表十三：宦臺學官里籍（以下皆隸屬福建省）

1. 上杭	2. 大田	3. 古田	4. 平和	5. 汀州	6. 仙遊
7. 永安	8. 永定	9. 永春州	10.永泰	11.永福	12.光澤
13.同安	14.安溪	15.沙縣	16.長汀	17.長泰	18.長樂
19.松溪	20.武平	21.邵武	22.侯官	23.南平	24.南安
25.南靖	26.屏南	27.建安	28.建陽	29.建寧	30.泉州府
31.政和	32.莆田	33.浦城	34.晉江	35.連江	36.連城
37.海澄	38.泰寧	39.清流	40.將樂	41.崇安	42.順昌
43.惠安	44.福州府	45.福安	46.福清	47.福寧	48.漳平
49.漳浦	50.寧化	51.寧洋	52.寧德	53.閩清	54.閩縣
55.德化	56.羅源	57.甌寧	58.興化	59.龍溪	60.龍巖州
61.霞浦	62.歸化				

根據筆者統計，在至少大約 646 人次當中，除了 21 位完全不知里籍者外，其來自內地之宦臺學官，只有兩位不是福建省籍，一位是臺灣府儒學教授李中素，另一位是臺灣府雲林縣儒學訓導李烇。李中素，字鵠山（一作鶴山），號怍菴，湖北麻城（一作黃岡）人，貢生，康熙三十四年（1695）任臺灣知縣，申救冤獄，以臺灣知縣攝府儒學教授，善教諸生，後因勤職卒於官；〔註192〕而李烇，號蔚山，廣東嘉應州人，監生，光緒十九年（1893）八月初二日以代理雲林知縣兼署，是年十月初一日卸。〔註193〕而觀之二李，其實他們都是以知縣身分兼署學官，因此有非出身福建省籍情形。換言之，清代宦臺學官可說絕大多數是來自福建省。而其所以有此種現象，其實是源自於清代之法令，清代凡學皆設學官以課士，而各學教官皆用本省人。清代時期之臺灣隸屬於福建省，僅為福建省之其中一府而已，因此才會有由福建人（即本省人）擔任臺灣學官之現象。

〔註192〕見同上，《重修臺灣省通志・卷八・職官志・文職表篇》，頁 59。又見施懿琳：《全臺詩》第壹冊，頁 217。
〔註193〕見劉寧顏：《重修臺灣省通志・卷八・職官志・文職表篇》，頁 257。

而筆者這個分析結果，也讓吾人知道，清代臺灣朱子學之傳入臺灣，甚至在臺灣發煌，清廷在臺灣施行儒學教育，當然是一個重要因素；而當時這些來自閩省，從小接受朱子學之宦臺學官，他們站在第一線，透過教學活動，直接將朱子學灌輸給臺灣本土儒生，才是更重要因素，因為畢竟人是制度的執行者，而執行者之思想所趨，直接影響制度之執行。

大陸學者陳名實將朱子學之傳入，推功於宦臺提督學政陳璸、鎮臺首任總兵楊文魁、次任總兵殷化行、臺灣北路營參將阮蔡文、鰲峰書院主講蔡世遠，以及從征臺灣之藍鼎元等人，〔註194〕這是正確說法。然而以上諸人都屬康熙時期；至於康熙以後，以迄清末，朱子之學又如何可以在臺灣持續發展而不墜。筆者認為，當時這輩來自閩省之宦臺學官，長期將朱子學作為課程，灌輸給臺灣本土儒生，其傳播之功亦不可抹滅。

三、學官之儒學詩

清代宦臺學官，若與地方行政首長、提督學政相比，那麼他們不論是官品、社經地位或是職權都是最小的，他們當然沒有權力參與全臺教育政策之制訂，甚至被法令規定不准干預縣內一切之事。雖然如此，但他們卻是與學生接觸之第一線，是教育政策之執行者，學生則是接受者；執行之成效如何，除了受政策良窳、社會環境、學生素質等因素影響外，學官本身能否善盡執行之責也是重要關鍵。

而他們亦如地方行政首長以及提督學政一樣，因著他們學官身分，由於工作職掌關係，所表現出來與儒學相關議題之詩作，依筆者分析歸納，其主題約可分為五類，即敘述臺灣教育環境、敘述在學校課生員、敘述巡社課番童，敘述儒學教育成效，以及敘述個人感懷等。

而以上這些內容之敘述，皆反映了當時清代在臺灣實施儒學教育之某些現象。譬如對臺灣教育環境之敘述，所反映的是當時臺灣施行儒學教育之社會環境困境；在學校課生員之敘述，所反映的是當時清廷在臺灣府縣廳施行儒學教育之教學情形；巡社課番童之敘述，所反映的是當時清廷在臺灣各番社施行儒學教育之教學情形；個人感懷之敘述，所反映的是清代宦臺學官之社經地位問題。以下筆者茲取林紹裕等十一位為代表，以論述

〔註194〕見陳名實：《閩台儒學源流》，福州市：福建人民出版社，2008年（民97），頁 222～235。

宦臺學官儒學詩之內容與特色，姑依他們宦臺時間先後順序排列，先列表簡介他們之生平。

簡表十四：十一位宦臺學官生平簡介

概述 學官	出生地	科　名	到任時間	任職地
林紹裕	福建永福人	乾隆十八年（1753）癸酉拔貢。	乾隆二十五年（1760）	鳳山縣儒學訓導及教諭
朱仕玠	福建福寧縣人〔註195〕	乾隆十八年癸酉（1753）拔貢生	乾隆二十八年（1763）	鳳山縣儒學教諭
吳玉麟	福建侯官人	乾隆二十四年（1759）舉人	嘉慶二年（1797）	鳳山縣儒學教諭
柯輅	福建晉江人	乾隆四十四年（1778）舉人	嘉慶四年（1799）	嘉義縣儒學訓導
黃對揚	福建龍溪人	嘉慶五年（1800）庚申恩科舉人	嘉慶八年（1803）	臺灣縣儒學訓導
謝金鑾	福建侯官人	乾隆五十三年（1788）舉人	嘉慶九年（1804）	嘉義縣儒學教諭
鄭兼才	福建德化人	乾隆五十四年（1789）拔貢生	嘉慶九年（1804）嘉慶二十五年（1820）回任	臺灣縣儒學教諭
劉家謀	福建侯官人	道光十二年（1832）舉人	道光二十九年（1849）	臺灣府儒學訓導
宋際春	福建莆田人	道光十五年（1835）舉人	不詳〔註196〕	臺灣府儒學教官
劉文芝	福建侯官人	道光十七年（1837）舉人	咸豐年間（約1854左右）	鳳山縣儒學訓導
林豪（附）	福建金門人	咸豐九年（1859）舉人	同治七年（1868）	文石書院講席

筆者註：此表參考高拱乾《臺灣府志》、劉良璧《續修臺灣府志》、陳文達《臺灣縣志》、王必昌《重修臺灣縣志》、謝金鑾《續修臺灣縣志》、陳文達《鳳山縣志》、盧德嘉《鳳山縣采訪冊》、胡建偉《澎湖紀略》、劉寧顏《重修臺灣省通志》、全臺詩編輯小組《全臺詩》等資料製作。表列總計有林紹裕、朱仕玠、吳玉麟、柯輅、黃對揚、謝金鑾、鄭兼才、劉家謀、宋際春、劉文芝、林豪（附）等十一位宦臺學官。

〔註195〕依據劉寧顏總纂：《重修臺灣省通志・卷八・職官志・文職表篇・第十三目臺灣府鳳山縣儒學教諭・朱仕玠》，頁183。
〔註196〕不詳，依施懿琳：《全臺詩》第捌冊之作者排序，姑且植於此。

又以下，筆者再由上述宦臺學官之詩作中，披尋其中有書寫及於儒學相
關議題之詩作，並依他們宦臺時間先後順序排列，一一分析其詩作，以管窺
他們在臺灣進行儒學教學工作之一斑。而下面簡表所顯示者，即為筆者所擇
取之上述學官之詩作類型。

簡表十五：十一位宦臺學官儒學詩類型

儒學詩　　學官	臺灣教育環境	在學宮課生員	巡社課番童	儒學教育成效	個人感懷
林紹裕			∨		
朱仕玠		∨			∨
吳玉麟	∨				∨
柯　輅					∨
黃對揚			∨		
謝金鑾	∨				
鄭兼才				∨	
劉家謀	∨				
宋際春					∨
劉文芝			∨		∨
林豪（附）		∨			∨

（一）林紹裕

林紹裕，生卒年不詳，號霞海，福建永福人，乾隆十八年（1753）癸
酉拔貢。乾隆二十五年（1760）七月由福安訓導調任鳳山縣訓導。同年九
月以鳳山訓導署鳳山教諭。乾隆二十七年（1762）十月又以鳳山訓導署鳳山
教諭。〔註197〕

林紹裕之詩作目前被《全臺詩》收錄者只有〈巡社課番童〉、〈重九後一
日登鼓山觀海〉二首，其中與儒學教育主題相關者就只有前者。今試錄之如
下，〈巡社課番童〉：

宿雨初收澗水渾，閑騎款段過蠻村。

〔註197〕依據劉寧顏總纂：《重修臺灣省通志・卷八・職官志・文職表篇・第十三目臺
灣府鳳山縣儒學教諭・林紹裕》，頁183及頁186。

檳榔交暗青圍社，椰子高懸赤映門。

卉服授經通漢語，銅鐶把末識君恩。

三年來往慚司教，喜見番童禮讓敦。——（見《全臺詩》第貳冊，頁366）

此首爲七言律詩。詩中所反映者爲當時宦臺學官，除了在學宮課生員之外的另一個工作職責——巡社課番童。社學之設立自明代即有。清代在順治九年（1652），亦題准：「每鄉置社學一區，擇其文理通曉，行誼謹厚者，補充社師。免其差役，量給廩餼養瞻。提學案臨日，造姓名冊申報查考。」〔註198〕至於這些社師之學歷資格爲何？雍正元年（1723）又議准：「州縣於大鄉鉅堡各置社學，擇生員學優行端者，補充社師，免其差役，量給廩餼。凡近鄉子弟，年十二以上、二十以下內，有志學文者，俱令入學肄業。」〔註199〕由此條可知，社師之資格爲府縣廳之生員，也就是俗稱之秀才。

以上爲有清一代之社學設置情形。至於臺灣，在制度上亦沿用中國內地。雍正十二年（1734），巡道張嗣昌向清廷建議：「各（社）置社師一人，以教番童，令各縣學訓導按季考察。一在力力社、一在茄藤社、一在放縤社、一在阿猴社、一在上淡水社、一在下淡水社、一在搭樓社、一在武洛社。」〔註200〕由此條可知，臺灣在雍正十二年（1734）以後，開始有社學之設置，而且由各縣學訓導，一年四次前往作考察工作。

林紹裕此詩便是敘述他巡視考察社學之情形，以及所看到儒學教育之明顯成效。此時距離清廷領臺已將近80年。詩中前四句，敘述番社之自然景物，澗水、檳榔樹、椰子樹圍繞著宿雨後之番社；第五、六句敘述番社之人文教育，番童經過社師長期以儒學教導後，已能通曉漢語；第七、八句敘述經過三年來，來來往往監督考察之後，林紹裕說「喜見番童禮讓敦」，很欣慰能看到番童的禮讓表現敦厚誠懇。

而筆者選取林紹裕作爲學官論述對象之原因，即在想了解當時番童是如何接受儒學教育？由誰來負責教導？由誰來負責督察？至此，吾人已知當時之各種情況矣。又由林紹裕之詩作，吾人亦知在清領時期，臺灣番民接受儒學教育過程中，學官的實際工作情形與心情感懷。

〔註198〕見《續修四庫全書‧史部‧政書類‧欽定大清會典事例‧卷三九六‧禮部‧學校‧各省義學》，見頁309。

〔註199〕見同上，頁310。

〔註200〕見王瑛曾：《鳳山縣志》，臺北：臺灣文獻叢刊第一四六種，頁182。

（二）朱仕玠

朱仕玠，生於康熙五十一年（1712），卒年不詳，字璧豐、璧峰、碧峰，號筠園，福建福寧縣人，乾隆十八年癸酉（1753）拔貢生。乾隆二十八年（1763）六月由德化教諭調任鳳山縣教諭。二十九年（1764）八月以母憂去。他任職鳳山縣學署時，追記自己一路由榕城出發，經廈門、澎湖，夜渡黑水溝，入鹿耳門，換小舟進臺灣府城之經過情形、在臺所聞見，以及郡志所記載，凡山川風土、昆蟲草木，與內地迥異者，皆手錄之，中間又雜以五七言詩以謳詠，名曰《小琉球漫誌》。朱仕玠在鳳山學署雖然只有一年左右，但卻有數篇與儒學教育相關之文章，譬如〈額定鄉試中試〉、〈臺灣書院〉、〈粵籍〉、〈番社考試〉等；以及詩作，譬如〈初至鳳山學署有感成二十韻〉、〈上朱皋憲五十韻〉等。以下試就其詩作部分，分爲兩種類型敘述之，一爲敘述在學宮課生員之詩作，二爲敘述個人感懷之詩作。

1. 敘述在學宮課生員之詩作

朱仕玠接任林紹裕鳳山縣教諭之位，他在《小琉球漫誌》中自述，被調任鳳山縣學乃起因於順天石君朱公，向當時任臺廈道兼提督學政的覺羅四明極力推薦；及至臺灣，進謁覺羅四明，極口相譽，待之甚佳。癸未（按：爲乾隆十八年）歲試，又召朱氏入署閱歲試卷，獲登澄臺，並遊澄臺之北的斐亭。當時余文儀爲臺灣府知府，亦召其閱試卷，獲登朝天臺。由此，吾人可見當時朱仕玠受到宦臺長官青睞之一斑。〔註201〕

朱仕玠感念朱石、覺羅四明，以及余文儀知遇之恩，本要全力以赴於學校課學工作，然而一到鳳山學署，發現與他想像有一大段差距，他在〈初至鳳山學署有感成二十韻〉說：

> 筮日勉就位，淫霖行潦沸。踏濘五六役，前導失行次。
>
> 兒童拍手笑，婦女掉頭詈。壁立絕几榻，廚荒假食器。
>
> 循例張科條，諸生無一至。空抱素餐慚，深辜設官意。
>
> ——（見《全臺詩》第貳冊，頁390）

此首爲五言四十句古詩，此處所引爲第十三句至二十四句。當時朱仕玠在府城稍事休息後，在六月十二日由府治小南門問道鳳山。隔天，也就是十三日至鳳山縣治，城內周圍約五、六里，設四城門，與府治相同。四門中只有北門外有市廛廬舍，學宮就在北門外，其東西南三門，出郭門就與阡陌相接。

〔註201〕見朱仕玠：《小琉球漫誌・卷三・海東紀勝（下）》，頁26～28。

來到鳳山學署（即縣儒學）。在詩中第一句，朱仕玠說，看了一個黃道吉日，勉強就學官之位。第二句至第六句，朱氏敘述開學日因久雨不停，四處積水，一片泥濘，作前導之行役一個跟蹌，跌跤在地，兒童在旁邊拍手大笑，婦女掉頭邊走邊罵；第七、八句，則敘述學署之簡陋，只有一張几榻緊靠在牆邊，廚房空蕩蕩，徒有碗筷作個樣子；第九、十句，則說更為難堪的是，雖然已依例公告開學，卻沒有半個學生到校；為此，朱仕玠在第十一、十二句說，對自己尸位素餐覺得非常慚愧，深自認為辜負了國家設官之美意。

開學日如此狼狽，及至數月之後，糟糕情況似乎並沒有很大改善，為此，朱仕玠作詩上呈朱石臬憲，詩中歷敘臬憲當初推薦他到鳳山學署時對他說的話，以及自己目前之尷尬處境，他在〈上朱臬憲〔註202〕五十韻〉一詩中說：

> 諸生肖猿猱，招呼愈藏匿。訓諭安所施，志願卒未獲。
>
> 沐侯輕儒冠，亡羊愴挾笑。過蒙冀北顧，留滯周南客。
>
> 颶風破簾幃，飛沙埋莞席。乾坤莽周遭，哀歌思何極。
>
> ——〔見《全臺詩》第貳冊，頁391〕

此首為五言一百句古詩，此處所引為至第八十九句至一百句。朱仕玠在《小琉球漫誌・卷三・海東紀勝（下）》說：「至台既數月，諸生罕至者，深懼尸位，辜公德意，日悒悒不樂，因述公所言著於詩。」在詩中，他延續在〈初至鳳山學署有感成二十韻〉之意，對學生嚴重缺曠課感到無奈。他說，學生不想上學，越招呼就越加躲起來，不知道教學如何進行下去，與當初來鳳山學署所立之志願不能相符；學生對儒學沒有興趣，迷途之羊難以喚回；當初因為蒙受過多讚美，想要報效國家，卻因此造成今日無奈滯留臺灣。由此詩，吾人可以感受得出朱仕玠對課學之事的失望。

2. 敘述個人感懷之詩作

清代宦臺學官位低俸微，受人輕視、生活貧困是事實，而吾人卻可發現，面對這個事實，他們有二種情懷反應，有人消極怨艾自嘆，有人則樂觀以對，自得其樂，朱仕玠屬於前者，他在〈初至鳳山學署有感成二十韻〉中說：

> 儒官俗簡賤，訓諭固職司。負力窮展陳，微員成虛置。
>
> 較祿等貳令，論階崇邑尉。未敢與齊觀，曹闑脫權勢。
>
> 肩輿偶行遊，列塵紛起侍。詢知學宮官，箕踞意復恣。

〔註202〕中國古代掌管一省司法的官員。明、清的提刑按察司也稱臬司，俗稱臬台或廉訪。臬憲為舊時對按察使之敬稱。

　　所歷盡揶揄，矧茲饒瘴癘。何如百夫長，出入弓刀騎。

　　駭汗雨翻盆，拳身蝟縮刺。野鶴忍調饑，自韜霄漢志。

　　由來太行阪，鹽車有駪駬。——〈見《全臺詩》第貳冊，頁389～390〉

此首如上述，爲五言四十句古詩，此處所引前段爲第五句至第十二句，後段爲第二十七句至第四十句。前後兩段所言皆爲感慨之詞，感慨者何？一爲官品卑下，二爲薪俸微薄，三爲手中無權。

　　先就官品來說，本論文之本章已上述《清史稿》說：「儒學：府教授、正七品。訓導，從八品。州學正、正八品。訓導，縣教諭、正八品。」朱仕玠以一教諭身分，官品只有正八品，只比訓導的從八品高一級。

　　至於薪俸，若由高拱乾《臺灣府志》所表列之乾隆二十年（1755）臺灣各府縣歲出表來看：臺灣府儒學教授、訓導（合起來）歲出爲八十五兩；臺灣縣儒學教諭、訓導（合起來）歲出爲八十兩；鳳山縣儒學教諭、訓導（合起來）歲出爲八十兩；諸羅縣儒學教諭、訓導（合起來）歲出爲八十兩；彰化縣儒學教諭、訓導（合起來）歲出爲八十兩。那麼朱仕玠之年俸大約只有四十兩，比知縣、同知等的四十五兩～八十兩〔註203〕都有一大段差距。

　　再說手中無權，雍正七年議准：「教官除錢糧拆封，比較生員托欠錢糧，並州縣會審案件，凡有關戒斥生員之處，仍令赴州縣衙門公同辦理外，其一切地方事務，均不得干預。」〔註204〕

　　以上三種難處是當時身爲學官者之共同命運。而朱仕玠則顯得特別難以忍受，他抱怨「負力窮展陳，微員成虛置」，雖然極力想要好好表現，但這個卑微官位形同虛設；「較祿等貳令，論階崇邑尉」，論俸祿只被列爲二等，論地位只比小吏高一點。朱仕玠因爲地位低賤，故而手中無權；又因爲手中無權，導致所到之處無不受盡冷落與嘲笑。最後六句，朱仕玠形容自己目前如「鹽車病驥」，希望有識馬伯樂出現，讓他發揮所長，展現才華。由上引之後段，吾人不難看出他當時心情之低落。

　　朱仕玠在詩作中，如實反映清領時期宦臺學官在學宮教學上的辛苦與無

────────────

〔註203〕臺灣府知府爲六十二兩四分四釐、臺灣縣知縣爲四十五兩、鳳山縣知縣爲五十兩、諸羅縣知縣爲四十五兩、彰化縣知縣爲四十五兩、淡水廳同知爲八十兩、澎湖廳通判爲六十兩、噶瑪廳通判爲六十兩。見連橫：《臺灣通史・卷九・度支志》，臺北：眾文圖書公司，1979年（民68），頁215～225。
〔註204〕見《續修四庫全書・史部・政書類・欽定大清會典事例・卷一一六・吏部・處分例・考覈學政、考覈教職》，頁67。

奈，以及其他在社經各方面的劣勢。其實這樣的狀況，並不是只發生在朱仕玠身上，這是當時宦臺學官普遍會遭遇到的問題；而若進一步說，這個問題也不只是發生在宦臺學官身上，它也發生在臺灣本土儒師身上，這些本土儒師因為清廷迴避政策的關係，幾乎無法進入政府的臺灣府、廳、縣學中擔任教職，所以他們遊走臺灣各地，或受聘於村里私塾、或是有錢人家、或自開設學塾招收學生授課，賺取微薄的束脩過活（請詳見本論文第五章）。而朱仕玠以上諸詩，則儼然已是他們這輩宦臺學官，以及臺灣本土儒師的代言人，替他們發聲，吶喊出心中的無限苦悶。

（三）吳玉麟

吳玉麟，生卒年不詳，字協書，號素村，福建侯官人，乾隆二十四年（1759）舉人。歷任龍溪、惠安、同安等縣教諭。嘉慶二年（1797）任鳳山教諭，對士子之教導頗細心，後為鳳山知縣吳兆麟〔註205〕誣罔，謫居湖南桃源。〔註206〕

1. 敘述臺灣教育環境之詩作

相對於朱仕玠初到鳳山時之滿腹委屈與牢騷。吳玉麟初到鳳山，雖然也是自嘲「六年七邑笑奔波」，但是他為自己能身為一位學官，栽培栽出一位又一位如錦繡般之英才感到欣慰，他在〈初至鳳山作〉中說：

> 秉鐸才輸製錦多，六年七邑笑奔波。
>
> 有狐半為荒城廢，無虎因知政畏苛。
>
> 問字經誰橫北面，聞行犬共吠東坡。
>
> 海濱亦是弦歌地，善教其如富庶何。——（見《全臺詩》第參冊，頁76）

此首為七言律詩。吳玉麟此詩最重要之處，在他以學官身分，看嘉慶初年鳳山縣之教育環境。他看到當時鳳山縣有一半城都已成狐穴廢墟，因此反用「苛政猛於虎」之典故，暗指其原因在於嚴苛之課稅，使得百姓死的死，逃的逃。由全詩來看，第三、四句吳玉麟所言為鳳山縣教育不能振興之因；而五、六句為果，苛政使得鳳山縣學署空空蕩蕩沒有學生來上學問字；而又因此，讓他得以有空到處閒走。至於最後二句，吳玉麟不抱怨學生嚴重缺曠課，而是

〔註205〕見劉寧顏總纂：《重修臺灣省通志·卷八·職官志·文職表篇·第三項·第一目臺灣府鳳山縣知縣·吳兆麟》：「吳兆麟，江蘇無錫（一作金匱）人，副貢。嘉慶五年由壽寧知縣調任，十年蔡牽案陣亡。」頁154。

〔註206〕見同上，劉寧顏總纂：《重修臺灣省通志·卷八·職官志·文職表篇·第三項·第十三目臺灣府鳳山縣儒學教諭·吳玉麟》，頁184。

建議清廷，與其極力去找會教書之教師，不如先讓百姓之生活可以富庶再說。

　　吳玉麟與朱仕玠相距 34 年，由此詩，吾人卻發現他們二人詩作中的鳳山縣學署，學生嚴重缺曠課情形並無改善；朱仕玠認爲是學生不用功，而有責怪學生之意，吳玉麟則認爲是苛政讓學生無心、也無暇上學，錯不在學生而在地方政府。

2. 敘述個人感懷之詩作

　　吳玉麟在鳳山縣教諭任內悉心指導學生，在他任滿後，受到士民愛戴極欲謀留任而不得，歸日送行者不絕於道，因感其意，而有〈鳳山秩滿士民謀留任不遂歸日送者相屬於道感其意留別〉一詩：

> 蕭鼓紛紛擁旆，五年偏不厭迂疏。
>
> 只應士類思投轄，何意居民亦臥車。
>
> 借寇難留情已盡，懷清易飽苦同茹。
>
> 定知去後能相憶，指點棲鳥說舊廬。——（見《全臺詩》第參冊，頁 76）

此首爲七言律詩。清代官制，康熙二十三年（1684）以後，各官由部銓選，至於宦臺官吏之任期，康熙三十年（1691）奉旨：「臺灣各官自道員以下，教職以上，俱照廣西南寧等府之例，將品級相當現任官員內揀選調補。三年俸滿，即陞。如無品級相當堪調之員，仍歸部選。著爲令。」〔註 207〕清廷此種制度原本是美意，讓宦臺官吏得以三年就返內地，但其實也是清廷爲防止宦臺官吏久駐其地，結黨滋事之權衡做法。這種限制在當時造成許多宦臺官吏，沒有抱負者宦臺後將臺灣當作是未來晉階踏腳石，只求得過且過，等待三年瓜期任滿而已；但對有抱負者來說，此種限制則使許多宦臺官吏苦於無法完成職掌之任務。

　　吳玉麟在此詩中，隻字未談及與知縣吳兆麟間不愉快之事，只感念鳳山縣士民對他的愛戴。在詩中，第一句他回憶五年前〔註 208〕剛到鳳山縣學署時，士民敲鑼打鼓、彩旗飄飛歡迎他之場面；第二句吳玉麟自謙五年來鳳山縣士民不厭棄自己之迂疏；第三句至第八句，吳玉麟自敘受愛戴之感念，本以爲

〔註 207〕見余文儀：《續修臺灣府志・卷三・職官・官制》（附考），頁 121。又王必昌：《臺灣縣志・卷九・職官・官制》，頁 265。

〔註 208〕吳玉麟於嘉慶二年（1797）調任鳳山教諭，至嘉慶六年（1801），由福建光澤人，嘉慶三年（1798）戊午舉人出身之元光國接任，總計他在臺有五年時間。見劉寧顏總纂：《重修臺灣省通志・卷八・職官志・文職表篇・第三項・第十三目臺灣府鳳山縣儒學教諭・元光國》，頁 184。

只有士子會慰留他，沒想到紳民亦攀轅臥轍捨不得他走；而今知道已無法繼續留任，吳玉麟告訴鳳山縣士民，知道此去彼此一定都會思念對方。

　　由以上吳玉麟二詩，吾人可以知道他在鳳山縣學署任內，不畏教育環境惡劣之苦，仍努力教導士子，而贏得當地士民愛戴之情況。今日臺灣文獻資料的記載，罕見出現宦臺學官與當地行政首長之間之衝突，然而這件事卻出現在吳玉麟身上，筆者雖然因為文獻不足，無法知道當時他們之間衝突的真正原因，但是由他在〈初至鳳山作〉詩中的「有狐半為荒城廢，無虎因知政畏苛」句子，大約可以猜知大概是吳玉麟不滿鳳山知縣吳兆麟的苛政所引起，若果如此，那麼吾人對他在〈鳳山秩滿士民謀留任不遂歸日送者相屬於道感其意留別〉詩中所說，在卸任即將返回內地時，不只是士子熱情送行，甚至當地紳民也臥車慰留，就可以深刻了解了。

（四）柯輅

　　依據張維屏《聽松廬文抄》所撰，柯輅，生卒年不詳，號淳庵，福建晉江人，乾隆四十二年（1777）丁酉舉人，大挑二等，以教職用。官汀州、漳州、臺灣、邵武訓導。嘉慶四年（1799）任嘉義訓導。柯輅少孤，事母至孝，因出身貧困，故刻苦自立，所至訓士有方，克稱其職，性嗜讀書，既為閒官，益以著述為事。所著有《讀經筆記》二十卷、《山川古蹟錄》十四卷、《文海蠡勺》八卷、《詩學摭餘》八卷、《知非得寸錄》十卷、《天文氣候錄》二卷、《閩中文獻》八十卷、《閩中詩話》十五卷、《淳庵詩文集》十二卷。〔註209〕

　　諸羅縣儒學在乾隆五十三年（1788）以後改稱嘉義縣儒學，柯輅在臺灣嘉義縣學署任職訓導期間，因所居為閒官，薪俸微薄，而無法有寬裕日子，但他自得其樂，一面課學教導士子、一面讀書著述，又一面四處賞遊，他的宦臺所作詩，反映了清代宦臺學官另一種教學與生活面貌，讓吾人更加知道當時儒學教育在臺灣實施過程中，學官在臺灣之活動狀況。譬如〈玉峰書院借廬〉：

> 花木蕭疏草不除，廣文官冷樂何如。
> 家無醃酒貪留客，橐有俸錢常買書。
> 半日吟詩登小閣，幾人問字到吾廬。
> 本來面目依然在，且擬攜經帶月鋤。──（見《全臺詩》第參冊，頁282）

此首為七言律詩。依據余文儀《續修臺灣府志・卷二十二・藝文（三）・記・

〔註209〕見《清耆獻類徵選編・卷二百五十六（「僚佐」八）》，頁935。

諸羅知縣李倓撰〈改建玉峰書院碑記〉》中所說，玉峰書院在諸羅縣治西門內，爲舊縣學文廟址，日久荒落，加上地勢低窪，規模太小，乾隆二十四年（1759），李倓遂就學宮舊址，聯合士紳倡議改建之，中設講堂，翼以齋舍，有屋三十六間，地居城西一隅，幽僻無譁，軒窗明淨，學生讀書其間，夏絃春誦，可以專心向學。〔註210〕

　　柯輅在此詩中，表現出對自己目前生活之滿意，花草樹木自然成長沒有太多整理，身爲學宮之學官，樂趣就在家裡雖無美酒卻常有朋友，口袋有薪俸可以買書；一天中就有半天可以吟詩賞遊，只偶而會有幾個學生來請教問題。最後二句，柯輅滿意地說，此種生活保持了自己原本性格，甚至還進一步準備要學陶淵明帶月荷鋤歸，一面讀書，一面耕作，過耕讀的生活。

　　柯輅此種近乎隱居之教學生涯，給人的感覺是平靜而與世無爭，有幾分漂泊之寂寞感，試看他的〈偶成〉一詩：

　　　　牢落多憂患，須眉一老翁。廣文居五席，十載等旋蓬。

　　　　海色殘霞外，人煙落照中。宜春新換帖，歲序又忽忽。

　　　　——（見《全臺詩》第參冊，頁283）

此首爲五言律詩。在此詩中，柯輅發抒了身爲學官之心情。他自敘身爲天地君親師其中之一之儒師以後，十年之間到處漂泊如轉蓬，處在海外臺灣，倏忽之間又過了一年。言下之意，似乎寂寞感之外，又帶著淒涼滄桑、無奈認命。

　　而除了此首〈偶成〉之外，柯輅其他幾首賞遊詩，也都帶著此種氛圍，譬如〈中春雨後元棫崗學博共遊鴻指園〉二首之二：「三載宦遊客，棲遲在海東」、「吾生幾兩屐，雪爪倦飛鴻」（見《全臺詩》第參冊，頁281）；〈春日過栗子嶺〉：「直欲振衣千仞上，仙靈笑我腐儒襟」（見同上，頁282）；〈春日南院〉：「性僻耽幽靜，年衰倦送迎。萍蹤聊此寄，浪跡一身輕」（見同上，頁283）。

　　綜合以上數詩，吾人又看到清代宦臺學官之另一種類型樣貌，柯輅不同於林紹裕的全心投入工作，以春風化雨爲生活全部；也不同於朱仕玠的排斥工作，抱怨連連；更不同於吳玉麟除了教書之外，還爲當地居民仗義執言。柯輅選擇過著半似隱居的耕讀生活，來抵抗命運對當時儒師總是要四處轉徙漂泊的無情安排。

〔註210〕見余文儀：《續修臺灣府志・卷二十二・藝文（三）・記・諸羅知縣李倓撰〈改建玉峰書院碑記〉》，臺灣文獻叢刊第一二一種，頁822。

（五）黃對揚

　　黃對揚，生卒年不詳，號賡堂，福建龍溪人。嘉慶五年（1800）庚申恩科舉人，嘉慶八年（1803）二月任臺灣縣學訓導。嘉慶十二年（1807）以軍功陞任廣西來賓知縣。〔註211〕黃對揚詩作目前被《全臺詩》收錄者也只有〈巡課新港番童〉、〈臺郡紅毛樓在縣治之左舊址猶存聞密室之下有地道通安平未之詳也樓半傾壞房室幽奧久封塵土人蹤罕到登覽一周用成七律〉二首，其中與儒學教育主題相關者也只有前者。

　　各縣學訓導按季考察番童之制度，持續在臺灣各番社實施，嘉慶八年（1803）宦臺任臺灣縣學訓導之黃對揚，也用詩作記錄了當時情形，他在〈巡課新港番童〉中說：

> 草榻琴書歲月遷，多因訓課滯青氈。
> 幾團綠樹迷村外，十里青畦到馬前。
> 聞說夷人敦舊俗，也參講席味眞詮。
> 民風自古關儒術，服教番黎正帖然。——（見《全臺詩》第參冊，頁 417）

此首爲七言律詩。此詩與前述之林紹裕詩作一樣，一方面敘述了當時之儒學訓導，必須定期巡視番社課番童之事實，另方面則反映了當時儒學教育之成效。黃對揚宦臺時間晚於林紹裕四十多年，林紹裕所考察者爲鳳山縣番童，黃對揚所考察者爲臺灣縣番童。在此詩中，第一、二句黃對揚敘述在學宮課學情形，他把大部分時間用在教導縣儒學之生員上；第三、四句便是敘述他依慣例巡社考察番童情形，吾人看到臺灣縣經過長期開墾後，十里青蔥翠綠農田在眼前展開；第五、六句則敘述番社之人文教化情形，聽說當年荷蘭人，也曾經在這裡建教堂、設學校，用羅馬拼音書寫新港社平埔西拉雅族語言；第七、八句黃對揚把臺灣番民得以順服漢化，歸功於儒學教育之成功。

　　黃對揚詩作目前被《全臺詩》收錄者只有兩首，其中也只有〈巡課新港番童〉與儒學教育議題相關，而且與林紹裕〈巡社課番童〉主題重複，然而筆者仍選擇黃對揚作爲論述對象之原因，乃是因爲此詩有上國對下民之自我優越感與主觀認定，他在詩中用「夷人」、用「服教」、用「帖然」等征服口氣，宣揚儒學教育在臺灣實施的成功，這在學官中也是較少見到的，因爲畢竟學官所擔任者，在當時來說只是單純的教學工作。不過吾人若究其生平事

〔註211〕見劉寧顏總纂：《重修臺灣省通志・卷八・職官志・文職表篇・第三項・第十二目臺灣府臺灣縣儒學訓導・黃對揚》，頁 147。

蹟，會發現黃對揚後來在嘉慶十二年（1807），以軍功陞任廣西來賓知縣，可見當時朝廷在挑選宦臺學官時，可能也會考慮到學官的個性特質，除了選擇溫和敦厚者以柔性感化臺灣學子外，也要選擇剛毅強勢者以克制臺灣學子。

（六）謝金鑾

　　謝金鑾生於乾隆二十二年（1757），卒於嘉慶二十五年（1820）。字巨庭，一字退谷，晚年改名灝，福建侯官人。乾隆五十三年（1788）中鄉試，嘉慶二年（1797）大挑二等，任邵武教諭，調安溪，嘉慶九年（1804）任嘉義教諭。秩滿內渡，補南平教諭，後又移彰化，復調安溪。在臺期間為蔡牽事，跟隨守令「巡城邏夜，居軍中者數閱月，得備聞臺灣要害，與凡海疆之情勢」；〔註212〕又因當時的臺灣府知府楊廷理屢提議開發噶瑪蘭以疏民困、籌海防之資，皆不准。於是謝金鑾著《噶瑪蘭紀署》，詳陳噶瑪蘭形勢之重要，書既上，而咸以險遠為難，乃走使京師。最後幸得同鄉少詹事梁上國之助而得以奏聞，噶瑪蘭在嘉慶十四年（1809）設噶瑪蘭廳，謝金鑾亦有功焉。

　　除了對噶瑪蘭設廳有功，謝金鑾在臺期間，與當時任臺灣縣學教諭的鄭兼才友好，同修《續修臺灣縣志》，對臺灣方志之貢獻亦大矣。他以學官身分，在社會責任與教學工作方面，皆有自己一番見解與抱負。

　　謝金鑾之儒學詩表現在對臺灣教育環境之敘述。當初《噶瑪蘭紀署》一書成，客有觀之者，認為謝金鑾以區區學官，「無民社之責」，因此對「政理之機宜，生民之利害」，實不必如此惓惓於心。然而謝氏卻說：「否，否，不然。然猶幸子之知予為學官也。夫學官之所學何？學子知之乎？吾聞窮經者將以致用，而稽古者所以證今。昔者天子頒示學校，使士子講論書史之餘，必留心於愛民利國，而《大學》所謂格物致知者，于心身家國天下之事無所不究者也。」〔註213〕由以上此段話，可知謝氏並不只將自己界定為一名傳道、授業、解惑的教師而已，而是負有社會責任的知識份子。

　　至於在教學方面，謝金鑾更是著力深刻。他認為教育極為重要，為政者甚至必須將之置於謀富之先。因此當他在嘉慶九年（1804），被調任嘉義教諭時，便用詩作敘述他對臺灣教育之看法，而在〈臺灣竹枝詞〉三十一首之二

〔註212〕見黃哲永、吳福助：《全臺文（二）・二勿齋文集・噶瑪蘭紀署後序》，臺中市：文听閣圖書，2007年（民96），頁83。以下本論文各章所引用此書皆為同一版本，不再贅敘出版地、出版社與出版年。
〔註213〕見同上，《全臺文（二）・二勿齋文集・噶瑪蘭紀署後序》，頁83～84。

十七中說：

聖人謀庶先籌富，此地全須用教先。

禮義分明廉恥重，海邦倉廩本天然。──（見《全臺詩》第參冊，頁 294）

〈臺灣竹枝詞〉為一由 31 首詩組成之組詩，在組詩前面有一序言，今筆者試擷錄中間一部分，以見謝氏對臺灣之印象：「金鑾以甲子（1804）臘月司鐸武巒，乙丑（1805）供武事，僑居赤嵌，俯仰衍沃之邦，而感憤於人心風俗之所以弊，乃自《赤嵌筆談》、《東征記》諸書以外竊有論述焉。而其餘者，耳目所經，時亦形諸歌詠。」〔註214〕他認為臺灣為一衍沃之邦，可惜人心風俗有其弊壞之處。

就是因為有此感憤，他在此詩中認為，古代聖人在籌謀富裕之前，必先求庶民生活之安居，現在臺灣的第一要務應以教育為先，要讓人民清楚禮義、重視廉恥；至於富裕，臺灣本來就是一座海邦的天然穀倉，反而不須去煩心。

而他這一論說，同時也出現在其《續修臺灣縣志·學志·引言》中。謝金鑾在《續修臺灣縣志》中說：「臺灣土衍沃，而民皆浮寄雜處，故不以不富為憂，而常以不教為急。……學也者，學所以為人之事也；則無貴賤智愚，皆悉由乎教之內。假使教官之所以教、弟子之所以學，僅在能文章、博取科名而已，則學宮之所崇而祀者可不必孔、顏、思、孟之徒，而士之處者可以不責為四民之首；及其仕也，可以不知修己治人之術，舉凡行誼不必錄，忠孝節烈不必紀，書其科第文章而可矣。」〔註215〕

在以上《續修臺灣縣志》這一段引言中，謝金鑾一如在〈臺灣竹枝詞〉中所論說，他同樣提出臺灣「故不以不富為憂，而常以不教為急」之見。並且進一步提到教者（即學官）；以及學者（即學生），究竟所教、所學之內容應該如何才是正確？謝氏認為「學也者，學所以為人之事也」，意思是說，學官之所教，學生之所學，必須是學習如何為人處世，而非能文章、博取科名而已。

而至於學官究竟該用什麼態度教學生，謝金鑾舉《禮記》之說，認為要嚴格。他在《續修臺灣縣志》中這麼說：「《記》稱：『凡學之事，嚴師為難。師嚴，然後道尊；道尊，然後人知敬學。』夫曰嚴者，由上之嚴之，非師之能自為嚴也。嚴猶敬也。不曰敬而曰嚴，敬不足以盡其義云爾。是故嚴之於

〔註214〕見施懿琳：《全臺詩》第參冊，頁 290。

〔註215〕見謝金鑾：《續修臺灣縣志·卷三·學志·引言》，臺灣文獻叢刊第一四○種，頁 145。

始，必擇賢而師。嚴之於中，雖詔於天子無北面。嚴之於後，必悅其學而親其師、循其教，而無敢逾越焉，故曰嚴也。今之教官，則師也，而循資格以處之，未云嚴也。弟子之親其師也，或以其名云爾。傳曰：『人之患，在好為人師』。……是言也，為學者則然，而獨不可語教官。教官以師為官者也。將食其祿而怠其事，曰吾固不好為師者乎？行不足以法於眾，學不足以應其求，厭然營糗糒以去者，殆皆不好為師者也。」〔註216〕

　　謝金鑾認為，為師者教導學生必須要求嚴格，但是這個嚴格，並不是只有教師教學這個部分嚴格而已，而是一位教師從剛開始的聘任，到中間的天子詔見，再到教學這三個部分都要嚴格。不過遺憾的是，現在的教官雖然是教師，但「循資格以處之」，只是按照資格來處理，並不擇賢；而學生親近教師，只因他有教師之名，並非真正尊敬。至於教官，甚至有向人說：「吾固不好為師者」者。謝氏說，行事不足以成為大家效法的對象，學問不足以應付學生的需求，只想飽足三餐，等待三年瓜期一到即去者，都不是好教師。

　　就是因為了解教師對學生之重要性，謝金鑾在嘉慶二十年（1815）復任安溪教諭時，見學生不能憤悱振作，於是作《教諭語》四篇贈諸生，在〈引言〉中，他一開始便開宗明義說：「教諭，邑學官名也。何以教？何以諭？居是官，思其所職，不能默然。」而四篇依順序即〈讀書作文〉、〈立身行己〉、〈居官致用〉、〈教學著述〉。

　　在〈讀書作文〉篇中，謝金鑾告訴學生《四書》之重要性、漢學與宋學之分、〔註217〕《朱子語錄》之不可不看、〔註218〕《近思錄》之為「四子六經之階梯」；〔註219〕又告訴學生，欲讀《四書》者，必先讀《近思錄》。而國家制藝取士必於《四書》中命題，乃因「士通於是書，則其人必賢，其才必可用」，因此讀是書必須「思其所以讀之故」，不可只是「苟逐時趨、曲徇世好，等於兒戲之為而已。」〔註220〕至於學古文及學詩應分體學之，不必專尚一家等等。

　　在〈立身行己〉篇中，謝金鑾告訴學生，對於義利、富貴、貧賤，必須要能分辨；而居鄉「遇公事當知審擇，有益地方之事，如鄉約、保甲，或脩

〔註216〕見同上，謝金鑾：《續修臺灣縣志‧卷三‧學志‧教官‧論曰》，見頁187。
〔註217〕見謝金鑾：《教諭語‧讀書作文篇第一》，頁4。現在此書由臺灣大學圖書館總館所收藏，為同治年間孤本，板存當時之山東省城后宰門文友堂。
〔註218〕見同上，《教諭語‧讀書作文篇第一》，頁5。
〔註219〕見同上，《教諭語‧讀書作文篇第一》，頁5。
〔註220〕見同上，《教諭語‧讀書作文篇第一》，頁1。

建營造，或好官去任行餞送之禮，此類必當踴躍倡助。」其他如對父母、兄弟、朋友、夫婦之五倫關係，亦皆論及之。〔註221〕

在〈居官致用〉篇中，謝金鑾告訴學生，國家設官乃為人民，因此為官者必須「實心愛民」、「達於時勢」；而且要「去其積習之弊」，如此財貨方能足用，並且可以「明刑愼獄，興利鋤奸而化成也。」等等。〔註222〕

在〈教學著述〉篇中，謝金鑾告訴學生，教學相長，而你們以後既當了教師，「則當以誤人子弟為憂專其心於教，教童子讀經書必與講說」；又告訴學生，如果身雖處館為師，「而以子弟之功課為厭物，無可奈何，苟且了局。故頻年處館，弟子無得，而師亦無聊。不數年間，以求館之難為怨望矣。」〔註223〕

綜合以上諸說，謝金鑾所給予吾人之印象，應該就是一位善盡職守，有深厚儒學根基，有優秀品德之學官，因此雖然他的詩作中，只有一首與宦臺時期儒學教育相關，筆者仍然將他選出作為論述之對象。

（七）鄭兼才

鄭兼才，生於乾隆二十三年（1758），卒於道光二年（1822），字文化，號六亭，福建德化人。師事閩縣考功孟先生於鼇峰書院，學使陸耳山院副擢拔之貢太學。〔註224〕乾隆五十四年（1789）貢生。任正藍旗官學教席，改授閩清教諭。嘉慶三年（1793）舉鄉試第一名。嘉慶九年（1804）調任臺灣縣學教諭。嘉慶二十五年（1820）回任臺灣。在臺期間曾建議開闢噶瑪蘭以固守海口，綏靖海盜之犯。後來臺灣增置噶瑪蘭廳，鄭氏之議終行矣。

鄭氏為人堅定自立，不以學官人所謂「末秩冷宦」為意，所到宦之處，「益知君所至以勵名節、崇實學為己任，文亦樸重如其為人」。〔註225〕積極為文，著有《六亭詩文集》、《宜居集》、《愈瘄集》等書，又與當時同宦臺灣的嘉義教諭謝金鑾友好，同修《續修臺灣縣志》。

鄭兼才積極為文，其文非為媚世，乃為記不可不記之事。他自謂「文上者載道，次載事；載事之文，或簡而明，或詳而核【賅】，皆事以文重，文以事傳。」

〔註221〕見同上，《教諭語·立身行己篇第二》，頁22。
〔註222〕見同上，《教諭語·居官致用篇第三》，頁30。
〔註223〕見同上，《教諭語·教學著述篇第四》，頁44。
〔註224〕見鄭兼才：《六亭文選·附錄·陳壽祺：〈臺灣縣學教諭鄭君墓志銘〉》，臺灣文獻叢刊第一四三種，頁115。
〔註225〕見同上，《六亭文選·姚序》，目錄前之頁3。

　　因此在他的《宜居集》中，其文章所記載者皆為重要之事，舉凡文廟之營造修舉；廟旁名宦、鄉賢、忠義、孝悌、節孝等四祠之新製；臺灣旌義祠之請祀；以及其他創建有不可不書，與俗例相沿不可不禁者，鄭兼才都書以文以記之。

　　而若以其文與臺灣有相關者來看，鄭兼才所記與學校教育相關的，便有〈募修臺灣縣學宮序〉、〈申報續修臺灣縣學宮文〉、〈代臺郡請廣鄉試中式額及歲科試入學額初呈〉、〈代臺郡請廣解額及學額第二呈〉等。在這些文章中，鄭氏歷敘重修臺灣縣學，以及為臺灣爭取解額與學額之原委，對臺灣儒學教育之發展實有頗多貢獻。至於鄭兼才為何認為修學必須先建文廟，他在〈宜居集自序〉說：「古立學為宣教化，故因學以祀先聖、先師。至唐，詔郡縣學立孔子廟，自是學皆為廟設，惟有廟而後有學，有學而後有官，故居其官者，以潔修殿廡、肅將祀事為第一義，而後推其教以教學弟子。」〔註226〕

　　至於與社會教育相關的，則有〈舉報入祀名宦鄉賢忠義孝悌祠牒文〉、〈請定臺郡祀典牒文〉、〈諭舉報風教祠節婦文〉、〈上胡道憲請訂昭忠祠祀事文〉、〈上胡道憲稟覆昭忠祠事〉（一）、〈上胡道憲稟覆昭忠祠事〉（二）、〈再上胡道憲〉、〈昭忠心祠告竣文〉、〈上胡道憲〉（一）、〈上胡道憲〉（二）、〈上胡道憲〉（三）、〈上胡道憲〉（四）、〈上道憲請查辦南壇義塚摺〉等。在這些文章中，鄭氏歷敘所以增設各祠與入祀名宦、鄉賢、忠義孝悌、節婦之緣由與事宜，對臺灣社會教化之功亦為大矣。因此陳壽祺在〈臺灣縣學教諭鄭君墓志銘〉中說：「君學有本原，敦厚而廉直。自以職在教學，毅然以潔修庠序、闡揚幽隱、扶植人倫、整齊風俗為己任。」〔註227〕

　　相對於用文章紀錄自己對臺灣學校教育以及社會教育之重視，鄭兼才則用詩歌抒發他對臺灣實施儒學教育有成之欣慰。〔註228〕〈羅漢門莊〉一詩便敘述了他走過羅漢門莊，看到莊社形勢隱蔽重要，人民生活漢化且富足之情形：

　　　　土牆茅屋護籬笆，戶內書聲得幾家。

〔註226〕見同上，《六亭文選・宜居集自序》，目錄前之頁5。

〔註227〕見同上，《六亭文選・附錄・陳壽祺：〈臺灣縣學教諭鄭君墓志銘〉》，頁115。

〔註228〕見同上，《六亭文選・臺邑觀風告示》：「茲經示期接篆，用是循例觀風。首制義以驗其性靈，次詩歌用覘夫懷抱。賦歸麗則，最擅才華；策務詳明，足徵學識。」頁6。由此段告示，吾人知道鄭兼才對中國各種不同文類，自有其不同作用，有很清楚之認知。

流水故將村路斷，遠山都受竹圍遮。

深藏地勢當城郭，團練鄉兵作爪牙。

戰後時平生計足，綠疇春雨長禾麻。──（見《全臺詩》第參冊，頁303）

此首爲七言律詩。羅漢門爲今高雄縣內門鄉古稱，康熙六十年（1721），朱一貴以此爲起義地，終至使全臺撼動，事件平息後，清廷將其列入行政區域，直到嘉慶年間，鄭兼才任臺灣縣教諭時，仍是臺灣縣東邊邊防要塞。鄭兼才經過此地，看到羅漢門莊之民宅，以土爲牆，以茅爲屋，圈以籬笆，村外竹圍高得把遠山都給遮住。人民經過幾十年的教育浸習，生活方式已漢化，以農耕爲業，田裡盡是一片綠油油禾麻，還有幾戶人家傳來琅琅讀書聲。不過由第六、七兩句的「深藏地勢當城郭，團練鄉兵作爪牙」，則讓吾人知道此地因形勢特殊，許多反清份子都選擇在此集會，因此平靜富足的村莊表面下，其實隱藏著人民不安定情緒，所以鄭兼才有會有此感發。

鄭兼才嘉慶九年（1804）調任臺灣縣學教諭。嘉慶十年（1805）冬，蔡牽由滬尾入攻鹿耳門，鹿耳門一帶皆騷動，鄭氏的〈經猴洞感詠〉：「莊通羅漢朝營壘，地近岡山夜舉旗。不是將軍能破賊，又教白骨障荒陂。」（見《全臺詩》第參冊，頁302～303）便是敘述這個事件。此詩爲七言律詩，此處所引爲後面四句。他自註說：「羅漢門既起義勇保莊，朱楨、蔡瑞等亦即豎旗岡山，嘯聚猴洞。」又自註說：「桶盤棧既破，游化領義勇由內門莊出攻，賊已潰散」當時鄭氏也曾經率領生監守御出力，平之，因此又有〈蔡騫逸出鹿耳門聞信感作〉一詩：「殘喘知隨塵劫盡，餘波慮趁海潮深。竟攜黨與同舟去，不悔空揮百萬金。」（見《全臺詩》第參冊，頁303）鄭氏自註說：「周添壽、葉豹等俱同時逸去」。

事平之後，鄭兼才因軍功加恩陞江西常寧縣知縣，鄭氏卻具文上呈，文中稱說：「自揣筆墨未荒，明春辰科又屆，倘遽赴縣任，於禮闈無望，殊於素願有乖。」又說：「並恐書生之見未除，亦於吏道無補」，因此懇請仍改就教職，獲准。

鄭兼才兩度調任臺灣縣學，雖然明知學官位卑事繁，然而始終樂此不疲，教學之餘積極爲文，在文章中對臺灣教育發展多所關心與建言；除此，對臺灣社會教育工作也熱心參與，屢屢修文上呈長官，提出見解供上級參考。因此吾人可說，鄭兼才對臺灣教育的貢獻是全面性的，不但有橫面的普及關照，也有縱面的紮根思考。

（八）劉家謀

劉家謀生於嘉慶十九年（1814），卒於咸豐三年（1853），字仲爲，一字芑川，福建侯官人。道光十二年（1832）中舉。道光二十六年（1846）以大挑初任寧德訓導。道光三十年（1850）由寧德訓導調任臺灣府學訓導，咸豐三年（1853）以勞疾卒於任。

劉家謀之儒學詩，表現了他對臺灣教育環境之觀察與關心。他的在臺詩作《赤嵌集》共有四卷，合詩作 360 篇，大部分是宦臺時期所作，蔣陳錫在〈赤嵌集序〉，說這些詩作之內容是：「標新領異，得未曾有」；〔註229〕張實居也在〈赤嵌集序〉，說這些詩作之主旨爲：「咏山川則指示要害，詠風俗則意在移易，咏民物則志弘胞與，詩歌而通於政事矣，此又作者之旨也。」〔註230〕而在此 360 篇詩作中，劉家謀以臺灣府學訓導身分，而與儒學教育議題相關者大約有二首，而此二首皆在敘述臺灣儒學教育之環境，他在〈海音詩百首〉之第六十二首中說：

> 少時了了大時差，游戲徒教誤歲華。
>
> 莫惜十年遲樹木，飄零容易是唐花。──（見《全臺詩》第伍冊，頁297）

此首爲七言絕句。劉家謀在此詩自註：「臺童多早慧，父師教之爲應制之文，一學而就；書法皆圓整光潤，不難造成大器。第入學之後，束之高閣矣。大抵八、九歲後，智識便開；二十外歲外漸塞。說者謂：『臺地諸山，早晨極開朗秀發，午後即多蒙翳；雖地氣使然，亦馳逐紛華有以錮之歟？」

劉家謀此段自註內容，印證了社會習尙對教育發展之重大影響性。吾人試看余文儀如何描述臺灣府與臺灣縣之「習尙」。余氏在《續修臺灣府志》中說：「臺灣府：山海秀結之區（「海天玉尺」），其地廣衍膏腴（「春明夢餘錄」）。西北近海，多平地可耕，土番及人民聚落以百數（「海防志」）。其民五方雜處，無一姓人不知書。其番喜酒好殺，無冠履衣服之儀，無婚嫁喪葬之禮（「蓉洲文稿」）。商旅輻輳器物流通（「赤嵌筆談」）。晚稻豐稔千倉萬箱轉輸內地；所以，戶鮮蓋藏（「臺海使槎錄」）。」

又說：「臺灣縣，臺地窄狹又迫郡邑開墾年久而地磽（「縣志」），每歲不能再熟（「舊省志」）。民非土著（「赤嵌筆談」），俗尙華侈（「縣志」）。五穀狼藉，物貨畢充（「理臺末議」）。男有耕而女無織以刺繡爲工（「舊志」）。視疎

〔註229〕見劉家謀：《赤嵌集·蔣序》，臺灣文獻叢刊第一〇種，臺北：臺銀經研室，
　　　　1958 年（民 47），頁 1。
〔註230〕見同上，劉家謀：《赤嵌集·張序》，頁 3。

若親，窮乏疾苦相爲周恤（「臺海使槎錄」）。」〔註231〕

　　就是因爲臺灣府、縣有如此特殊之習尚背景，而使得兒童從小因有多元接觸而聰慧早熟；但也因環境之複雜不淳，而使得他們有更多被誘惑之可能。劉家謀在上述詩作中，以臺灣府儒學訓導身分，觀察出到臺人少時了了，長大之後卻未必佳之原因，乃在好游戲以致耽誤年華，因而勸戒諸生讀書不要急於一時，而是要長時間沉潛浸潤才能有成。吾人由此詩，亦可看出劉氏對臺灣教育環境觀察之入微矣。

　　除了上述之詩，另外又如〈海音詩百首〉之六十三首，劉家謀則又道出當時阻礙臺灣教育發展之另一因素，他說：

　　　千金送女亦尋常，翠繞珠圍各鬥強。

　　　底事一經思教子，翻愁破費束脩羊。——（見《全臺詩》第伍冊，頁297）

劉家謀自註：「千金嫁女，猶嫌其薄；而百金延師，轉以爲厚。富家子，多附學。來往道塗、荒廢時日，有潛逃而爲非者。」關於此種寧可花千金嫁女，彼此爭奇鬥艷，卻不肯多送一些米錢束脩延師教子之怪現象，陳文達在《臺灣縣志》中也有記載。陳文達說：「延師教子，入學執贄，年節有饋，脩脯有儀，厚薄有差，按月有米、有膳，各鄉村皆然；獨邑之四坊，從學者，並無供米、供膳之禮。貧乏之家固無足怪，眾所稱爲富饒者，亦拘於流俗。刻薄其師乎？抑刻薄其子乎？」〔註232〕陳文達《臺灣縣志》作於康熙五十七年（1718），劉家謀於道光三十年（1850）由寧德訓導調任臺灣府學訓導，二人相差有 132 年。可見此種怪現象不僅一時而已，而是延續百年之不變風俗；而且應該不只臺灣府、縣有此種刻薄塾師惡俗，而是遍及全臺皆然，因爲吾人從臺灣本土儒師之詩作中，也經常會看到他們有因遭到此種刻薄待遇而感慨萬千者。（請詳見本論文第五章）。

　　劉家謀以臺灣府學訓導身分，觀察臺灣教育環境，找到阻礙臺灣教育發展之原因，發現問題的根源不全然在學子身上，而是當時整個臺灣社會的觀念與習尚出了差錯。而他的觀察，吾人由陳文達與余文儀所編著之臺灣府、縣志資料中得到印證，可見他在上述二首詩中之言，絕非由於自己的主觀偏見，而是客觀地觀察之後的肺腑之言。

〔註231〕見余文儀：《續修臺灣府志·卷十三·風俗（一）·習尚》，臺灣文獻叢刊第一二一種，頁 495～496。

〔註232〕見陳文達：《臺灣縣志》，臺灣文獻叢刊第一〇三種，頁 58。

（九）宋際春

宋際春，生卒年不詳，字拓耕，福建莆田人。道光十五年（1835）舉人，歷任壽寧、閩清、臺灣府學教官。著有《宋拓耕詩文集》，共十卷，其中卷七為在臺所作，今見於《臺灣文獻匯刊》者有 80 多首，今試舉其與儒學教育主題相關者以見之。

宋際春之儒學詩，表現在他對宦臺擔任學官之感懷上。他在當初東渡來臺途中，便一路用詩作記錄下在舟中之所見與心境，而有〈東渡〉二首、〈初見澎湖山〉、〈次初見澎湖山韻〉、〈澎湖候風〉二首等六首詩。其中〈東渡〉二首之內容類似祝禱文，為向上天祈求之詩，他說：「廿二帆齊掛北風，中深雷雨忽溟濛。書生豈有昆陽捷，天使奇晴拓海東。」（二首之一）（見《全臺詩》第捌冊，頁 399）宋際春此處用劉玄帶領僅萬餘人之綠林軍，竟在昆陽（今河南省葉縣）大破新朝王莽四十餘萬主力部隊之典故，禱告上天，希望上天讓他雖然沒有劉玄帶軍大勝昆陽之能力，仍然可以用書生身分，一路順風到臺灣教育臺地子弟。

及至臺灣，在居臺期間，宋際春又用詩作抒發他宦臺擔任學官之感懷，他在〈海東歎〉一詩中，發出對薪俸微薄之感嘆而說：

> 白鹿富廩粟，鵝湖多銀錢。何必朱與陸，講學得真傳。
> 先生特厚賞，日走弟子員。海東古夷俗，民戶今始編。
> 多士急功利，文章醜可憐。嗟我誤適越，章甫齋踰年。
> 師堂豈不美，無人肯受鞭。唇焦堪自悼，髮斷彼謂賢。
> 惜無點金術，一散皋比前。聖朝務寬大，使者招徠先。
> 每歲作者七，方歌鹿鳴篇。——（見《全臺詩》第捌冊，頁 416）

此首為五言二十二句長律。在詩中宋際春對學官薪俸問題發出感懷。第一句至第六句，他以白鹿洞書院、鵝湖書院為例，說後來繼朱熹與陸九淵在此講學之學者，國家都給予他們優渥的米糧、俸錢，讓他們沒有後顧之憂；他們雖然不是當年的朱熹與陸九淵，但都得自朱、陸的真傳；學官們得到特別之犒賞，學生們每天勤於向學官問學。自第七句至第十八句，則是宋際春敘述自己境況，情形正好與上述相反。士子急公好利，文章卻表現不好，自己誤來臺灣執教已逾一年；雖然講學之明倫堂很美，但學生們卻無人肯受教，唇焦髮斷，遺憾自己無點金術，以改善學官們生活。最後四句則是宋際春對清廷之建議，希望政府能寬大為懷，獎勵也須確實有原則。吾人由此詩，可以感受到宋際春心中無奈之程度。

除了以上之詩，其實在宋際春詩作中，尚有多首內容與此類似之作，譬如在〈自嘲〉自怨宦遊無根，而說：「詩遇要人長袖手，宦如游賈少居贏」（見《全臺詩》第捌冊，頁 402）；又譬如在〈述意〉中自嘆不得志，而說：「薄官惟存餬口計，新詩懶與要人賡」（見同上，頁 403）；又譬如在〈陪黎觀察法華寺送楊鎮軍閱操〉中自嘲官位卑下，而說：「自笑書生無燕頷，譚兵空白少年頭」（見同上，頁 403）。

又除了對薪俸微薄感嘆外，宋際春對當時提督學政之考覈流於形式問題，也提出質疑。

本論文之本章已前述，清代提督學政除了主持歲、科考試，還負有考覈學校師生優劣勤惰之責。但是當時這個考察制度，顯然會因人不同，而有考覈確實或流於形式之差異。譬如周長庚〔註 233〕在〈唐維卿觀察督學臺澎率呈四律〉之第二首：「連驛蠻銅夜有聲，氈車專闡寄書生」，以及第四首：「招我連朝一詩卷，詠觴來學永和年」中，便清楚道出唐景崧〔註 234〕在任臺灣提督學政時，督察各府縣廳學政，並招見他，試之以詩之情況。

姑且不論周長庚與宋際春兩人時代之先後關係，而明顯地，宋際春所遭遇之情況與周長庚不同，也因此引發宋氏之不滿，他在〈微官〉一詩中說：

> 功名莫悵積薪如，海外微官類謫居。
> 論寶只今崇贋鼎，為文何處賣盧車。
> 迎風每候旌旗隊，束帶深慚面目儒。
> 顧我埋頭唯蠹簡，憐他掛頷有驪珠。
> 諸生已自輕鑽仰，老子還應學走趨。
> 太息十年多宦侶，從無一語涉詩書。──（見《全臺詩》第捌冊，頁 404）

此首為七言十二句長律。已如前述，清代學官，訓導之官品為從八品，年薪俸不到四十兩，除了與學生相關之事，其一切地方事物皆不得干預。因此許多學官在心態上都有比別人差一等之感，前述之朱仕玠如此，此處之宋際春

〔註 233〕周長庚，生於道光二十七年（1847）卒於光緒十八年（1892），字辛仲，亦作莘仲，又字味禪，福建侯官人。同治元年（1862）舉人。光緒十年（1884）調任彰化縣學，愛士彌至，士有為人中傷者，必以爭諸長官，無所憚。喜賓接士大夫，講經濟詞章之學，人稱「周老師」。見《全臺詩》第拾冊，頁 121 及頁 131。

〔註 234〕唐景崧，字維卿，廣西灌陽人。同治四年（1865）乙丑進士。光緒十三年（1887）四月任臺灣提督學政。見劉寧顏總纂：《重修臺灣省通志・卷六・文教志・教育行政篇・第四項・臺灣提督學政兼職表・唐景崧條》，頁 38。

亦然。而其實兩人宦臺時間相距大約有七、八十年之久，可見這在當時是一
個嚴重，卻也是一直無法解決之問題。

　　宋際春在此詩中，第一、二句便發出對調任來臺之感嘆，他說爲學官本
就薪俸微薄，而今以微官調任臺灣，就像是被貶謫；第三句，他發出對儒學
之懷疑，說以前把它當寶物，而今卻發現只不過是一個贗品；第四句又發出
對文章可進身之不實，他說爲文能到何處買得高位；第五句至第八句，宋際
春則明顯透露出自己之自卑感，他說每次到海邊迎接內地來臺之高官時，就
不禁深自慚愧儒者身分，看著自己每天只知埋首舊書堆，羨慕他們脖子上能
掛著驪珠；第九、十句，宋際春亦明顯透露出自己對無意義之送往勞來的官
場文化很反感，他說現在縣學中之諸生，對鑽營名利之事已經輕忽防範習以
爲常，如今當學官的難道也要學習趨走應酬。最後二句，宋際春深深感歎，
在這十幾年之學官生涯裡，長官來督導視察，從來沒有一句是涉及詩書之學
術討論的。宋際春在此詩，除了感嘆自己位低俸微外；最可貴的，他揭開了
猶如掩蓋在華美錦緞下之腐肉，直指當時之儒學教育，只重視表象而非真實
內涵，而且整個教育行政監督體系也只是虛應故事，流於形式之應酬而已。

　　而類似這個主題者，宋際春在〈官廨口號〉四首之一中又說：

　　　少年輕薄半師儒，渡海能留面目無。

　　　盤辟祇今休笑掾，廣文何異上官奴。——（見《全臺詩》第捌冊，頁408）

此首爲七言絕句。宋際春在詩中對自己被調任到臺灣，似乎感覺滿腹委屈，
認爲身爲學官好像只是上官之奴隸而已。又〈官廨口號〉四首之三：

　　　鵝湖鹿洞已風遙，監院何人似子韶。

　　　只說蠅頭非講道，老夫閒慣不須招。——（見《全臺詩》第捌冊，頁408）

此首爲七言絕句。宋際春在詩中感嘆南宋時的鵝湖書院、白鹿洞書院典範已
經不在；監院也已經沒有像明代歐陽韶這樣敢爲正義挺身而出之臣；來考察
者只是講些無關緊要之事。爲此他直言抗議，不想接受這些考察者之招見。
由此詩，吾人不難看出宋際春直率敢言之個性，也更知道當時臺灣教育之發
展，確實在人爲因素下，與理論理想已有一大段差距。

　　宋氏類似這個主題者，尚有〈東齋自述〉一詩：

　　　碌碌隨人持手版，茫茫入世寡心歡。

　　　冷官屋破桄榔雨，浮海風腥首蓿盤。

　　　長是學趨恭上謁，斷無談道抗高顏。

平生最怕紅塵狀，到此方知吏隱難。——（見《全臺詩》第捌冊，頁409）

此首爲七言律詩。類似於在上述三詩中之不滿情緒，在此詩中，再次自述無奈之情。他說忙忙碌碌跟隨別人手持版子，茫茫然入世，心裡總覺得不快樂；浮海來臺，學官冷曹，屋破飯粗；經常必須學著卑躬屈膝上謁長官，對話中卻絕無抗顏談道之言。最後宋際春又說，平生最怕在紅塵打滾之模樣，而至今才眞正知道爲官的困難。

綜合以上四詩，吾人知道宋氏個人之性格特質，不喜交際、與人寡合、直率多怨言；也知道清代時一般宦臺學官處境上之困難處。

以上數詩，宋際春針對宦臺學官之處境作敘述；而以下之詩，他則針對縣學諸生之廩餼問題發出感懷。他在〈官廨口號〉四首之四中說：

海東多士習成鷙，學校紛紛豈狴牢。

早晚更妨官別押，添些修脯莫辭勞。——（見《全臺詩》第捌冊，頁408）

此首爲七言絕句。他建議學校多給學生廩餼，以讓學生可以安心就學。根據連橫《臺灣通史》所錄之乾隆二十年（1755）各府縣歲出資料知道，〔註235〕臺灣各府縣學廩生歲出表如下：臺灣府儒學，廩生二十名，每年五十七兩八錢六分六釐；臺灣縣儒學，廩生十名，每年二十八兩九錢三分三釐；鳳山縣儒學，廩生十名，每年二十八兩九錢三分三釐；諸羅縣儒學，廩生十名，每年二十八兩九錢三分三釐；彰化縣儒學，廩生十名，每年二十八兩九錢三分三釐。以上若吾人將它加以平均，可以得知府儒學廩生，每人每年大約有二兩八錢九分三釐之廩餼；縣儒學廩生，每人每年也是大約有二兩八錢九分三釐之廩餼。雖然這個只是乾隆二十年之歲出表，但是以此爲例，亦可以看出清代臺灣各府縣廩生所領取之廩餼，其實是極其微薄的，更何況其他沒有食廩餼之生員，他們平日生活都必須自籌經費。

就是因爲在生活經費來源上之嚴重不足，因此當時這些諸生，大部分都會從事基層教職，也就是應聘擔任私塾之啓蒙師（請詳見本論文第五章）；而少部分不肖諸生，卻也可能因迫於生活家計或個人因素，而與地方惡勢力掛勾爲非作歹，使得當時官民對一般諸生印象並不佳。筆者認爲謝金鑾作《教諭語》四篇誡諸生，絕對有其背後原因。

宋際春在詩中認爲，臺灣諸生之士習多騖名貪利，而學校卻像個監獄般要把他們綁住；而與其早晚都要學官押著他們就範，不如多添給他們一些生

〔註235〕見連橫：《臺灣通史・卷九・度支志》，臺灣文獻叢刊第二輯，頁215～225。

活費，好讓他們能安心讀書。筆者認爲宋際春在此詩中之發聲是極爲難能可貴的，因爲他異於其他眾多上自提督學政，下至學官們之治標式僵硬教條訓誡；而是站在學生立場，對學生處境作設身處地體會，認爲應該用治本方式才能根除之。而這也是筆者將他選出作爲論述對象之原因，希望藉由宋際春之例與其儒學詩，更了解清領時期臺灣儒學教育實施與發展過程中，清廷教育政策對臺灣這塊異於內地風情之土地，究竟是造福或是傷害？

（十）劉文芝

劉文芝，生卒年不詳，字秀峰，福建侯官人。道光十七年（1837）舉人，咸豐年間（約 1854 年左右）任臺灣鳳山縣學訓導。有詩集四卷、文集四卷，惜多散佚。〔註236〕劉文芝宦臺期間之詩作不少，今見於《臺灣文獻匯刊》者有 220 多首，不過其中與儒學教育主題相關者，大約只有以下二首：

1. 敘述巡社課番童之詩作

本論文本章前述，朱仕玠在乾隆二十八年（1763）年任鳳山縣教諭時，有〈初至鳳山學署有感成二十韻〉一詩，詩中敘述鳳山縣學之生員嚴重缺曠課情形；無獨有偶，在 90 多年後，也是在鳳山縣，劉文芝作〈怪徒吟〉敘述番社蒙童上課情形：

> 世傳茅山法，降魔最容易。我作訓蒙師，此法未一試。
> 君看頑生徒，與怪復何異。但憑孔子教，無法可以治。
> 吐舌與搔頭，畏葸皆屬僞。其膽大過天，悍然肆無忌。
> 有時惡作劇，濃墨塗口鼻。竊疑烏鬼國，忽有番童至。
> 翻書排案頭，未讀已先睡。天地大玄黃，一統歸夢寐。
> 拍案忽驚醒，倉皇來問字。連語幾十回，些些渾不記。
> 如飲孟婆湯，片時即隔世。兩三行未完，書角紛墜地。
> 吁嗟先生虧，轉是書坊利。滿腹貯蝦蟆，狡不可思議。
> 生成逋逃藪，廁所眞得計。往返不辭勞，八九日爲例。
> 夏楚我纏招，袖手彼已避。含糊假讀書，其口實陰詈。
> 滿齋皆怪物，怪風毋乃熾。我今未學法，恐爲怪徒戲。
>
> ——（見《全臺詩》第捌冊，頁 456）

此首爲五言四十四句古詩。此詩雖然劉文芝並未特別註明是在縣儒學上課，或是在巡社時爲番童上課，但是筆者以他一則全詩之內容，尤其是「我作訓

〔註236〕參考施懿琳：《全臺詩》第捌冊，頁 419。

蒙師」、「忽有番童至」二句，二則他的身分是鳳山縣學訓導，而吾人由本節前述林紹裕中，知道當時凡是擔任各縣學訓導者，必須按季，一年四次前往社學考察來作判斷，認為這些學生應該都是尚在童蒙階段之社學兒童。劉文芝在此詩中用生動文筆，描寫一羣正值好動頑皮階段的兒童上課情形：有的吐舌、搖頭；有的惡作劇；有的睡覺；有的用尿遁逃回家，一去八九天才回來；有的口中唸唸有詞偷罵老師。面對這羣頑皮學生，劉氏在詩中用幽默口氣說：「但憑孔子教，無法可以治」，又說：「我今未學法，恐為怪徒戲」。

　　而吾人由此詩，則看到當時清代臺灣在推動儒學教育過程中，負責執行教學工作之宦臺學官，在第一線與臺灣本土學生直接互動之情形。

2. 敘述個人感懷之詩作

　　已如前述，清代學官薪俸微薄。因此當時宦臺學官的生活無不捉襟見肘，克難度日。以下劉文芝此詩便道出他們之無奈，〈戲題寫韻軒〉：

> 不煉金丹控紫煙，不收寶玉種藍田。
> 謀生我笑神仙拙，文字能售幾許錢。——（見《全臺詩》第捌冊，頁 423）

此首為七言絕句。詩中第一、二句自敘儒師生活的單純如一，除了例行的學宮教書之外，既不學道教煉丹長生不老術，也不鑽營人際關係求取財物；第三、四句自言生性笨拙，對謀生之道不靈巧，而幫人家寫文章又所賺無幾。而其實劉文芝在詩中之無奈與感懷，也是當時所有學官們之無奈與感懷。

　　劉文芝宦臺儒學詩雖然只有兩首，但是兩首都真確反映出當時長期以來無法解決的臺灣儒學教育問題，包括制度層面的學校教育和人事層面的學官薪資。而所謂長期問題，只要吾人由本章筆者所選取的十一位學官的生平事蹟中，作他們宦臺時間之前後比對，即可知道這個「長期」，時間甚至長達將近百年之久。而想要突顯這個百年問題，也是筆者選取劉文芝作為論述對象之原因。

（十一）（附）林豪

　　林豪生於道光十一年（1831），卒於民國七年（1918），字嘉卓，一字卓人，號次逋，福建金門後浦人，其父林焜熿，學者稱竹畦先生。林豪，天資穎悟，幼承家學，十幾歲即淹通經史。後負笈廈門玉屏書院，受教於莊牧亭。道光二十九年（1849）中秀才，咸豐九年（1859）取進舉人。同治元年（1862）東渡，遊歷臺灣各地，後來擔任林占梅家塾教師有四年之久。同治六年（1867），淡水同知嚴金清聘請他修廳志，隔年事成，獲聘澎湖文石書院任教，

同治八年至九年間都在文石書院講學。後來在光緒三、四年（1877～1878）左右，又再次主講文石書院，並主纂《澎湖廳志》。澎湖沒有廳儒學，只有書院，林豪雖不是學官，但文石書院在澎湖實有補無儒學之功能，因此林豪在《澎湖廳志》中說：「至於書院培養人才，以輔儒學之不逮，而在澎所關爲獨重。」〔註237〕也因此筆者姑且亦將他列入學官行列中，以見其對澎湖儒學教育推展之功。

1. 敘述在學宮課生員之詩作

澎湖通判胡建偉創建文石書院，而有〈學約十條〉以勸誡諸生，林豪因前後二次主講文石書院，又有〈續擬學約八條〉，進一步勸誡諸生，此八條之目依序爲：一、經義不可不明也；二、史學不可不通也；三、文選不可不讀也；四、性理不可不講也；五、制義不可無本也；六、試帖不可無法也；七、書法不可不習也；八、禮法不可不守也。由此八條觀之，吾人會發現其中只有最後一條與德行相關，其餘前七條都是在教導諸生爲文之法。又依此，吾人可以想像林豪對文石書院諸生，一定非常重視藝文之磨鍊。而此想像，吾人則可以由〈齋頭不戒於火作此示諸生步黃子珍贊府元韻〉一詩得到印證：

> 崑岡火烈客休驚，應有陳言付丙丁。
> 未到純青爐際徹，何來虛白室中生。
> 灰收餘燼光猶射，力掃浮煙學始成。
> 炎上由來稱作苦，好將攻苦煥才名。──（見《全臺詩》第玖冊，頁378）

此首爲七言律詩。林豪在此詩中以齋頭不戒於火勗勉文石書院諸生，不要驚怕於文筆被磨鍊之過程，應該將陳腔濫調用火燒盡；必須到爐火純青地步，才能讓光亮照徹室中；更要到即使只剩餘燼仍舊光芒四射，極力掃除虛浮煙霧之弊，學習才算是完成。最後二句，林豪再次鼓勵諸生，自來被磨鍊都是辛苦的，不過也唯有經過這一番苦工夫，才能使才名煥然耀眼。林豪詩中之言可謂句句對應他的〈續擬學約八條〉。

經過長時間辛苦磨鍊，林豪要送文石書院諸生赴省考鄉試，他在〈送文石書院諸生赴省秋試並呈潘司馬〉二首之二中，又殷殷鼓勵諸生，他說：

> 追隨講席數頻年，此會重看玉笥聯。
> 馬縱識途嗟老矣，驪將開道氣昂然。
> 虎門潮湧濡椽筆，鯤海秋高送客船。

〔註237〕見林豪：《澎湖廳志‧卷四‧文事‧引言》，臺灣文獻叢刊第一六四種，頁107。

　　　　自昔棘闈辛苦地，及時努力望群賢。──（見《全臺詩》第玖冊，頁380）

此首爲七言律詩。林豪在〈重修文石書院落成記〉中，自敘在文石書院授課情形，他說：「去歲余復主講席，至則棟宇重新，生徒負笈從學者，踵相接也。按月課以文藝，莫不激昂青雲，相觀而善。意者文風士習蒸蒸日上，其在斯乎。」〔註238〕此詩之詩意延續上首詩，在上首詩中，林豪積極教導學生文藝技巧。而在此詩中，林豪在送別已追隨他多年的學生赴鄉試時，用「玉筍聯」、「騶」、「椽筆」等，誇讚他們的文藝程度絕佳，又意氣昂仰；最後二句，林豪鼓勵學生，自古以來考場本來就是辛苦地，要及時努力，希望他們都能成果出眾。

　　由以上二詩，吾人可以說林豪對澎湖教育發展，確實有其一定程度之功勞。

2. 敘述個人感懷之詩作

　　林豪主講文石書院期間，日夜與學生相處，對教學生活心中頗有感懷，以下三首便是。先說〈碧珊瑚夜坐書懷〉八首之一：

　　　　漫擁皋比坐，迢迢夜色凉。故交悲異物，弟子話同鄉。

　　　　鷗侶來堪狎，鴉塗過亦忘。此邦珊網富，玉尺敢輕量。

　　　　──（《全臺詩》第玖冊，頁363）

臺灣本土儒生之詩文如海中珍貴珊瑚枝之典故，而說「此邦珊網富」，澎湖可以網羅之人才很多；第六句林豪則用夏之芳持玉尺量臺灣本土儒生之才的典故，而說「玉尺敢輕量」，對澎湖諸生人才之拔取不敢草率大意。次說〈碧珊瑚夜坐書懷〉八首之二：

　　　　枯坐同禪榻，周圍少比鄰。旦評更甲乙，歲守類庚申。

　　　　靜裡觀心妙，閒中得趣眞。莫言荒學久，索句每翻新。

　　　　──（《全臺詩》第玖冊，頁364）

此首爲五言律詩。在詩中，林豪自敘教學生活之單純與單調。每天枯坐青氈如在打禪，附近絕少有比鄰而居之朋友；反覆評閱學生文章定其優劣，日復一日，好像道家人物在守庚申一樣。對於此種生活，其實林豪並不抱怨，反而覺得在靜裡可以觀照「心」的微妙；而在清閒中，也可以悟出眞趣。至於自己也從未懈怠，每在用心推敲之後，總有新句翻出。再說〈碧珊瑚夜坐書

〔註238〕見林豪：《澎湖廳志·卷十三·藝文（中）·記·文石書院》，臺灣文獻叢刊第一六四種，頁 447～448。

懷〉八首之三：

> 客至高談久，盤餐不許奢。潮迴魚可買，市遠酒難賒。
>
> 架上催詩鉢，門前問字車。相將俱不厭，藉此度年華。

　　——（《全臺詩》第玖冊，頁 364）

此首爲五言律詩。在詩中林豪也是自敘教學生活。簡單不奢，有魚可買，無酒可喝；書架上放著催詩用的詩鉢，門前停著前來問字之車，賓客相談甚歡，彼此相扶持，聊藉此種生活方式度過年年歲月。

　　以上三詩，林豪藉由〈碧珊瑚夜坐書懷〉，抒發他的個人感懷。由詩中，吾人所看到之林豪，可謂是一位傳統典型讀書人，他重視文藝、重視科名、傳道授業、單純簡樸、自得其樂、與朋友相交以眞心，他的處世之道，既不出世也不入世，走在中庸位置，做他該做的事，完成他該完成的本分。而他此種處世之道，乃源出於樂天知命的人生觀，他在〈警世〉七律四則中，告訴世人，其實也是在告訴自己「命裡無財莫強求」、「有事不如無事好」（以上四則之一）；「世事如棋局局新」、「陰地不如心地好」（以上四則之二）；「把了千錢要萬錢，人生不樂也徒然」（以上四則之三）；「黑心人有馬兒騎，豈可人無得意時」（以上四則之四）。〔註239〕

　　林豪在同治七年（1868），和光緒三、四年（1877～1878）左右，兩度講學澎湖文石書院，他上承 102 年前澎湖通判胡建偉（乾隆三十一年（1766）到任）在澎湖興學的精神，在講學期間將胡建偉用來勸誡諸生的〈學約十條〉，擴大爲〈續擬學約八條〉，八條中對諸生的爲文之法尤其重視，而明顯的，他的這個做法，也是上承當年胡建偉積極鼓勵學生向學、參加科舉考試做法而來。澎湖彈丸之地而能夠文教興盛、人文薈萃，此兩位儒師功不可沒，這也是筆者前後挑選胡建偉與林豪加以論述之原因。

四、小　結

　　清代在全國各地設置府州縣廳衛儒學，吾人由《清史稿》知道，府儒學設有教授、訓導；州儒學設有學正、訓導；縣儒學設有教諭、訓導，都各爲一人。教授、學正、教諭，掌管訓迪學校生徒，課藝業勤惰，評品行優劣，聽命於提督學政，訓導則是輔助者。他們的工作職掌大約說來有四大項，一爲教導府州縣廳儒學之學生，教學內容包括理學、道德、經濟、典故諸書；

〔註239〕見施懿琳：《全臺詩》第玖冊，頁 382。

二為考校府州縣廳儒學之學生；三為負責歲科考之試務工作；四為輔導學生之不良行為。

清代臺灣學官之設置與內地相同，早在康熙二十四年（1685）就在一府三縣設有教授、教諭，雍正十一年（1733）以後又加設訓導以輔助教學。後來隨著府縣廳之增加，教授、教諭與訓導也隨之有增設。至於他們之職掌，也與中國內地一樣，大約說來有前述四項。

他們的任期和提督學政、地方行政首長一樣，在明文規定上都是三年一任，不過實際上也是和提督學政、地方行政首長一樣，因為其中某些因素，致都有些許出入。根據筆者統計，在清領的 212 年間，至今尚見之史冊的宦臺學官就多達至少約 646 人次，而除了完全不知里籍者外，絕大部分都來自福建省，這些學官對臺灣朱子學之發展有很大貢獻。

學官是儒學教育的第一線工作者，每天與學生直接面對面作教學互動，深知學生狀況，也深知臺灣發展儒學教育之問題癥結何在，因此他們的儒學詩，比起提督學政或是地方行政首長來說，顯得更真切寫實。

譬如他們就著所看到之現象，在詩作中談論自己對改善臺灣教育環境之看法。擔任鳳山縣教諭之吳玉麟說，與其極力想去找會教書之教師，不如先讓百姓生活可以富庶。而擔任嘉義縣教諭之謝金鑾說，臺灣是一個天然大穀倉，現在朝廷進一步要做的，是以教育為先，讓人民清楚禮義、重視廉恥。擔任臺灣府學訓導之劉家謀，則為臺灣儒學教育找到發展受阻礙之原因，他說，主要在於人民容易受奢華物質誘惑，而且千金嫁女，卻刻薄待師之風俗牢不可破所致。

而在教學方面，吾人則看到當時這些學官，心情隨著學生表現好壞而起落之情形。譬如朱仕玠和劉文芝，當面對一羣初接受教育，茅塞未開的頑皮學生哄鬧不停時，心情也不免沮喪；而譬如林紹裕、黃對揚、鄭兼才，在看到學生經過一段時間的儒學教育後，逐漸懂得禮義規矩，民間也開始有儒學書香風氣時，便心中充滿欣慰。

而在個人感懷方面，吾人由這十一位學官詩作中，看到了清代臺灣學官，甚至可以說清代所有學官之無奈，而面對這些無奈，有的選擇用怨艾自嘆來紓解情懷，譬如朱仕玠、宋際春、劉文芝，他們怨艾自嘆學官之官品卑微、薪俸微薄、手中無權、提督學政對學官之考覈流於形式。有的選擇樂觀以對，譬如柯輅，還自嘲可以學陶淵明帶月荷鋤歸，過耕讀生活。另外，至於吳玉麟之無奈，其原因不是來自對官品、薪俸、權力的不滿意，而是空有一腔教

學熱誠，卻礙於規定，任期已滿即不得再留任，因此只好收拾行囊踏上旅途，等待下一個派令。又至於林豪，或許因爲他不是府縣廳學官，而是書院教師，沒有前述導致學官無奈的原因，反而讓他能有很多發揮自我發揮學問的空間，以及教導學生的時間。